100 Jahre

KRASH-Verlag

VON DIETMAR POKOYSKI UND ENNO STAHL

Mit einem Vorwort
von Karl Riha

KRASH

Köln Berlin Weimar

Die Deutsche Bibliothek - CIP-Einheitsaufnahme

KRASH-Verlag <Köln>:
100 Jahre Krash-Verlag / hrsg. von Dietmar Pokoyski
und Enno Stahl. Mit einem Vorw. von Karl Riha.- Köln ;
Berlin ; Weimar : Krash-Verl., 1998
    ISBN 3-927452-99-8

© **für Texte und Bilder** bei den Urhebern/ für diese Zusammenstellung by
KRASH'98
Erstveröffentlichungen: Hadayatullah Hübsch: Die Wegwerfschlacht in der
Pankstraße zu Berlin (Horlemann, 1997) /Rolf Kirsch: How to use the world
(Vilter-Verlag, 1989) jeweils mit freundlicher Genehmigung der Verlage
Claudia Pütz: Hum-m-di-dumm-welt/Marcus Krips: Graffiti-Zeichnungen
(jew. KRASH-Verlag, 1995, Krips in: Enno Stahl: piratebrut)

Bildnachweis: Aring (262/263), Balzer/Agentur ZENIT (268 unt. -273),
Blondeau (247/248), Biefang (S. 211-213), Farkas (267/268), Göke (243),
Haucke (224/225), Ibsch (234/235), Lempertz (283), Pellini (221, 226, 242,
252-256, 268 oben), Peters (244-246), Pokoyski (222, 227, 232, 250, 259, 266),
Stahl (249, 274-/275), Steinweg (210), Wilker (215)

Lektorat, Layout etc.: KRASH
Cover unter Verwendung e. Motivs von Marcus Krips
Lithos: text & bild, Andreas Paqué, Köln-Ehrenfeld
Druck: A&A, Köln-Sülz

KRASH-Verlag, Lützowstr. 23, D-50674 Köln
Fon 0221-246321/1300904, Fax +49(0)221-2403910
e-mail krash@pironet.de/enja@netcologne.de
Büro Berlin: Danziger Str. 51, D-10115 Berlin
Büro Weimar: Shakespearestr. 1, 99423 Weimar, Fon=Fax 02643-903826

K R A S H   I M   I N T E R N E T : www.artgate.de/gruppen/krash/
index.htm oder http://www.asa.de/Krash/index.htm & demnächst:
www.krash.de

*Vielen Dank an alle, die seit 1985 mitgemacht haben, insbesondere an
die Autoren und Künstler, außerdem an unsere Familien & Freunde!*

INHALT

VORWORT
Karl Riha
let´s krash — 9

TEXTE

ESSAY
Enno Stahl
ueber literarische formen — 13
Jürgen M. Paasch
Macbeth meets Mickey Mouse — 23
reinita kosmos/dr. john lotter
GÖDEL. - ein dichterportrait (Auszüge) — 29

PROSA
A. J. Weigoni
Rekonstitution, Requiem auf das Artnapping — 43
Ilse Kilic/Fritz Widhalm
Zungenhiebe — 52
Klaus Sinowatz
das singen — 57
smashmen — 59
Detlef Opitz
Eva-Mania - Begegnung der einsamen Art — 63
Jörn Luther/Frank Willmann
über dem kaukasus lag dein blauer II (Auszug) — 81
Matthias Schamp
Das letzte der großen Gefühle — 90
Stan Lafleur
liebe umgibt uns (Auszug) — 99
Hadayatullah Hübsch
Vom Wegwerfen der Kunst — 107

INHALT

Karen Duve
    Die Strumpfhose   114
Beate Ronig
    Die Explosion der Sonne   118
Claudia Pütz
    Hum-m-di-dumm-welt (Auszug)   129

LYRIK

Rolf Persch
    kaltblütig   135
    eine zigarette in den hund stecken;
        wo hinein in ihn   136
    die Kontrolle verspricht   136
    die frage nach der totengräberin; trag sargen 137
    hier steh ich nun im sitzen, da wollte ich nicht hin   137
    aufstieg und fall   138
    schweinenackenbratenbrot   138
Bert Papenfuss (Arbeitsfassungen)
    sturmgang der baltischen horden   138
    lüttklüssen & fixküssen   140
    gossenhauer   141
    j.w.d.   143
    lazarettfrühling   144
    boddenterror   145
    kadettendämmerung   145
Frank Willmann
    100 jahre ddr (Auszug)   146
Hadayatullah Hübsch
    Die Wegwerfschlacht in der
    Pankstraße zu Berlin   152

VIS.LIT./TEXTUREN

Erich Wilker
    Fallstaff   161
horse cock kids
    after the blowjob...   162

INHALT

Roland Bergère
    D.O.A.   164

BILD(ER)-GESCHICHTEN
Dietmar Pokoyski
    „H" - *Einbuchstabengedicht*   173
    „A" - *Einbuchstabengedicht*   174
    „y" - *Einbuchstabengedicht*   175
Harald „Sack" Ziegler
    Roy + Gabi I - III   176
R. J. Kirsch
    im konjunktiv der dinge   178
    Als wäre es eine Nachricht/
    As if a mirror was talking   179
    Die Republik der Apparate   180
    How to use the world (Auszug)   181

BILD/(KUNST)
Marcus Krips
    o.T. (Graffiti-Zeichnungen)   186
Parzival
    Kölner Pissecken   191
Daniele Buetti
    Diana digital   196
Anja Ibsch
    Autostopp   203

MATERIALIEN & DOKUMENTE

u.a. Zeilensprung   209
Pre-KRASH   210
Die Gründung   211
Bad-Language-Shows (Performance-Shows)   212
N-NOON (Environment)   220
KRASH-Kunst-Kartons (1. Edition)   222

INHALT

Svenja Schlichting: Fotos aus dem Diavortrag zu „Das Tagebuch einer Krankenschwester"	224
KRASH-Multiple-Show (2. Edition)	226
KRASHkompakt (3. Edition)	234
1. Deutsche Literaturmeisterschaft	240
Dietmar Pokoyski: LOST BOOK SHOW III	242
Jo Zimmermann: Jesus in St. Pauli	242
tEXtile tEXTe - Die 1. literarische Modenshow der Welt	244
URBAN Ro/uT(ES)	249
2. Deutsche Literaturmeisterschaft	252
Der Einzelhändler und sein Eigentum	260
Hohe Literatur	264
3. Deutsche Literaturmeisterschaft	268
Dr. Stahl´s Performance-Party	274
Die Rheinischen Fundamentalisten: Vom Rheinland aus!	276

Pressestimmen *(Auszüge)*

über das KRASH-Programm	284
über die Gossenhefte	285
über KRASH-Veranstaltungen	287
über die Deutschen Literaturmeisterschaften	287

KRASH-ZAHLEN/-DATEN

KRASH-Chronologie	292
KRASH-Gesamtverzeichnis	
Printprodukte	294
AV-Medien	296
Artware	297
KRASH-Präsentationen	
KRASH-Editionsaustellungen	299
KRASH-organisierte Veranstaltungen	299
KRASH-Gastspiele	301
Die Autoren & Künster	304

KARL RIHA   **VORWORT**

Let's krash

Den AUFBRUCH in die diversen, als FUTURISMUS, DADA, SURREALISMUS und STURM-EXPRESSIONISMUS ausgewiesenen Ansätze der MODERNE zu Beginn unseres Jahrhunderts (des letzten in diesem Jahrtausend) und ihrer Neuansätze nach dem Zweiten Weltkrieg (eingeschlossen der dynamische Schub, den Rolf Dieter Brinkmann der Literatur gegeben hat) noch einmal wiederentdecken, aber nicht epigonal in ihren Bann geraten, weil ja doch immer noch und immer wieder überraschende Folgerungen daraus gezogen werden können, so daß im Stichwort POST-MODERNE nicht nur das Gewesene, sondern etwas von der Möglichkeit der Aktualisierung und eines in diesem Sinne DARÜBER-HINAUS sichtbar wird - darauf zielt die hier vorgelegte KRASH-Dokumentation. KRASH (CRASH) meint vom Wort her KRACH MACHEN, ZERTRÜMMERN, ZERPLATZEN, UNEINGELADEN irgendwo HINEINPLATZEN und wohl auch zur entsprechenden Musik DIE TSCHINELLEN ZUSAMMENSCHLAGEN lassen! Exakt in diesen Bedeutungen bezeichnet dieses dem Amerikanischen entlehnte Stichwort der Sache nach den so benannten Kölner ALTERNATIV-Verlag, der aus den achtziger Jahren heraus in die neunziger Jahre hinein sein radikales und interessantes POP- und UNDERGROUND-Profil gewonnen hat, das eine eigene Faszination ausübt. Hervorzuheben im Programm sind die Publikationsreihen und Zeitschriften mit sprechenden Titeln wie GROSCHENHEFT, ZEILENSPRUNG und

FLYER. Im übrigen reicht der Spannbogen der hier zur Lektüre offerierten Produktionen vom programmatischen ESSAY - sprich KRASH (CRASH) PROGRAMME - über diverse INNOVATIONSFORMEN von PROSA und LYRIK (etwa das EINBUCHSTABENGEDICHT, wie es mit seinem i-GEDICHT bereits Kurt Schwitters initiiert hat) bis hin zu allerlei PERFORMANCE und weiter zur Bildergalerie des COMIC STRIP und der VISUELLEN POESIE, eingeschlossen die neue Komunikationsform der MAIL ART. Mit ihr schließt die durch den hier präsentierten KRASH-(CRASH-)Almanach ausgeschilderte Kunst- und Literaturszene an markante internationale Tendenzen an, die Verbindungen nicht nur quer durch unsere Republik (von Berlin über Köln nach Weimar), sondern in alle Welt hinaus - von Japan über Rußland nach Amerika und Südamerika - herstellen. Der Name des Verlags hat alles Zeug zu einer zündenden Parole, in der die Herausforderungen einer aktuellen Programmatik der Künste kurzgeschlossen sind: LET'S KRASH (CRASH) - im Sinne von LASST UNS ZUSAMMENSTOSSEN und AUFEINANDER ZUSTOSSEN, denn nur dann, wenn wir unsere alten Erwartungen wie verlorene TRÜMMER hinter uns lassen, werden unsere Köpfe in neue Kenntnisse hinein PLATZEN, unvorhergesehen, plötzlich, aufgestöbert durch diese und jene Druckseite des hier vorgelegten Buches mit dem sprechenden Titel KRASH! (Siehe oben!)

Karl Riha

ESSAY

Enno Stahl

über literarische formen

die geschichte der literarischen formen in diesem jahrhundert ist die geschichte ihrer zerstörung. grund dafür war neben einer fundamentalen änderung der gestaltungsabsichten und der technologischen lebensumstände nach der jahrhundertwende auch die tatsache, dass kunst in mehr als einer hinsicht ihre unschuld verloren hatte. zum einen wurde ihr ideologischer charakter erkannt (also dass kunst nicht selbstverständlich und zweckfrei per se sein kann), zum anderen erforderte die formvorstellung vom abgeschlossenen organon ein kohärentes weltgefüge: ein ausgedeutetes und konventionalisiertes soziales, ethisches und kulturelles system. nun ist das 20. jahrhundert wie keines vorher von sprüngen, aufbrüchen und moralischen katastrophen geprägt - „wie keines vorher", eine solche sequenz stachelt zum widerspruch an, da vermutlich in jedem jahrhundert gemutmasst wurde, man lebe in der schlechtesten aller welten. dieser einwand ist sicher berechtigt, und deshalb besteht heutzutage auch kein grund zur resignation. der unterschied zur prä-moderne aber ist, dass aufgrund der entwicklung der verkehrs- und kommunikationsbedingungen in diesem jahrhundert erstmalig ein umfassendes wissen von den erwähnten sozialen, ethischen und kulturellen umstürzen und barbarismen vorherrscht(e) - und dass dieses wissen ohne grössere zeitverzögerung global präsent war/ist (ob es sich dabei um ein paar stunden handelt (wie zu anfang des jahrhunderts) oder um millisekunden ist letztlich nur ein irrelevanter quantitativer aspekt).

zugleich ist die menschheit sich noch nie vorher ihrer utopischen möglichkeiten zu einer besseren existenz so sehr bewusst gewesen und um so schwerer wiegen/wogen die fehlschläge - diese geraten/gerieten zu einem über-nationalem gewissensbiss, zu einem zweifel an der vernunftsbegabung, der solidarischen einsicht, also der zukunft überhaupt.

kein kunstwerk von einigem rang hat diese grundsätzlichen schaffensumstände in seiner strukturierung zu leugnen vermocht, zumal das technische repertoire jeder gattung in der historischen avantgarde bereits derart erweitert wurde, dass die tradierten formen schon aus kunstinternen gründen zu genüge fraglich geworden sind.

a - lyrik

besonders krass zeigt(e) sich diese tatsache in der lyrik, was nicht verwundert - denn als literarische kleinstform eignet(e) sie sich wie keine andere zum unmittelbarem „ausprobieren" neuer techniken (z.B. von zerstörungsprozeduren). auch haftet(e) lyrik viel mehr als prosa und dramatik der nimbus des weihevollen, des prophetischen, des weltenthobenen an, muss(te) also zwangsläufig und automatisch ins visier jener attacken geraten, die sich eben gegen diese „aura" richte(te)n, gegen das „kunsthafte", gegen genieästhetische residuen.

ein ergebnis dieser destruktions- und umgestaltungsversuche war, dass die lyrische gattung in verschiedene subtypen zerfiel, mit lautdichtung, visueller und „konkreter" poesie ganz neue sparten aus sich herausschälte, welche - unzweifelhaft von sprache ausgehend - jede ihre ganz eigene entwicklung genommen haben. schon darüber liesse sich einiges sagen. doch - vielleicht weil es noch vergleichsweise neue formungen sind - lassen sich hier die gattungsgrenzen noch relativ leicht abstecken: zwar verschwimmen sie bisweilen im hinblick darauf, wann ein visuelles oder konkretes gedicht noch zur lit. gehörig ist oder wann es zur bildkunst wird, wann ein lautgedicht bereits als musik zu gelten hat - aber von der „konventionellen" lyrik sind solche spielarten jedenfalls deutlich getrennt. die „norm-dichtung", welche natürlich weit mehr praktiziert wird, als die sog. „experimentellen" (also exotischen) dichtungstypen, ist ungleich schwerer zu bestimmen. grundpfeiler dessen, woran man eine gattung festmachen könnte, existieren längst nicht mehr. verbindliches merkmal der lyrischen äusserungen aus den letzten dekaden ist allenfalls, dass nichts mehr verbindlich ist. prosaartige veranschaulichung des augenblicks, kataraktisch-zerklüftetes sprechdichten oder sogar (satirischer) einsatz von reim und rhythmus sind z.B. mögliche ausdrucksweisen, die heute scheinbar unvermittelt und unkategorisierbar nebeneinander bestehen.

dennoch, eines lässt sich festhalten: es gibt einen 'mainstream', einen kleinsten gemeinsamen nenner in der dichtung nach dem 2. weltkrieg, den man in etwa so charakterisieren könnte: nichtrhythmisch-gebundene (=nicht-metrische), nicht-gereimte lyrik (gedanken-, erlebnis-, gemüts- oder gar therapiedichtung). das ist eine poesie, der man die destruktionsprozesse, denen die gattung in diesem jahrhundert ausgeliefert war, eigentlich nicht ansieht, entweder weil sie diese stillschweigend akzeptiert oder verdrängt oder sie auf komplexere weise implizit verarbeitet und integriert, also auf der basis eine sprachlichen 'tabula rasa' konstruktiv aufbaut. aber, wie gesagt, das ist der 'mainstream', also das übliche - das kann in ausnahmen (als regelbestätigung) überzeugen, aber soll uns hier nicht interessieren. denn zu einer ersten zwischendiagnose bedenkenswerter gedichtformen heutzutage nützen eher andere ausgangspositionen. wenn man sich vergegenwärtigt, wie sehr jeder gute satz oder gedanke heute von tv und werbung sogleich adaptiert und absorbiert wird, erscheint folgendes zitat viktor schklowskij aus seinem aufsatz „Kunst als Verfahren" aktueller denn je:

> „Ziel der Kunst ist es, ein Empfinden für die Dinge zu vermitteln, das sie uns sehen und nicht nur wiedererkennen läßt; ihre Verfahren sind die „Verfremdung" der Dinge und die erschwerte Form, ein Verfahren, das die Wahrnehmung erschwert und verlängert, denn dieser Wahrnehmungsprozeß ist in der Kunst Selbstzweck und muß zeitlich gedehnt werden. Durch die Kunst erleben wir das Machen der Dinge, das Gemachte ist ihr unwichtig" (in: Fritz Mierau (HG.), Die Erweckung des Wortes, Essays der russischen Formalen Schule, Leipzig 1991, S. 17/18)

letztlich kann also nur eine literatur geschichtlich relevant sein,

ESSAY

Enno Stahl

die sich einer allzu leichten vernutzung widersetzt, die dem wissen um die form-scharmützel der letzten dekaden bereits in der oberflächenstruktur rechnung trägt. auch konstruktiv, denke ich, kann man nur aufbauen auf der erfahrung fragmentierter gedichttypen - das sichtbar „gefertigte" und daher unabgeschlossene gedicht, aus eigenen oder fremden versatzstücken montiert, ist die form des 20. jahrhunderts.

wie in der prosa kristallisieren sich dabei 2 stränge heraus, der eine richtet sich auf das einzelne wort, versucht es zu entkernen, den semantischen code zu knacken - um auf diese weise die übergreifende form zu torpedieren. in diese entwicklungslinie (die ihren schlüsselsatz und ihre erste untermauerung in der äusserung des wortkunst-theoretikers herwarth walden findet: „Das Material der Dichtung ist das Wort") gehören u.a. autor/inn/en wie arno holz, august stramm, otto nebel, arno schmidt (wiewohl kein lyriker, hat er aber ebensolche morpho-linguistischen prozesse losgetreten), friederike mayröcker, ernst jandl und in der jüngsten generation thomas kling und bert papenfuss.

die andere richtung bemüht sich um die ausprägung einer multiperspektivischen lyrik, einer dichtung also, die eigentlich schon keine mehr ist (und es doch ist nach massgabe moderner kunstgriffe, die ihre herstellung ermöglichen), die eine gewisse narrative funktion entwickelt oder volle repräsentanz eines augenblicks ausübt unter einbeziehung verschiedenster wahrnehmungsebenen - adäquat zur erlebnisfähigkeit des zeitgenössischen individuums. diese art dichtung ist reine montage, sie lebt von der kombination heterogener ebenen und sprachniveaus, parataktischen einschüben, idiolekten und reflexiven elementen, die auskunft geben über machart und methode des gedichts. die multiperspektivische lyrik ist ein resultat der naturalistischen grossstadtlyrik, des reihungstils der expressionisten, der dem simultanen urbanen wahrnehmungspuzzle genügen wollte. eine forciertere realisation ergab sich in den arbeiten mancher DADAisten, vor allem aber bei kurt schwitters, was wiederum von der wiener gruppe aufgegriffen wurde. eine besonders eindrückliche gestaltung findet die lyrische poly-perspektive bei rolf dieter brinkmann, in seinen „westwärts"-gedichten. auch thomas klings werk ist davon geprägt - was mithin belegt, dass diese beiden gestaltungsrichtungen durchaus kombiniert werden können. aufsplitterung des wortes und aufsplitterung der form. „wortmetz (s. bei a. schmidt des öfteren) und „monteur".

dass diese beiden aspekte mehr und mehr miteinander verschränkt werden, darin dürfte ohnehin die zukunft der lyrik liegen. womöglich ergibt sich im laufe der nächsten jahrzehnte eine neue einheit, gedichte, die dem, was heute als'mainstream'-gedicht gilt, kaum mehr ähnlich sehen (woraus natürlich dann die notwendigkeit resultiert, diese verfestigte form ebenso wieder aufzusprengen) vermutlich gilt für künstlerische formen ganz allgemein das gesetz ihrer zerstörung: kunst richtet sich ihrer natur nach gegen gerinnung; sie sucht die verflüssigung starrer wirklichkeiten oder ihr aufbrechen mit anschliessender neu-konstruktion. zumindest seit der letzten jahrhundertwende sind formungs- und entformungs-prozesse die zwei seiten ein und derselben medaille.

b - prosa

die end90er jahre sind von einem überbewältigendem 'comeback' des 'mainstreams' geprägt (die eng gefügten amerikanismen verraten bereits auf wes betreiben hin). seit anfang der 90er klagten immer mehr feuilletonisten die neue/alte lust am erzählen ein, wo doch gerade sie nie zwischen „gutem" und „schlechtem" erzählen zu unterscheiden wussten. die priorität der 'story', des 'plots', der originellen handlungs- und personenführung und vor allen dingen: das vergnügen wurde über die (angeblich vorherrschenden) „avantgardismen" erhoben; forderungen, die erst die gegenwärtige prosa in ganzer breite realisiert.

diese orientierung bedeutet nicht zuletzt das eingehen auf die bedingungen des films und auf dessen spektakulären siegeszug: seine sich schwindelerregend potenzierenden erfolgsdaten. es ist ein eingehen zugleich auf die grundsätzliche popularisierung, d.h. vermassung der kultur - die ebenso viel, wie sie an inhaltlichkeit

ESSAY

Enno Stahl

verlor, an gesellschaftlichem gewicht gewonnen hat: als wirtschaftsfaktor - und daher interessiert kultur nach massgabe ihrer zuwachsraten. natürlich musste das auch für den büchermarkt folgen zeitigen und nicht nur schlechte. tatsächlich krankte die „postavantgardistische" erzählkunst (also jene literatur nach den 50er- und 60er-jahre-modernismen) an einer unübersehbaren blutarmut und publikumsferne (letzteres sei hier weniger im hinblick auf leserzahlen zu werten als auf die art und weise, wie sich diese literatur dem leser intentional verschloss). das gilt wohlgemerkt nur für jene prosaversuche, die sich bewusst in die sprachkritische, selbst-reflektierende, meta-literarische tradition jener zeit einreihten. doch im gesamt-angebot der literarischen erscheinungen der 70er- und 80er-jahre machte das einen verschwindend geringen beitrag aus: das gros war damals wie heute - `mainstream'. selbst die (vom `establishment' als solche ausgegebenen) „gross-schriftsteller" fielen zumeist unter diese kategorie. jedoch war das eine „hauptströmung", die nicht vollständig bar erzählerischer oder weltdeutender kompetenz gewesen wäre.

heute dagegen - im zeichen der propagierung eines rein divertierenden prosa-ideals - hat sich der literarische 'mainstream' seinen vorbildern (film, 'tv-movie', 'daily soap') rückhaltlos angepasst: ist er allein auf sofortigen konsum, auf unmittelbare vernutzung hin konzipiert und produziert.

eine ernstzunehmende zeitgenössische prosa sieht sich also mit einer dichotomen problematik konfrontiert, die sie am besten synthetisch zu lösen versuchen sollte. d.h.: einerseits sollte sie die ebene der blossen kritik hin zu einer erzähl-prosa erweitern; sie sollte keine scheu vor charakteren, handlung und geschichten haben. zugleich muss aber so viel von dem wissen über die eigene „gemachtheit", „kunsthaftigkeit" und „sprachlichkeit" miteinfliessen (wissen also über die bedingungen künstlerischen aussagens/ die inneren widersprüche des werks), dass sie sich der prompten indienstnahme durch die markt- und ideenverweser/innen widersetzt.

wie die lyrik muss also auch die prosa die wahrnehmung erschweren/verfremden: darf nicht das bekannte herausstreichen, sondern das ungewöhnliche. und genauso wie für die dichtung lässt sich einer lösung auf zweierlei weise herbeiführen - nämlich auf (schwerpunktmässig) stilistischem wie auf (schwerpunktmässig) formalem gebiet. auch die prosa kann sich einer analytischen „kunstsprache" bedienen, die den üblichen präfigurierten semantischen code unterläuft. anders als bei gedichten darf dieser stil allerdings nicht dahin ausufern, das er sich selbst genügt und erschöpft. er muss einem erzählerischen ziel unterstellt sein.

das hat nicht nur wirkungs-, sondern rein produktionsästhetische gründe: es erscheint wenig ratsam, etwa einem monolithischen gebilde wie dem spätwerk arno schmidts nacheifern zu wollen. nicht allein, weil es schwer zu 'toppen' sein dürfte - es stellt zugleich den endpunkt eine möglichkeit dar, der archivierung (und hinterfragung) literarischen wissens - denn endpunkt auch einer zeitfase, die mittels solcher künstlerischer prozeduren beschreibbar war. heute ist diese möglichkeit so nicht mehr gegeben - schon deshalb weil die archive der 90er nicht aus zettelkästen bestehen, sondern in digitalisierter form existieren.

aus anderen gründen leitet der weg der formalen fragmentierung in eine ähnliche sackgasse: der grad an komplexität und potentialität, wie an heterogenität, den ein buch zu beherbergen vermag, ist zu gering, um die heutige welt angemessen zu umreissen. in beiden hinsichten ist daher eine reduktion vonnöten, welcher auch die selektion unserer wahrnehmung entspricht. niemand ist in der lage die sinnesgesamtheit wirkender faktoren in einem raum/zeitpunkt zu strukturieren - ähnlich diesem auswahlsystem, das der mensch sich als (befriedigend operierende) erlebenstechnik eingerichtet hat, funktioniert das zeitgenössische schreiben. ebenso wenig, wie man in der alltäglichen erfahrung sich auf lediglich einen punkt oder eine linie konzentrieren kann (will man einer einigermassen umfassenden wahrnehmung teilhaftig werden), darf sich die erzählung auf eindimensionalität (kontinuierlich, linear) beschränken.[1]

die künstlerische leistung der prosa wird darin bestehen, die balance zu halten: zwischen belanglosigkeit und multi-perspektivischer zerfaserung. sie wird ihre kritischen und ihre plastischen fähigkeiten in ein dialektisches verhältnis zu bringen haben. diese doppelte spannung geht ein in den text und greift auf den leser über.

es erübrigt sich beinahe, die gattungsfrage aufzuwerfen - denn die bedingungen erzählerischer prosa sind nahezu allgemein: allenfalls existieren unterschiede in der textlänge, sind also eigentlich quantitativer natur. allerdings ist bei einer 80-seiten-geschichte ein anderer spannungsbogen zu erzeugen als bei einer 400-seitigen oder 1000-seitigen erzählung. diese problematik ergibt sich aber allein aus dem jeweiligen erzählduktus selbst (sicherung der aufmerksamkeit etc.): sie ist eine rein technische schwierigkeit und völlig unabhängig von der frage, ob es sich um eine novelle, eine erzählung oder einen roman handelt. die gattungsfrage ist anachronistisch, die unterscheidungskriterien sind in diesem jahrhundert hinfällig geworden - sie haben ihre legitimation wahrscheinlich sogar im rückblick auf die ältere literaturgeschichte eingebüsst. spricht man heute vom „gelungenen roman" - so bezeichnet das meist nichts als eine fiktion und ein `mainstream'-geschöpf, das nicht einmal ein jahrzehnt künstlerisch überdauern wird. die titulierung beweist nicht mehr als die konsequente einhaltung der buchmarkt-kriterien. die letzten „romane" dieses jahrhunderts („der mann ohne eigenschaften", „finnegan`s wake", „naked lunch", „gravity's rainbow", „zettels traum", „la vie mode d'emploi") tragen die zeichen ihrer auflösung.

sinnvoller erscheint die behandlung neuer technologischer innovationen: weit davon entfernt in den hypertextuellen`softwares'und dem 'internet' neue inhalte zu sehen, ist es jedoch so, dass die gänzlich neuen formalen möglichkeiten immerhin auf den inhalt ausstrahlen. zwei aspekte sind von besonderem interesse: zum einen gestattet das'internet' ein mass an interaktion, an publikumsbeteiligung, das in den klassischen avantgardismen nicht annähernd erreicht wurde. dort blieb es meist bei einer pose, einer behauptung. vom rezipienten wurde mitwirkung gefordert, ohne sie ihm tatsächlich zu gewähren. jetzt ist das nicht mehr möglich: das publikum verlangt nur zu oft selbst danach und jene/r künstler/in, der/die von interaktiven zusammenhängen schwafelt, ohne sie herzustellen, ist im nu als scharlatan 'geoutet'.

der 2. aspekt ist die erweiterung der lesarten in potenz: das hypertextuelle schreiben ermöglicht eine neue dimension an simultaneität und vernetzung. erzählen kann sich dabei nicht nur linear und kontinuierlich, sondern auch in die breite bewegen: HORIZONTALES ERZÄHLEN - quer durch verschiedene geschichten, die zeitliche oder räumliche berührungspunkte besitzen.[2]

auf diese weise kann jene sinnesfülle, die in der buchprosa verloren gegangen ist, wieder hergestellt werden. denn: das in solchen erzählungen präparierte material ist ja dem leser zur freien verfügung gestellt: es überlastet ihn nicht (wie, wenn eine derartige fülle von möglichkeiten in ein buch sukzedierend wieder gegeben wäre) - sondern die auswahl ist ihm selbst anheimgestellt: er kann seine individuelle lektüre entwerfen (was selbst einer solchen „autorengesteuerten" erzählform einen beigeschmack von interaktivität vermittelt).[3]

die verknüpfung mit fremden 'websites' erlaubt zudem die neue form eine sich verändernden collage: die seite wird erneuert, vielleicht völlig abgewandelt, aber der 'link' bleibt...

trotz einer vergleichbaren problemstellung ergeben sich also für lyrik und prosa verschiedene positionen: gedichte können beispielsweise „experimenteller" sein - durch ihre kürze korrespondieren sie ohnehin den wahrnehmungsbedingungen der gegenwart. die digitalen medien werden dagegen von höchst begrenztem nutzen für den lyrischen ausdruck sein. denn das gedicht als kleinstform behält - auch bei kombination verschiedenster heterogener schichten - weiterhin eine innere spannung, die in exemplarischer weise die perspektivischen schichtungen der weltsicht heute widerspiegelt; zumindest wenn seinem korpus nicht zu viele, zu fremde materialien aufgebürdet werden. die prosa muss demgegenüber (vermeintlich) einen schritt zurückgehen: wahrnehmungstempo sollte auch lesetempo sein...

---

(1) jedenfalls in der regel: hier gilt wie für fast alle maximen

dieses textes, dass gegenbeispiele durchaus denkbar und
realisierbar sind. das engt ihren geltungsbereich aber nicht
ein, sondern korrespondiert gerade mit dem prinzipiell
dynamisch ausgelegten poetik-verständnis, wie es hier
angestrebt wird.
(2) vgl. DAS ARCHIV: http://www.asa.de/Verlag_IL/
EnnoArchiv/index.htm
(3) natürlich bewegt sich die 'internet'-prosa in einer gewissen nähe
zu handelsüblichen 'adventure-games', die ja sehr ähnlich organisiert und aufgebaut sind. der unterschied muss eben in der
literatizität liegen: und eine multi-media-erweiterte literatur
(also unter einschaltung bewegter bilder und ähnlichem) wäre
nicht rundweg abzulehnen. mit sicherheit wird aber gerade hier
sehr schnell ein neuer 'mainstream' entstehen.

Jürgen M. Paasch

Macbeth meets Mickey Mouse

Eine Spezies Literatur, der die Bezeichnung "modern" anhaftet wie ein von der Zeit eingeholtes Verfallsdatum, hat es zunehmend schwer in einer Wirklichkeit, in der ihr Anspruch, ein Äußerstes an Neuheit zu repräsentieren, bestenfalls nachsichtig belächelt wird. Ihre Avantgarden, ein Zeitalter von Joyce bis Johnson im Gepäck, stürmen weiterhin wacker nach allen alten Regeln der Kunst die Höhen der hohen Literatur, interessiert beobachtet von einem Publikum, das die gewaltigen Anstrengungen und die prächtigen Produkte durchaus zu würdigen weiß - wie es auch Töpfern und Korbflechten als possierliche Handwerke schätzt. Es mangelt dem Interesse gewissermaßen an Andacht.

Auch die Literaturkritiker als Akademieabsolventen im Schlepptau der literarischen Moderne gehören zum Troß und liefern nach Bedarf die seminarerprobten Kommentare zum Geschehen, *Herzensergießungen* kunstbewegter Bildungsbürger allemal. Sie sind die letzten Vorkoster, für die altersstarrsinnige Autoren nach altem Rezept den Sud der Moderne bis zur Auflösung noch des letzten Aroms köcheln, *das Alter erneuert den Schrecken bis ins Unendliche*. Versammelt um die wärmende Glut der Moderne, die als Lagerfeuer mühsam am Glimmen gehalten wird, schlabbert eine zahnlose, vergreiste Literaturgemeinde die gehaltlose Brühe wie Manna.

Aber Schluß mit dem Gejammer, raus aus Eliots Kirche, es ist höchste Zeit fürs Sakrileg! *Gott ist tot*, die seriöse Literatur passé? Laßt uns beten und neue Texte lesen!

Neben den heiligen Schriften einer kanonisierten Avantgarde gibt es ja längst - auf der anderen Seite des Grabens - die sogenannte Unterhaltungsliteratur. Weitgehend verschont von den Bemühungen der Theorie hat sich im Schatten der "großen" Werke der "ernsthaften" Literatur ein Biotop der Schmuddelsujets entwickelt, das nach kümmerlichem Beginn und langen Durststrecken nun wie

ESSAY

JÜRGEN M. PAASCH

wild wuchert. Die absterbende "große" Literatur scheint sich auf *weitem Feld* in einen bekömmlichen Nährboden für die ungeliebten, häßlichen, kleinen Texte zu verwandeln, die sich nun ihrerseits zu den eigentlichen belles-lettres der pop art mausern: **Western, Detektiv-/Kriminalroman, Science Fiction, Pornographie, Comic** sind weit weg vom Kunstwollen, vom Avantgardeanspruch, sind immun gegen Lyrizismen, Innerlichkeitskitsch und platte Sozialkommentare. Ihre Wurzeln reichen tief hinab in das Substrat der Moderne und weit zurück, bis zu ihren Anfängen: Hawthorne und Cooper zum Beispiel besetzen neue Territorien, indem sie den Mythos des Wilden Westens entdecken, den ein Ondaatje heute fortschreibt; Marlowes Ahnengalerie ist weit verzweigt und darf einen Dupin zu seinen Stammvätern rechnen; Wells' *Time Machine* ist mitverantwortlich für Vonneguts Zeitentohuwabohu; die *Soft Machines* gelten wenigstens seit *Justine* als literarisch erprobt; ein Jacques Tardi wird in den Bildergeschichten von Wilhelm Busch und Lyonel Feininger geschmökert haben ... und so weiter nach Belieben.

Dem Abgang der literarischen Dinosaurier folgt nach einer angemessenen Zeit der Trauer das Furioso der Hinterbliebenen: Die Katakomben und Kanalisationen leeren sich, und was einst subliterarisch verwurzelt war, ist nun, nicht selten mit underground appeal, obenauf. Im zierenden Gewand des Groschenheftes bekommt man seither schon'mal "ernsthafte" Literatur untergeschoben und so mancher von Seriösität triefende Leineneinband staffiert nur dürftige Kost.

Aber es ist auch alles anders. Nachmoderne Literatur muß erst entdeckt werden und noch keine Literaturtheorie gibt dazu den passenden Reiseführer zur Hand - das Gelände bleibt in Bewegung, jede Topographie ist vorläufig.

Die Struktur der Trivialliteratur verlangte als Schlußritual die optimale Problemlösung, die glatte Wiederherstellung der vorübergehend gestörten Ordnung im Happy-End: *Und wenn sie nicht gestorben sind, so leben sie noch heute.* Das ist also alles, man lebt, genausogut könnte man tot sein. Die im Märchen institutionell gesicherte Vorausschau in die Zukunft vermittelt als der gesichtlose Schrecken nicht einmal das ganze Unbehagen - Vorausschaubarkeit an sich provoziert auch Langeweile, der frei flottierenden Angst wird keine Gelegenheit gegeben, den Reizhunger zu stillen. Eine abgesicherte und ruhiggestellte Gesellschaft simuliert Risiken und Sensationen, von denen die der Kunst die intelligentesten sind. Der Thrill wird zum strukturellen Moment nicht nur in den trivialen Varianten jener Sujets, um die es hier gehen soll. In unserer nachindustriellen Mediengesellschaft kann er sogar den Horror angesichts der neuen Undurchschaubarkeit ins Werk holen und den Verlust der Schlüsselfunktionen in komplexen Systemen abbilden.

Der **Krimi** macht es der Wirklichkeit nach; er zieht uns mit einem permanenten Informationsdefizit in seine Welt, in der wir nicht aufhören können, Sinn und Ordnung zu suchen. Stellvertretend verlieren sich die Pilotfiguren unserer Phantasie in einem bedrohlichen Informationsdschungel wie in einem Labyrinth. Sie sind, wie wir, umgeben von mehrdeutigen Strukturen, Unvorhersehbarkeiten, Diskontinuitäten, Zufällen. Bis der Detektiv auf den Plan tritt. Er wird zum scharfsinnigen Vormund, nimmt den Leser an die Hand und macht die Ordnung der Welt zeilenweise verfügbar, wie in einem Kreuzworträtsel, in der *die Kausalität befriedigend funktioniert*. Der Verlust des Mannigfaltigen wird zum Gewinn an Übersicht, das Ganze wird zum abgekarteten Spiel einer Phantasmagorie der Vernunft, die das Chaos kontrollieren und die Gespenster streicheln möchte. Für die Dauer eines Romans wird die Wahrscheinlichkeitsrechnung suspendiert, eines folgt wieder aus dem anderen, wir brauchen nur alle Daten, um den weiteren Verlauf bis zum Ende berechnen zu können.

Das hat sich von Dupin bis Marlowe kaum geändert; vielleicht, daß der Held als personifizierte Ratio nicht mehr ausschließlich der Störung im System, dem Verbrechen, mit kombinatorischem Vermögen zu Leibe rückt, sondern durchaus auch mit Faust und Pistole. Aus dem moralischen Räsonnierer wurde der skrupellose Informationssammler, der der Welt nicht entrüstet gegenübersteht, sondern sich in ihr flexibel bewegt. Mit übermenschlicher Kompetenz und rauhem Witz wandelt er durch die Ereignisdichte

ESSAY

Jürgen M. Paasch

des Aktionsromans, die es dem treu folgenden Leser zudem erlaubt, sein versichertes Leben, gelähmtes Lebensgefühl inklusive, illusionär zu kompensieren. Hinterläßt das Leben der atomisierten Masse und des kollektiven Individuums keine Spuren mehr, sind wir hier wieder Herr unserer Schlüsse und unserer Entschlüsse als Helden in einem kriminellen Abenteuer, denn *Abenteuer in unserer Gesellschaft sind kriminell*.

Anders verhält es sich da schon, wenn die universelle Gültigkeit der Rationalität unserer Wirklichkeit entsprechend aufgebrochen wird, wenn ein Schuß pessimistische Philosophie samt Zufällen und verworrener wie verwirrender Faktizität dazukommen. Die letztlich systemstabilisierende Detektivgeschichte wird dann in eine absurde Wirklichkeit überführt, in der alles ist, wie es ist, aber alles auch völlig anders sein könnte. Wir werden es nie wissen.

Unbeeindruckt von einer wissenschaftsgläubigen und theorieversessenen Beweiswut, die noch dem letzten Gartenratgeber und dem neuesten Managermagazin wie Mundgeruch anhaftet, löst sich **Science Fiction** leichthin von den Fesseln des Faktischen und läßt der Phantasie die Zügel schleifen. Die Datensintflut der Mediengesellschaft macht ihr die Füße nicht naß - sie hat auf erhabenem Posten mehr im Blick als den allernächsten Kausalnexus. Umgekehrt haben die avancierten Wissenschaften unter dem Druck eines grassierenden Legitimitätsnotstands längst die Qualitäten der wissenschaftlichen Erzählung entdeckt. Der Frage "Was beweist Deinen Beweis?" begegnen Forscher immer häufiger mit narrativen Exkursen oder mit Verweisen auf solche. Der Zirkelschluß innerhalb einer jeden Wissenschaftsdisziplin wird spielerisch aufgehoben mit einem Diskurswechsel hin zum Erzählen. Mit seiner Narration findet Wissen wieder Zuspruch. Die Wissenschaft nimmt für die Dauer einer Erzählung eine Blaupause von der sonst allgegenwärtigen Merkantilisierung ihres Geschäfts - sie läßt die Logik baumeln, träumt sich ihre technischen Unzulänglichkeiten weg und konfabuliert ihre Wissenslücken. Die Phantasie wird in ihr Recht gesetzt; sie erprobt neue Spielzüge, ändert die Spielregeln, sucht Paradoxa und kann als Science Fiction auf einer spekulativen Ebene dem Wissen Türen öffnen. Zwar kommt sie dem Beweis nach alter positivistischer Schule um keinen Deut näher, aber was läßt sich im Zeitalter der Relativitätstheorie und der Unschärferelation schon noch eindeutig verifizieren. Da bilden die theoretisch geordneten Informationen des wissenschaftlichen Traktats und die narrativ verketteten Datenreihen der Science Fiction liebliche Eilande des Determinismus in einem ansonsten chaotischen Universum.

Die Massenware **Pornographie**, und das heißt ihre triviale Form, beschränkt sich auf die Wiedergabe unmotivierter und endloser Verrichtungen entpersönlichter und in ihren Dimensionen detailfreudig beschriebener Organe, auf die Zahl und Dauer der Orgasmen und die Vielfalt praktikabler Stellungen. Nur um sicherzugehen, daß wir es mit einem Porno und nicht etwa mit einer x-beliebigen Liebesgeschichte zu tun haben, dürfen Fellatio, Analverkehr und Flagellation nicht fehlen. Bestenfalls werden so masturbierende Träumereien eines infantilen Geschlechtslebens befriedigt, Dienst am Kunden und nicht mehr.

Neben den plumpen und pathetischen *Laureaten der Masturbation* gibt es allerdings noch eine andere, beunruhigendere und dabei nicht weniger erregende Pornographie. Sie gibt dem Gestalt, was der Sittenkodex christlich-abendländischer Tradition ins Tabu verdrängt und was in der Moderne nicht dem gesellschaftlich sanktionierten Bedürfnis nach freier Entfaltung des Ichs (Selbstverwirklichungsheinis und -heidis allenthalben) zugeordnet werden kann - der Übertretung, dem *Bedürfnis, die Ordnung zu leugnen, ohne das man nicht leben kann*. Seinem Wesen nach läßt sich der Gesetzes- oder der Tabubruch nicht als Menschenrecht kodifizieren, gleichwohl bricht er als generisches Verlangen nach der verbotenen Tat, als ein menschliches Bedürfnis, immer wieder durch die geglättete Oberfläche der Konventionen.

Die Moderne hat als die *Zeit der Irreligion* mit dem aufgeklärten Zerreden der religiösen Extase ein weiteres Ventil verstopft, das vordem den Exzessen offenstand, die sich seither immer wieder in Ideologien austoben. Gleichwohl handelt es sich um kultivierte Formen ekstatischer Entladungen - an das Wesentliche rühren sie nicht. Die Kernenergie des Sexuellen bricht dort hervor, wo sie "die für angemessen gehaltene Distanz zur Besessenheit" aufgibt und authentisch ins Werk tritt. In konsequenter Pornographie bestimmt der Exzeß das Werk und dieses ist auf den Genuß der Übertreibung ausgerichtet - nicht auf den Genuß an sich - und die letztmögliche Übertreibung ist der Tod. Die Wahrheit pornographischer Literatur schreibt sich *mit nacktem Bauch und nacktem Arsch* und tödlichem Ernst. Ihr Reiz heute besteht darin, daß sie eine Denkweise vorführt, in der die Frage nach der Totalität abgelöst wurde durch die Frage nach den Grenzen, in der die *Bewegung des Widerspruchs* ersetzt wurde durch die *Gebärde der Übertretung*.

reinita kosmos & dr. john lotter

GÖDEL. ein dichterporträt (auszüge)

james willibald gödel, „ein deutscher dichter", wie ihn badusal hegewaldt, einer der profundesten kenner des gödelschen werks, einmal außerordentlich treffend bezeichnete, oder, laut dem besessenen gödelhasser gotthilf ehrenpreis glabotki, „der schlechteste dichter der welt", james willibald gödel also wurde am 1. januar 1900 in taubach (thüringen) geboren.[1] gödel selbst sagt in seinem 1946 entstandenen buch „erinnerungen" über seine geburt:

Als die träge Januarsonne mit ihren flimmernden Goldfingern über das Kristall der verschneiten Landschaften des Thüringer Ilmtals strich und der wild tosende Wind eines neuen, goldenen Zeitalters durch die Straßen einer künftighin Wallfahrtsort genannten Stätte mit dem so lieblich klingenden Namen Taubach fegte, ward Ich, die köstliche Frucht einer anglogermanischen Liaison von wahren Künstlern - er Maler, sie Tänzerin - aus den blutgetränkten Eingeweiden eines zutiefst von meiner Ankunft beglückten Weibes ins Licht der Welt gepreßt.

offensichtlich wehte vom nahe bei taubach gelegenen weimar ein lüftchen des genius' früher dort waltender geister hinüber ins von den düften nach rinderkot und frischer blutwurst[2] gut durchlüftete taubach, denn schon bald zeigte der kleine gödel deutliche charakterzüge eines wunderkinds. so konnte der „ilmthalthüringische anzeiger" am 7. oktober 1903 vermelden:

Heute abend, pünktlich um 7 Uhr, lädt der Begründer der Gödelschen Farbenlehre, Herr Anstreichermeister Gödel, wohnhaft in Taubach Nr. 5, daselbst zu einem Vortragsabend. Er und seine Frau Dorothy Jamy, geborene William Mac Gonogall, die sich als Mitglied der hiesigen Kirmes-Tanzgruppe besonders hervorgetan hat, stellen ihren jüngsten Sohn James Willibald der Öffentlichkeit vor. Der Drei-

ESSAY

Reinita Kosmos/Dr. John Lotter

jährige wird die Zuhörer mit eigenen Gedichten erfreuen. Bereits im Alter von zwei Jahren hatte der Junge auf sich aufmerksam gemacht, indem er beständig von seinen Eltern die Anschaffung einer Schreibmaschine forderte...

nach erwerb der schreibmaschine hatte sich das kind, wie erwartet, als wunderkind betätigt und erste gedichte im stil der lautpoesie und dramatische versuche niedergeschrieben. diese schaffensperiode gödels wird auch als seine „erste stammelperiode" bezeichnet und umfaßt den zeitraum von 1903 bis 1904. leider ist uns nur ein einziges textfragment aus dieser zeit erhalten: es ist ein poem mit dem schönen titel „a-a".

daraufhin setzte die von sämtlichen experten so genannte „unbekannte periode" ein. „unbekannt" deshalb, weil kein einziges schriftstück gödels aus dieser zeit erhalten ist. dieser umstand resultiert aus einer verzweiflungstat von gödels mutter, die, außerstande, ihren sohn jimmy zu einer anderen tätigkeit als dem pausenlosen schreiben zu veranlassen, sämtliches beschriebene und unbeschriebene papier vernichtet oder aus dem hause entfernt hatte.

diese tatsache korrespondiert auf überaus traurige weise mit dem schicksal vieler anderer schriften gödels, der bekanntlich nie einen verleger finden konnte und so von seinen büchern häufig nur ein einziges in mühseliger bastelarbeit angefertigtes exemplar besaß, das nicht selten verloren ging.

überliefert aus der zeit der „unbekannten periode" ist einzig, daß gödel sich bereits im zarten alter von sechs jahren für den „größten dichter von taubach" hielt, was ob der einwohnerzahl taubachs, das laut „taubacher letzte nachrichten" vom 2. januar 1905 241 bauern und ähnliches umfaßte, als zwar immerhin möglich erscheint, von gotthilf ehrenpreis glabotki in seinem „anti-gödel" jedoch als „größenwahnsinnig" gebrandmarkt wurde. zudem erscheint es relativ wahrscheinlich, daß er in dieser zeit zum ersten mal texte von friedrich güll las, dem dichter, der zeit seines lebens für ihn das große literarische vorbild darstellte, dem es nachzueifern galt.

die „unbekannte periode" endete mit dem jahr 1913, woraufhin des dichters „pickelperiode" einsetzte, die bis 1918 andauern sollte. er verarbeitete in dieser zeit seine erfahrungen mit einem von akne übersäten körper. so auch in dem 1916 entstandenen gedicht „wolle keiner mich fragen":

> *Wolle keiner mich fragen,*
> *Warum meine Haut so sprießt*
> *Ich kann's nicht fassen, kann's nicht sagen,*
> *Was sich aus mir ergießt.*
>
> *Ich habe die Welt vergessen,*
> *Seit ich meine Pickel gesehn*
> *Ich möchte sie aus mir pressen*
> *Und still im Eiter vergehn.*

mit 19 jahren kam gödel in seine „stoß- und drängperiode". für die nächsten sieben jahre beherrschte sein ausgeprägter hang zu sexuellen praktiken wie nekro-zoophilie und gerontophilie das schaffen des dichters. die liebe zu toten tieren und zu alten frauen dürften als sexuelle absonderlichkeiten gelten, und um wieviel mehr noch die literarische beschäftigung mit ihnen. im falle gödels kann man jedoch sagen, er hatte „das hauptthema seiner schriftstellerischen arbeit" gefunden (er kam später, auch lange nach der „stoß- und drängperiode", in seinem schaffen immer wieder auf diese seine neigung zurück). es entstand ein durchaus umfangreiches konvolut von texten, hervorzuheben ist hierbei u.a. das gedicht „freudvoll! leidvoll! gedankenvoll!" von 1923[3]:

> *Stell auf den Tisch das tote Huhn,*
> *Verweste Täubchen trag herbei,*
> *Und laß uns wieder faule Eierkuchen tun.*
> *Wie einst im Mai!*
> *Gib mir den ranzigen Schinken, daß ich ihn heimlich drücke,*

ESSAY *Reinita Kosmos/Dr. John Lotter*

Und wenn man's sieht, mir ist es einerlei;
Grab ihn nur aus, den süßen Eiterbüffel.
Wie einst im Mai!

ausdruck seiner vorliebe für alte, verlebte frauen war gödels heirat mit der 69 jahre alten emma tröckelfuth im jahre 1921, der er bis zu ihrem letzten seufzer 34 jahre später die treue hielt.

als ein beispielhaftes gedicht für die texte, in denen gödel über seine gerontophilen neigungen reflektierte, kann das im band „alles beim alten, ich auch" enthaltene gedicht „o großmutter" gelten:

> *O Großmutter, die Liebe ist gekommen!*
> *Und doch ist mir bang und beklommen.*
> *Ich möchte gern, daß sie älter sei.*
> *Denn zu jung ist ihr Körper, zu neu.*
> *Wie geht sie leicht, wie spricht sie schön,*
> *Nicht ein Zeichen von lieblichem Sarggetön.*
> *Ich hab sie ein nur einmal gesehn,*
> *Ach, könnte sie nicht schneller vergehn?*

die darauffolgende „blaue periode" von 1927 bis 1932 war geprägt von der experimentellen arbeitsweise gödels: er schrieb nur im vollrausch. manchen morgen fühlte er sich, wird er später sagen, fast wie „ä rodglodsscher mellinger".[4] trotzdem gelangen ihm ganz außerordentliche meisterwerke:

> *immer diese Sachsen... Stinklappen und... was können Sie mir da noch... vorstammeln... Beschwerden in der Prostata... wie ist... gebrochene Gefühle... kopfüber in den Reibach... Kolik! ich, ein literarisches Genius... schreiben und dabei schlafen... in die eigene atheistische Thür ringeln... Schotter... gepinkelte... Schacht... Hauch! ein Tüpfelchem...*

in der darauffolgenden zeit ab 1933 war er nach allgemeiner überzeugung zwar überaus produktiv, aber er machte es sich, sozusagen in vorauseilendem gehorsam der staatsmacht gegenüber, zur gewohnheit, jedes schriftstück unmittelbar nach seiner entstehung zu zerstören und es den vernichtenden flammen zu übergeben. auf diese weise gelang es gödel, sich dem wahn nazistischer bücherverbrennungen zu entziehen, aber eben auch, sämtliche spuren seiner literarischen arbeit aus diesen jahren zu verwischen. die „verbrennungsperiode" dauerte bis zum ende des dritten reichs.

in den folgenden jahren von 1946 bis 1948 gab sich gödel gänzlich seinen erinnerungen hin. in die zeit dieser „erinnerungsperiode" (nicht zu verwechseln mit der erst zehn jahre später einsetzenden „tagebuchperiode") fallen sämtliche von gödel verfaßten memoiren. er schrieb während dieser phase im halbjahresrhythmus ständig neue autobiografien mit zum teil völlig verschiedenen angaben zu den gleichen themen: 1946 entstanden „erinnerungen" und „mehr erinnerungen", 1947 „noch mehr erinnerungen" und „noch viel mehr erinnerungen", und schließlich 1948 „meiste erinnerungen" und „allermeiste erinnerungen", bücher, die immer und immer wieder sein leben aufrollen, von der geburt bis zum jüngsten tag. seines lebens wogen bündelte er geschickt in jugendhaft anmutenden versen, wie in „die liebe":

> *Wo still ein Herz von Liebe glüht,*
> *Oh rühret, rühret nicht daran!*
> *Oh gönnet ihm den schönen Traum,*
> *In dem's voll lieblich Blüten steht!*

während der „bratwurst-periode" von 1949 bis 1955 entstanden gödels bekannte mundartgedichte[5], deren ständig wiederkehrendes element die thüringer rostbratwurst ist. in diesen kleinen kunstwerken besingt gödel sein heimatland (das er übrigens nicht ein einziges mal in seinem leben verlassen hat) sowie seinen freund badusal hegewaldt, den er einst als passionierten „worschtmampfer" im „bratwurstglöckl" kennengelernt hatte und mit dem ihm seitdem eine unzerbrechliche freundschaft verband. ein gedicht aus dieser periode heißt „mei thüringen":

ESSAY *Reinita Kosmos/Dr. John Lotter*

Kennst du das Land wo Quatschgenböme blühn
Un Bratwurstdüfte dorch de Lüfte ziehn
Wu ruhe Klüße in dr Titsche le'n
Un alla Spass verstiehn, äb gruss, äb kleen
Wu alles söngt, wu alte Sage labt
Und allerwende ä grünes Harze klabt
Wu Täler sin bei jedem Barg gewöss?
Dar ös fein raus, dar saltdrheeme ös!

am 15. november 1955 starb gödels lebensgefährtin emma tröckelfuth. tagelang hielt gödel wache an ihrem totenlager und mußte schließlich gewaltsam von der leiche getrennt werden, als klagen aus der nachbarschaft über den gestank aus gödels haus laut wurden. in dieser kurzen zeit[6] verfaßte er das etwa 400-seitige poem „oh süßlich duftende jungfer", das er, wie es später friedlich brion ausdrückte, „in einem an heidnische bräuche gemahnenden ritual" seiner geliebten frau mit ins grab gab.

1957 entdeckte gödel die tagebuchliteratur als eine adäquate ausducksform für die darstellung persönlichster gefühle und gedanken. über acht jahre hinweg widmete er sich ausschließlich dieser literarischen gattung. aus „gesammelte tagebücher oder ich bin ich"[7] möchten wir verschiedene eintragungen wiedergeben:

Taubach, 19. April 1958
Meine schlaffer werdende Haut macht mich Emma ähnlicher, bringt mich ihr etwas näher...
Nachts: wieder der Verwesungstraum (wie schon die letzten Tage)... Morgens: Pusteln an sämtlichen Schleimhäuten... Vormittags: Kopfschmerz in Verbindung mit Schwindelgefühlen... Mittags: kleine Depression... Nachmittags: Fieber (gemessene Temperatur 39,5°)... Abends: Durchfall. Fand nicht gleich den Weg zum Klo... brauche wohl eine Brille...
Im Bett, 4. bis 6. Februar 1960
Geschwulst am Knie. Gedanken bei ihrem Anblick: Geschwulst?

> *Walnuß?*
> *Blumenkohl?*
> *Gehirn?*
> *Celusia oder Fuchsschwanz?*
> *Lamellen einer Dampfheizung?*
> *Und so fort. Ähnlichkeiten, doch keine Verwandtschaft, Analogie, doch keine Homöologie. Geht man tief genug hinunter, findet sich der Generalnenner. Bisinus. Das Punktamt von Heliopolis. Vorteile und Gefahren dieser Denkrichtung.*

und unter dem 14. august 1961 heißt es:

> *Wo bin ich?*

wer hätte es besser vermocht, den jahre andauernden versuch einer neuorientierung nach dem tod des ihm am nächsten stehenden menschen ausdruck zu verleihen. neben solch tiefschürfenden selbstreflexionen finden sich immer wieder bewegende gedichte unter den eintragungen, die er dem angedenken der unvergessenen emma widmete:

> *Trunken ward meine Seel'*
> *beim Anblick deiner lieblichen Hutzelhaut*
> *und wenn meine Lippe an deinen verdorrten Brüsten saugt'*
> *dann vertrocknet' frohlockend meine Kehl'*
>
> *So wie ein alter Hammel mundet,*
> *wird er nur lang genug gekocht,*
> *war uns're Liebe abgerundet*
> *nur weil das Alter mit dir focht.*

aber der schmerz über den verlust der langjährigen weggefährtin bewirkte in gödel einen reifungsprozeß, der seinen ausdruck in der hinwendung zu entsprechend „reifen" literarischen themen[8] fand. in der „klassischen periode" von 1966 bis 1972 verbesserte gödel klassiker wie goethe, schiller, luther und händel. es entstan-

ESSAY
Reinita Kosmos/Dr. John Lotter

den großartige schöpfungen wie „superfaust", „west-östlichster divan", „der schuh" und „alles gute kommt von hinten".

1967 lernte gödel die vierzehn jahre ältere iris „pronuncia" basedow kennen. er verliebte sich heftig in die alternde matrone und streitbare rhetorikerin. die tiefe bindung zu ihr bewirkte in dem an sich harmoniebedürftigen dichter eine grundlegende wandlung hin zu einem „widerspruchsgeist par excellence" (b. hegewaldt).

in seiner „eingabenperiode" von 1973 bis 1975 schrieb gödel die „briefe an erich und margon", eine diffizile kritik an den bestehenden sozialistischen verhältnissen in form von eingaben, die er jedoch nie abschickte. 1974 heiratete gödel die langjährige geliebte „pronuncia", der er den gedichtband „meine schönsten eingaben" zueignete.

mitte der siebziger jahre kam es zu einem überraschenden bruch im schaffen des meisters. gödel, der 1956 einen autobiografisch gefärbten roman mit dem programmatischen titel „ernst" geschrieben hatte und sich auch von seinen freunden mit diesem namen (statt des von ihm als lächerlich empfundenen james willibald) rufen ließ, eben dieser „tief-ernst gödel", wie ihn der dramatiker götz in seinem buch „ich und mein freund der herr dronte" nannte, trat im alter von 76 jahren in eine schaffensperiode, die allgemein als seine „lach-und-schieß-periode" bezeichnet wird, von seinem größten kritiker, dem schon mehrfach erwähnten gotthilf ehrenpreis glabotki, jedoch als die „phase pennälerhaftester blödeleien eines schwachsinnigen greises" umschrieben wurde. aus dieser bis ins jahr 1978 andauernden zeit stammt u.a. folgender text:
Anekdote

Alma kaufte eine Kuh. Dann sagte sie zu Rosa:
„Ich hab eine kleine Kuh gekauft."

> *Rosa aber erwiderte:*
> *„Das heißt nicht kleine Kuh, das heißt Kalb, daß Du's weißt."*
> *Alma aber, aus Ärger über die freche Rosa, sagte nur:*
> *„Letztendlich war's gar keine Kuh, sondern eine Uhr, daß Du's weißt."*

1979 setzte gödels bis 1986 dauernde „unvollendete periode" ein. das wichtigste werk „abgef" entsteht 1981: es ist eine sich an den bedeutendsten unvollendeten kunstwerken wie „die unvollendete" von beethoven, „der unvollendete" von büchner oder „das unvollendete" von boche orientierende komposition aus unvollendeten sätzen.

eine seit mehreren jahren währende beziehung zu der 82 jahre alten diabetikerin trude unrein[9] führte 1986 zur scheidung von seiner bisherigen gemahlin „pronuncia" basedow, der er auch weiterhin in freundschaftlicher zuneigung verbunden blieb, und zu einer neuerlichen heirat.

in die zeit der von freunden wie feinden bisher viel zu wenig beachteten „ruheperiode" von 1987 bis 1989 fallen gödels aufsehenerregende experimente im bereich der wortlosen dichtkunst. er schrieb, oder besser gesagt, er schrieb nicht, „ein buch, in dem nichts steht", 100 seiten leere, beredtes zeugnis seines unwillens, sich dem zeitgeist anzupassen. mit solch innovativen kreationen inspirierte er wenig später auch den kölner künstler hans-jörg tauchert zu der installation „endlich ruhe".

zeitgleich mit dem eintritt der geistigen umnachtung gödels gegen ende des jahres 1989 begann auch seine „absolute ruheperiode", in der er sich vollständig von der literatur abwendete und sich nur noch der pflege seiner geisteskrankheit widmete. sie währte bis 1993. er traf bedeutende schriftsteller und gelehrte wie reinita kosmos, dr. john lotter, fridtjof pansen und yves eigenrauch. aber er nahm sie nicht wahr. oder sie ihn nicht. 1994 heiratete gödel im geheimen und unter mißachtung der schon vorhandenen ehepartnerin die deutsche familienministerin claudia nolte, die von ihrem alter, welches zum zeitpunkt der hochzeit gerade einmal 28

ESSAY

Reinita Kosmos/Dr. John Lotter

jahre betrug, eigentlich nicht seinen ansprüchen gerecht werden konnte, aber, so sagt gödels sekretär eckert in seinem buch „gespräche mit gödel in den letzten jahren seines lebens": „ihr wahres alter, und das hat der meister auf den ersten blick erkannt, ist weit über siebzig." die verbindung mit claudia nolte führte dazu, daß gödel sich wieder mit literatur beschäftigte, bekam er doch beinahe täglich ein neues liebesgedicht seiner angetrauten. uns liegt ein brief vor, den claudia ihm unter dem datum des 1. januar 1994 aus bonn schickte:

> *Ich möchte heim, das Schifflein sucht den Hafen*
> *Das Bächlein läuft ins Meer*
> *Das Kindlein legt im Mutterarm sich schlafen*
> *Und ich will auch nicht mehr.*
> *Manch Lied hab ich in Lust und Leid gesungen*
> *Wie ein Geschwätz ist Lust und Leid verklungen.*
> *Im Herzen blieb mir nur der letzte Reim:*
> *Ich möchte heim,*
> *Sei du mein Heim.*

daraufhin fühlte sich gödel offenbar bemüßigt, auch wieder zu schreiben, und es setzte die „zweite stammelperiode" ein, in der dieser begnadete dichter 1995 sein großes alterswerk „gaga" vollendete, ein werk, dessen auswirkungen auf den leser von wahrhaft unglaublichem ausmaß sind. schon die lektüre früherer gödelscher texte brachte verschiedene aufstrebende und begabte literaten zum teilweisen bzw. vollständigen verstummen oder zu einer einseitigen fixierung auf das werk dieses mannes. das geschah aus ehrfurcht oder aber aus blindem haß, wie im fall von gotthilf ehrenpreis glabotki, der, nachdem er gödels schriften kennengelernt hatte, nur noch über, will heißen: gegen gödel schreiben konnte. die folgen der „gaga"- lektüre jedoch sind katastrophal für die geistige gesundheit selbst robustester naturen. glabotki, der seine ganze kraft daransetzte, gödel zu zerstören, wurde schließlich selbst zum opfer seiner besessenheit. er zerstörte nicht gödel, der sogar in seiner umnachtung zufrieden, ja glücklich wirkt, sondern sich selbst: nachdem er „gaga" gelesen hatte, stürzte er sich in einem anfall von raserei vom balkon seiner wohnung. an den folgen dieses sturzes starb er am 5. september 1996.

james willibald gödel wird ewig weiterleben!

BIBLIOGRAFIE:[10]
brion, friedlich: „abschied", sesenheim 1972
eckert, pater: „gespräche mit gödel in den letzten jahren seines lebens", berlin 1997
„das faule ei", hrsg. von casimir cassier, ch. essex & herrn rossi, weimar 1986
glabotki, gotthilf ehrenpreis: „anti-gödel", wittenberg 1985
glabotki, gotthilf ehrenpreis: „halali", ettersburg 1989
götz, egelhardt: „ich und mein freund der herr dronte", straßburg 1971
güll, friedrich: „gedichte und lieder", ansbach o.j.
hegewaldt, badusal: „gödel und nicht hitler", münchen (bei weimar) 1966
hegewaldt, badusal: „die leiden des alten gödel" (unveröffentlichtes manuskript)
„ilmthalthüringischer anzeiger", 7. oktober 1903
kiri, harry: „alter, wurst und autor" in: „sklaven" nr. 44, berlin 1998
kosmos, reinita & dr. john lotter: „das große vorbild", köln 1994
latern, hermann: „außen jung, innen alt. die legenden des j.w. gödel", frankfurt/m. 1993
lotter, dr. john: „güll und güller", weimar 1993
mandryckx, caruso: „warum?" in: „der dumme august", nr. 0850, paris - frankfurt/m. - vieselbach 1988
pansen, fridtjof: „polaris", hammerfest 1952
puchtel, holger: „tutti buffi! tutto doloroso..." in: „dante e spaghetti" nr. 6/91, rom 1991
sultze, hanns georg: „sand. samen. gase. wasser", lüneburg 1945
„taubacher letzte nachrichten", 3. januar 1907
„thüringische spruchweisheiten", hrsg. von sybil schönfeld, ilmenau 1970
troius, vanessa von: „die stute", bad bevensen 1978
„unsere hingeschiedenen. 1945-1989", hrsg. vom bestattungsinstitut pietät, weimar 1991

1 es ist bis heute bei forschern umstritten, ob es sich bei dem datum seiner geburt nicht um „eine der vielen gödelschen mystifikationen" (h. latern) handelt. hermann latern gibt in seinem buch „außen jung, innen alt. die legenden des j. w. gödel" den 30. märz 1895 als das wahre geburtsdatum an.
2 harry kiri weist in dem gödel betreffenden absatz seiner wegweisenden schrift

„alter, wurst und autor" darauf hin, daß im thüringischen volksmund blutwurst auch „tote oma" genannt wird und daß das, in verbindung mit des dichters nachgewiesener vorliebe für diese typisch thüringische spezialität, möglicherweise einer der auslöser für gödels späteren hang zu alten, fast schon toten frauen sein könnte.

3 es existiert eine, wenn auch außerordentlich schlechte, dafür unvollständige übersetzung dieses gedichts ins italienische von holger puchtel („tutti buffi! tutto doloroso..."): es ist neben der fast-ungarischen fassung von „sechsundsechzig aufwärts" („felkakas mondhatok"), die gödel selbst besorgte, bisher die einzige übertragung gödelscher texte in eine andere sprache.

4 als „rodglodssche mellinger" werden die bewohner des nachbardorfs von taubach, mellingen, bezeichnet, wegen ihrer zügelloser trinksitten und daraus resultierender rotunterlaufener augen (siehe „thüringische spruchweisheiten", hrsg. von s. schönfeld).

5 die autoren dieser zeilen haben schon in ihrer studie „das große vorbild" darauf hingewiesen, daß während dieser periode neben den eigentlichen spiritus rector der gödelschen werke, friedrich güll, zumindest marginal thüringer mundartdichter wie waldemar klinghammer, oskar wilhelm imhof u.a. als literarische leitfiguren hinzutraten.

6 nach angaben des damals zuständigen bestattungsunternehmens „trat der tod bei der emma tröckelfuth bereits 23 tage vor der überführung ihres leichnams ein".

7 jahre später hielt ein großes deutsches nachrichtenmagazin einen teil der gödelschen tagebücher seltsamerweise für hitlers tagebücher. dieser irrtum konnte jedoch durch badusal hegewaldts enthüllungsbericht „gödel und nicht hitler" widerlegt werden.

8 die völlig unbekannte altertumsforscherin vanessa v. troius nennt die schriften gödels aus diesen jahren in ihrem essay „die stute": „vollreif, ja überreif".

9 die fast schon sensationell zu nennende änderung seiner sexuellen gewohnheiten (t. unrein war immerhin dreieinhalb jahre jünger als gödel) führte in der fachwelt zu einer außerordentlichen verwirrung, die bis heute anhält. „ich verstehe die welt nicht mehr", äußerte damals der anerkannte gödelianer caruso mandryckx, und er blieb nicht der einzige mit einer solchen reaktion.

10 die wenigen erhaltenen bücher von gödel, jeweils nur als das einzelexemplar vorliegend, welches der autor selbst gefertigt hatte, sind in dieser bibliografie nicht aufgeführt. sie werden, eingedenk ihres restaurierungswürdigen zustands, in der privatbibliothek von b. hegewaldt unter verschluß gehalten und einzig zu forschungszwecken herausgegeben.

PROSA

A. J. Weigoni

Rekonstitution, Requiem auf das Artnapping

Katja hätte es sich eigentlich denken können: es konnte nur ein grauenhafter Tag werden. Die Dämmerung liegt denkbar dämmerig über dem Veedel. Doch, der Reihenschaltung nach:

Zuvörderst: Vollmond, eine von jenen Nächten, in denen die Finsternis von Lunas feingesponnenen Lichtfäden verklärt und Schlafwandeln fast zu einer zwingenden Notwendigkeit wird. Ihre Blutung setzte gegen 2.30 Uhr/MEZ ein, folglich war an Schlaf nicht einmal mehr zu denken; sie griff nach Kleist, genauer: einem Buch, welches seine Erzählungen beinhaltete, um *Die Zeichen der Gewalt und die Gewalt der Zeichen* aufzustöbern. Einhalt war den Signifikanten sowieso nicht mehr zu bieten. Gerade als sie das Scrabble von N.I.C.O.L.O. nach C.O.L.I.N.O. umlegen konnte und jene Missing-link zu *Suspicien* offensichtlich wurde, scherbelte das Telefon mit einer solch zwingenden Notwendigkeit, dass ihr nichts anderes übrig blieb, als zuzugreifen. Eine Männerstimme, die so klang, als käme sie von der anderen Seite des Ozeans herüber, schlich sich durch den Hörer in ihre Ohrmuschel und erkundigte sich nach ihrem Namen, worauf sie ihn bat, zuvörderst seine Identität preiszugeben. Mit umständlichen Spreizschritten in seinen Formulierungen stellte er sich als *der Sekretär von Paul Pozozza* vor und bei ihr fiel klicke-di-klicke-di-klong die Münze *Kunstsammler*, eine mysteriöse Person, von der böse Zungen behaupten, dass sie ein raffiniert angelegter Trick sein soll.

Mit einem östlich akzentuierten Zungenschlag, der allerdings eine Spur zu realistisch klang, brachte die Stimme das Anliegen vor: Nachforschungen in Hinsicht auf ein Kunstwerk anzustellen, welches kürzlich auf dem Transportweg vom Landeshauptdorf nach Domstadt verschollen sei. *Halt, halt...* hätte sie an genau dieser Stelle einwenden sollen, doch mit einem imaginären Blick auf ihren Kontostand, der sich gefährlich im roten Bereich bewegte, versagte sie sich die Bemerkung, dass ihre Arbeit lediglich darin bestehe, den Wert von Kunst zu schätzen und nicht nach ihr zu suchen. Ihr stummes Einverständnis voraussetzend, kündigte ihr der Sekretär abschliessend an, dass ihr nähere und ausführlichere Auskünfte und Informationen über seinen Anwalt via Mainhattan zukommen würden.

Eine Zeitrechnungseinheit darauf, sie spielte bereits mit dem Gedanken, einen Job betreffs Museumsführungen anzunehmen, wurde ihr durch einen Advokaten ein Kuvert mit detaillierten Informationen zugestellt - includes ebenda: Barscheck mit einem nicht unerheblichen Vorschuss. Bei dem entwendeten Gemälde handelte es sich um eine Arbeit von Adolf Lechtenberg aus dem Jahr 1984 / 150 x 500 cm / Tempera auf Nessel / Titel: PORTRAIT PAUL POZOZZA. klicke-di-klicke-di-klong.

Logik und Systematik war niemals ihre Sonnenseite, also lud Katja zuvörderst ihre Freundin Nora, die als Redakteurin für eine Kunstzeitschrift als *freie* mitmischte, zu einem Arbeitsfrühstück ein. Über den geheimnisumwitterten Paul Pozozza hatte sie auch nicht mehr zusammentragen können; lediglich den Verdacht, dass der Kunstsammler/Förderer/Mäzen die entwendete Arbeit aus gekränkter Eitelkeit in seinen Besitz bringen wolle, entkräftete sie restlos, bei Pozozza ist das Sammeln von Kunst nicht die Befriedigung einer Profilneurose, wie es bei den meisten Sammlern der Fall ist, vielmehr ist bei ihm ein Understatement festzustellen, in dessen Folge er eine dienende Funktion einnimmt. Das Bild an sich - nota bene - birgt einen Informationswert in sich und unter den Farbschichten, der gewisse skrupellose Menschen zu einer Art von Erpressungsaktion bewegen könne, so die 1. Annahme zwischen Kaffee und Konfitüre. Die 2. Theorie nahm sich objektgebundener aus, da sie, nicht romantisch verklärt, eine Methode darstellt, die seit Jahrtausenden praktiziert und derart funktioniert: man kauft Kunst auf und lässt sie danach sang- und klanglos beseitigen, sozusagen im Keller der Geschichte, so dass diese Kunstwerke völlig aus dem öffentlichen Bewusstsein verschwinden, es sie anscheinend nie gegeben hat.

Denkansätze und Spekulationen jedoch, die kein klärendes Licht auf diesen Diebstahl warfen, lediglich Möglichkeitsformen des bisher Dagewesenen. Nora schlug die schlüssige Zwischenlösung vor *das Thema an sich zu untersuchen;* eine günstige Gelegenheit dazu bot sich bei der Ausstellungseröffnung in Domstadt am selbigen Abend.

Als sich jener Tag der Dämmerung hingab, sahen sie einen völlig übermüdeten Herrn Lechtenberg, der geduldig das Ritual des *verwesenden* Künstlers über sich ergehen liess. Nora gelang es schliesslich, ihn anzusprechen, und da sie beabsichtigte, einen Artikel über diese Ausstellung anzufertigen, brachte sie geschickt und scheinbar nebensächlich die Sprache auf das entwendete Porträt. Adolf Lechtenberg schien sehr verblüfft und antwortete unwirsch, dass diese Arbeit für diese Präsentation nicht vorgesehen und sich momentan im Kellergewölbe des P.P.M. am Fürstenwall befinde. Der über dieses Blatt geneigte Leser kann sich vorstellen, wie erstaunt sie ob dieser Aussage war, zumal sich das Gemälde dort keinesfalls befinden konnte, da dort in der beschriebenen Zeitspanne Objekte von Marcel Hardung und Robert Knuth der Öffentlichkeit zugänglich waren.

Auf dem Rückweg erweiterte Nora Katjas Kenntnisse über das PAUL POZOZZA MUSEUM und den harten Kern der Aktivisten, welche eine derartige Arbeit ermöglichen; offensichtlich handelt es sich hierbei um die letzten Nomaden im fast/rest/postmodernen Kunstbetrieb. Sie riet ihr unbedingt an, sich auf dem Hinterhoffest in der Hoffeldstrasse umzusehen, welches dort am Wochenende abgefeiert werden sollte und Anlass für weitere Spekulationsmöglichkeiten sein könne.

Am darauf folgenden Tag fuhr Katja noch einmal nach Domstadt; weniger der Kunst wegen, sondern um in der Galerie nachzusehen, *wie* die Arbeiten dort angebracht waren, und in der Tat fand sie das, was sie erahnt hatte: eine schlecht kaschierte Lücke. Ohne Frage, ein Beweis, aber noch keine Spur, denn der smarte Galerist behauptete steif und fest, dass besagtes Gemälde überhaupt nicht in sein Ausstellungskonzept passe. Was er allerdings nicht so schlagfertig erklären konnte, war eine Leerstelle im Katalog, welche sich kaum mit layouttechnischen Fragen begründen liess. Zwei Schmiergeldaktionen erwiesen sich für beide Seiten ergiebiger. In der Druckerei, die den Katalog hergestellt hatte, konnte sie die Druckplatte, mit dem Pozozza-Porträt, gegen einen angemessenen Betrag unter dem Vorwand erstehen, sie für eine Dokumentation zu benötigen. Auch der Fahrtenschreibers des Lkws, mit dem der Transport vom Landeshauptdorf nach Domstadt bewerkstelligt wurde, wies die erahnte Lücke auf. Der Fahrer, so die Annahme, hatte eine Pause gemacht, und in diesem Zeitraum musste das Bild verschwunden sein. Es wäre sicherlich von Interesse gewesen, sich mit dem Fahrer zu unterhalten, aber jener hielt sich zu dieser Zeit in der Herzegowina auf. Hier also erstmal Sackgasse, die Reise auf den Balkan ersparte sie sich, denn diese Spur war zu offensichtlich gelegt, um vom Wesentlichen abzulenken. Es steckte etwas anderes dahinter, und wie merkte ihre teuerste Freundin so treffend an: *bleiben wir beim Thema!*

Wer sich in einen Arbeitsbereich vertieft hat, dessen Blickfeld verengt sich auf diese art&weise dergestalt, dass die Umwelt lediglich die Form einer Kulisse einnimmt. So musste sie Nora darauf hinweisen, dass jemand in das GOETHE MUSEUM eingebrochen sei. Wie aus dem Polizeibericht hervorging, hatte der Einbrecher nichts gestohlen, vielmehr hatte er eine Einladung verloren, auf der einiges vermerkt war; aus diesen Notizen ging hervor, dass er sich mit der *Farbenlehre* beschäftigt haben musste: »Mit Farbe Wirkung erzeugen! Der Mensch braucht Licht und damit Farbe!« war in einer hingehuschten Schrift auf eine Einladung zu der Lechtenberg-Ausstellung in Domstadt notiert. Polizei und Lokalpresse tappen im Dunkeln.

Des weiteren fiel ein Graffiti ganz aus dem Rahmen der üblichen Politsprüche: PROUN. Ein Wort, bei dem wieder einmal eine Münze fiel, jedoch auf der falschen Seite liegen blieb, so dass sie abermals die Hülfe der Freundin benötigte, die ihr zu dem Code-Wort allerdings nur den Namen *El Lissitzky* nennen konnte; sie wollte eh am nächsten Morgen in das Katasteramt und die UB gehen, um im Archiv nach anderen Fällen von Artnapping zu forschen, will sagen deren Methodiken, um sie als Vergleich für diesen Fall von Artnapping heran zu ziehen, war das Timing perfekt. Und in der Tat erwiesen sich die Aussagen von El Lissitzky, nicht nur wegen dem *ky* in seinem Namen (sic!), als Schlüssel für die Eingangstür: „Erfinden kann man auch Utopien. Entdecken kann man nur das, was existiert. Schöpferisch ist der Weg der Entdeckungen, und diese schaffen ein Ziel. Aus dem Ziel folgt die Nützlichkeit und die Verlagerung von Qualität in Quantität. Jede Arbeit ist eine kurze Haltestelle auf dem Weg zur Vollendung. Natürlich geschieht es, dass man sich auf den Weg nach Indien macht und Amerika entdeckt."

Katja konnte ihr Erstaunen kaum verbergen und fahndete in den Unterlagen nach Notizen, die sie ihr betreff des Raums und dem Problem der Tiefenwirkung gemacht hatte. Delaunay sagt dazu: „Sehen ist eine Bewegung, sie reicht bis zu den Sternen. Die Farbe ist ein Mass in Vibration!"

Der Rausch des Archivs hatte sie ergriffen und so folgerte sie von hier aus mit dem nächsten Schritt zu El Lissitzkys PROUN: „Proun kreist um die Erde, weil die Erde Proun noch nicht aufnehmen will. Die neue Welt wird dennoch durch eine direkte präzise Kraft gestaltet, der Weg des Mondsüchtigen."

Sicherlich Synchronizitäten, vielleicht falschverstandenes Rollback, doch wohl kaum Zierat und schon gar nicht jene hohle Kunst des klassizistischen Zitats! Sie begab sich zur Ausleihe, um die Kataloge eintragen zu lassen und stellte fest, dass sie zum erstenmal in diesem Fall die Nase vorn zu haben schien. Aus dem Gespräch einer Frau, von der sie annahm, sie in ihrem Gedächtnis gespeichert zu haben, mit dem Bibliothekar, erlauschte sie, dass sie eben dieselben Nachschlagewerke ausleihen wollte, die sie unter dem Arm trug, ein Blick auf ihre Benutzerkarte lieferte ihr ihren Namen zu dem Gedächnisfoto: Julia Lohmann. Aus taktischen Gründen bot sie ihr an, Kopien aus den Werken für sie anzufertigen, als sie erwähnte, dass sie lediglich einige Auszüge benötige. Sie belauerten sich wie zwei Katzen, die in eben dem selben Augenblick eine Schale warmer Milch entdeckt hatten. Es trug erheblich zu Katjas Irritation bei, als es sich nahezu um selbige handelte, welche sie zuvor überflogen hatte, plus einer Aussage, welcher sie bis dahin keine weitere Beachtung geschenkt hatte: „Farbe ist Barometer des Materials und die Farbe drängt das Material zur weiteren Verwandlung."

»Diese Feststellung von El Lissitzky steht für den Umschlag der malerischen in die materielle Kultur!" brummelte sie vielsagend nebensächlich vor sich hin und kopierte, zur Ablenkung? - noch zwei Passagen aus Blochs *Prinzip Hoffnung*, die sie Katja, unterstrichen durch ein sophisticated-smile als *Gegenleistung* schenkte; sie las sogleich: [Die folgenden Passagen können an dieser Stelle nicht aus dem Typoskript übernommen werden, da die Nutzungsrechte bei einen anderen Verlag liegen!]

Dies waren also, nebst einer Lektion in *heilsamer Verunsicherung* entscheidende Teile zu ihrem gedanklichen Puzzle, denn obwohl sich einige Ableitungsfunktionen aufdrängten, deutete sich unabhängig von dem entwendeten Porträt ganz vage so etwas wie eine Konzeption an, eine Grundlagenforschung. Welches Spiel wurde von den Menschen des P.P.M. nach welchen Regeln gespielt und handelt es sich hierbei um die letzten Mohikaner eines Kunstbetriebs, der nachhaltig den restlosen Ausverkauf seiner Ideale und Innovationen betreibt?

Die Aussagen über die Malerei liessen sich als Schlüsselerlebnis deuten, das dazugehörige Schloss beabsichtigte sie auf der Hinterhofparty zu suchen. Am Samstag rief in Allerherrhottsfrüh Nora an, um Katja ins Kino einzuladen und dort mit offenen Augen zu träumen, sie war der Meinung, dass sie sich unbedingt *Citizen Cane*, der zudem in Originalfassung lief, in Hinsicht auf ihre Nachforschungen durchsehen sollten. Eine Gebühreneinheit darauf rief ein Typ an, der sich McGuffin nannte und darum bat, die Druckplatte an eine Adresse in Rath zu senden, sich auf keine weiteren Rückfragen einliess und die Verbindung sogleich wieder abbrach. Sie vermummte das Telefon mit ihrem Kopfkissen und stellte ihren Körper unter eine heiss/kalte Dusche, um den Kreislauf anzuregen.

Katja war also mit im Spiel; nachdem sie das Ei einen Kopf kürzer gemacht hatte, beschloss sie ein stilles Solo zu spielen und die Karte, sprich: Druckplatte auszureizen, allerdings nicht auf dem Postweg, sondern auf ihre'art'.

Der Kinobesuch erwies sich als Fundgrube, nicht nur, dass frau glaubte, einen alten Bekannten wieder zu sehen, Parallelen zu Delaunay betreffs der Tiefenwirkung waren augenscheinlich. Ein wahrhaft gelungener Auftakt zu dem Hinterhoffest, welches sich als eine ausgelassene Mittsommerparty entpuppte, fortwährend sich ineinander auflösende Gruppen von Diskutanten und Tanzenden bewegten sich strudelförmig über den Hinterhof, rieben die Köpfe aneinander und sprühten Funken. Dee Jay Dionysos hinter dem Mischpult heizte kräftig ein.

»4 rose, but!?!« flüsterte ihr Nora in die Ohrmuschel und wies sie auf eine Gruppe hin, die sie mit der ihr eigenen feinfühligen Ironie als *Ostblock* kennzeichnete. Es handelte sich um den Polen Robert Knuth, dem man Kontakte zur *Solidarnosc'* nachsagte, dem *Maschinenschlosser* Wasa Marjanov aus der Herzegowina und dem Exil-Ungarischen Schriftsteller Béla Lógosï.

Katja war im Begriff, sich der Gruppe unauffällig zu nähern, als Marjanov einen Autoschlüssel an Béla weitergab, worauf dieser mit Knuth durch das Hoftor verschwand. Unter dem Vorwand eine Toilette zu suchen, folgte sie den beiden, konnte aber nur noch beobachten, wie sie mit einem LKW in Richtung Innenstadt davonfuhren. So entschloss sie sich Marjanov zu beschatten, der sich bereits in einem angeregten Gespräch mit Hilmar Boehle und Marcel Hardung befand, sie lieh sich Noras Diktiergerät und schnitt folgenden Wortlaut mit:

M.:... wer keine Ansprüche an den Raum stellt, kann sich auch nicht enteignet fühlen... Durch Gesten menschlicher Körper werden Raumfelder umschrieben und Raumkanten aufgebrochen.

B.: An die Grenzen architektonischer Ausdrucksmöglichkeiten gelangen.

M.: Architektur von ihrem rein funktionalen Standard befreien und sie zum Träger von Aktion, das bedeutet: Ereignis, Bewegung und Raum werden lassen.

B.: Nun, eine Idee repräsentieren, selbst, wenn sie nicht immer realistisch ist.

H.: Eben, eine Geschichte erzählen.

M.: Durch Konzentration deutlich machen, was für Aktivitäten dort stattfinden können.

B.: Das Innere des Museums passt sich dem Programm und den Aktivitäten an, die sich ständig von einander ändern können, ohne die äussere Hülle zu beeinflussen.

M.: Die Leere wird zur architektonischen Landschaft.

H.: Die Grenzen verrücken, ausdehnen, experimentieren, aber keinen Schlussstrich ziehen.

B.: Das Museum lebt von den Ereignissen, wehe dem Museum, das keine Sensationen bringt!

M.: Es ist der Ordnungszwang, mit dem wir uns vom Warenhaus der Wirklichkeit abgrenzen müssen. Was uns bleibt, ist das Chaos als Methode, um die herrschenden harmonisierenden Ordnungsbegriffe anzugreifen. Es soll daran erinnern, was wir verloren haben. An den heutigen Widerwillen, das Bauen als eine Gelegenheit zur Schaffung eines heroischen Gefüges zu begreifen und die uns allen gemeinsame Unfähigkeit, die latente poetische Kraft eines bestimmten Baus zu entdecken.

H.: Der P.P.M-Neubau soll eine Atmosphäre der Entspannung und der geistigen Anregung vermitteln.

Nachdem Katja das Tape noch einmal abgehört hatte, wurde ihr endgültig klar, dass es hier um mehr als nur ein verschwundenes Bild ging. Auch einiges, was sie aus anderen Gesprächen mitgeschnitten hatte, wies auf mehr als die Verschwörung einer künstlerischen Vereinigung hin; namentlich: Ein Projekt für die Gründung neuer Formen in der Kunst. Der Schlüssel, will sagen: konzentrierter gedanklicher Humus zur Malerei, und das Schloss, sprich: Stellung der Kunst zur Architektur, oder auch: Kunst als Architektur - passte! Sie musste nur noch die Tür finden, um zu sehen, was dahinter steckt. Die Spur, welche sich daraus ergab, führte in ein altes Bilker Kino, von dem bereits auf dem Fest die Rede war und das in ein Studio umgebaut worden war. Durch den alten unerschlossenen Notausgang gelangte sie in den ehemaligen Projektionsraum und konnte vor dort aus sehen, ohne gesehen zu werden. Neben einem Fotografen befanden sich dort fünf Tänzerinnen, sowie Marjanov, Lohmann und Bela. Die Tänzerinnen bewegten sich in einem nebulösen Raum ohne Tiefe und stellten gemäss den Anweisungen von Lohmann und Marjanov fünf Begriffe dar. In die Wandlung des Raums wurde der Körper selbst mit einbezogen, die Magie der vollendeten Bewegung, übertragen in materialmanifestierte Formen, welche sich aus der Körperstatik ergaben, der menschliche Körper als Vorgabe für die späteren Studien am Reissbrett, als Grundlage für die, im wahrsten Sinne des Ortes, *humane Architektur*, eine Bewegung im Hyperraum zu der Musik der *Cybernetic Sisters,* dem verführerischen Klang der Sirenen auf der Transzenden*talfahrt*.

»In einem sprachlosen Zustand tritt der Tanz als *eine andere Sprache* ein.« charakterisierte Helga Dürr, die Choreografin, in der Pause die Arbeit.

Aufgrund der Summe dieser Informationen konnte Katja die Kreuzdame als den entscheidenden Trumpf aufspielen, sie schickte ein Telegramm an Mr. McGuffin und bat ihn, zwecks Übergabe der Druckplatte am darauffolgenden Tag um 14.50 Uhr/MEZ an die Grossbaustelle zur Dammstrasse zu kommen.

Wie nicht anders zu erwarten, bestand der angebliche McGuffin aus drei Personen, namentlich: Lohmann, Marjanov und Bela Lógosï. Sie sagte ihnen grad heraus, dass eben jenes Gemälde nicht verschwunden, sondern von ihnen aus dem Verkehr gezogen sei, um die Pläne für den Neubau des PAUL POZOZZA MUSEUM's noch geheim zu halten. Neben einigen Erklärungen konnten Julia Lohmann und Wasa Marjanov diese Recherchen bestätigen, blieb nur noch unklar, wozu sie die Druckplatte benötigten, bis Béla schlicht bemerkte:

»Für ein Fake-Reclam-Buch.«

Ilse Kilic & Fritz Widhalm

Zungenhiebe

schreiben: ich spiele kein computerspiel. nein nein nein. schreiben & - dann fängst du damit an: anfangen, anfangen. nicht so & / nicht anders / dem leben zur falle gevorsichtigt mitleid / (besitzlangeweile) / die enthemmung des denkens ist gift ist tablette ist milch, schluchten aus farben im kopf wo die welt ist, landschaftstapeten, wasserfall, fels / zänkischer weg der nicht aufhört, & - dann lernst du jemand kennen, die oder der auch damit anfängt (schreiben: ich spiele kein computerspiel. nein nein nein.) oder schon angefangen hat bevor du angefangen hast: anfangen, anfangen. den / blauen augen / zur einsicht hartnäckigst / ein / lästermaul stimmungen / wie kostbaren kitsch, / während / nächtliche / dahingestell der handgriffe / schamhaarfantasien als gebetsmühle / dienen & - dann nicht damit aufhört & du hörst auch nicht damit auf & auf einmal, (schreiben: wir spielen kein computerspiel. nein nein nein.) also - so nach & nach bist du „ein schreibendes paar": anfangen, anfangen. aufregung regung schwerregen platzregen platzangst regenangst / beherrscht tonlang innerstes / verfühlt / verstimmt / klaviatur wie seidenrössl / leerzeilt schleunigt zeilenlang versagen versägung sägezahn / ich!!! (schreibende paare: siehe brehms tierleben erweiterungsband, vgl. :fliegende fische.) so manche & mancher

ILSE KILIC/FRITZ WIDHALM **PROSA**

ist das schon gewesen, „ein schreibendes paar" & das kann man so sagen, so-und-so, obwohl manche wieder aufgehört haben, „es" zu sein. definiert man paar als einfachen zweiteiler, z.b. bikini, oder 1 paar schuhe, dann ergibt sich, daß ein teil ohne den anderen unvollständig ist & - das wäre „falsch". das paar muß also als besonderer zweiteiler definiert werden, aus dem im bedarfsfall zwei vollständige, lebens- & schreibfähige einteiler konstruierbar sind. „das schreibende paar" tritt sowohl als zweiteiler als auch als zwei einteiler in erscheinung. (das paar: 1) **eine bereits im ältesten tertiär bekannte säugetierordnung, die in die unterordnungen der schweineartigen, der schwielensohler & der wiederkäuer aufgegliedert wird. 2) ein reim in der form a+a, b+b &soweiter &sofort)** obwohl das schreibende paar sich über das schreiben definiert, trifft man es & sich selbst als schreibendes paar bei zahlreichen anderen tätigkeiten an: **sie streiten sich darüber, wer die letzte flasche bier ausgetrunken oder wer die eiskastentür nicht zugemacht hat. & schreibende paare haben wirklich ein ordinäres mundwerk... sie beschimpfen sich mit allen möglichen vulgären ausdrücken. dann versöhnen sie sich** - eine andere tätigkeit ist das ausarbeiten & dekorieren der paarform. hier geht es oft darum, die gefährliche klippe der romantischen liebe **oder gehemmten sexualität** zu umschiffen oder herauszufinden, daß ein einteiler keinen anderen einteiler verschlucken kann - & daß die absicht zu oder die angst vor verschlucken & verschlingen der idee **bzw. dem ideal des schreibenden paares als bestimmte weltanschauung & lebensführung** nicht förderlich ist. die verschluck- & verschlingsorge erweist sich also als unbegründet & da außerdem niemand so schreiben kann wie jemand anderer schreiben kann gibt es zwei sorgen weniger. denn das **schreiben: wir spielen kein computerspiel. nein nein nein** - ist natürlich eine sorge wert: **das schreibende paar will das ansehen haben, daß es nicht nur eine tiefsinnige, sondern auch eine scherzhafte**

PROSA *ILSE KILIC/FRITZ WIDHALM*

philosophin sei! wie der name schreibendes paar sagt, ist auch das paarsein eine sorge wert: stück für stück lernen wir die welt des/der anderen kennen und erleben so eine bereicherung. allerdings glaube ich, daß meine welt aufregender ist als deine! & obwohl du mit dem paarsein vor dem schreiben angefangen hast oder umgekehrt & daher das eine ohne das andere durchaus denkbar ist & es keinen grund gibt, warum das eine durch das andere zu schaden kommen könnte - oder sollte - oder **obwohl du mit dem schreiben vor dem paarsein angefangen hast oder umgekehrt & übrigens: das schreibende paar wird als wollüstig und ausschweifend, unwiderstehlich & herzlos grausam beschrieben.**

huch.

aber du weißt, sobald du mit dem schreiben angefangen hast: **anfangen, anfangen. das alphabeten wort / das beten wort / das zungenzähnen wort / das zähnenzungen wort / gezähmte zeit / die im gelingen liegt / oder in der wiederholung gute-na- / chtsendung für / (ertappt)** - aber du weißt, daß es kein job ist wie jeder andere, wie dir deine nicht schreibenden freunde & freundinnen versichern oder nicht versichern & trotz & **alledem weißt du, daß es ein job wie jeder andere ist, was deine nicht schreibenden freunde & freundinnen abstreiten** oder nicht abstreiten & trotz & alledem weißt du: es ist kein job wie jeder andere, weil du keinen chef hast, der dazu da ist, dir deinen lohn auszuzahlen & dir damit zu versichern, daß das was du machst, nicht ganz nutzlos ist, auch wenn es ganz nutzlos ist & vielleicht sogar schädlich. du fragst dich, ob schreiben nutzlos ist oder gar schädlich, & du kannst darauf keine eindeutige antwort geben außer vielleicht der: daß es niemand gibt, der dir an irgendeinem tag im monat einen lohn auszahlt, einen lohn, der ein lohn dafür ist, daß du schreibst.

es fehlt dir auch jemand, der die sachen, die du schreibst, an große glocken hängt, womit sie nicht unbedingt mehr, vielleicht sogar weniger davon bringen, was als nutzen noch nicht definiert ist **oder vielleicht doch** & ob das fehlen der großen glocken vielleicht sogar etwas ist, worüber du froh bist **oder doch nicht** & wenn du als einteiler lang genug über diese fragen nachgedacht hast, ergibt sich eine gelegenheit, darüber froh zu sein, daß du ein schreibendes paar bist. **wir erkennen nun, daß es sowohl psychologische gründe für die attraktivität des schreibenden paares als auch logische erklärungen für den glauben an das schreibende paar gibt. doch die wichtigste frage bleibt unbeantwortet: existieren schreibende paare wirklich?**

(radau)

alles ist im grunde: wir spielen kein computerspiel. das gilt für schreibende einteiler, schreibende paare oder schreibende gruppen ebenso wie bei anderen einteilern, paaren & gruppen, mit dem unterschied, daß die schreibenden die trennung in **arbeit: wir spielen kein computerspiel. nein nein nein** - & **freizeit: wir spielen kein computerspiel. nein nein nein** - nicht ohne weiteres aufrechterhalten können. so bildet sich im leben vieler schreibender paare die erkenntnis heraus, daß die idee der romantischen liebe - **da kräht doch kein abc danach** - weniger bedeutung hat als das interesse **&sofort** für die gemeinsame arbeit, wenn wir unter arbeit mehr verstehen als ihren verkauf als ware - **in der tat, in der tat** - womit wir bei einem ganz allgemeinen allgemeinplatz landen, nämlich dem, daß arbeit & freizeit nicht nur zusammenhängen, sondern einander bedingen, & daß daher die kapitalistische ausbeutungswirtschaft ihre auswirkung auf die gestaltung des sogenannten privatlebens der einzelnen nicht nur manchmal hat, sondern zwangsläufig haben muß.

PROSA *ILSE KILIC / FRITZ WIDHALM*

oft beschrieben
schnell erzählt

womit am ende noch steht, daß schreibende paare nicht nur schreibende paare sind, sondern wie zb. andere paare auch vor **dem problem** der sicherung des lebensunterhalts stehen - **nicht zu verwechseln mit lebensunterhaltung** - der sich selten aus dem schreiben allein sichern läßt, obwohl man das ungern zugibt - **weil dem renommee als schreibendes paar abträglich** - werden hier ständig andere geldquellen erschlossen und ausgeschöpft, die von lohnarbeit der am schreibenden paar beteiligten bis zur unterstützung durch verwandte, **reiche verwandte - die umstände gewiß ich weiß also weiter wir haben uns bemüht extreme zu spät die naheliegende frage ein ende am ende am beispiel wurstelei ist das system** - deswegen & nicht nur deswegen, nicht nur, um die situation der schreibenden ja ja ja zu verbessern ja ja ja, sondern auch, um die situation derer, die als **lesende paare** am quasi anderen ende mithäkeln oder mitstricken könnten, zu verbessern, wieder einmal die oft erhobene, nicht eingelöste forderung: nach einem angemessenen grundgehalt bei umverteilung der gesellschaftlichen reichtümer sowie der gesellschaftlich notwendigen arbeit.

wir spielen kein computerspiel.
nein nein nein.

Klaus Sinowatz

das singen

die vögel zwitschern wie verzauberte synthesizer/ gerade jetzt fliegt an mir so ein künstliches ding vorbei/ sieht beinahe natürlich aus/ und wieder taucht dieses verdammte singen in meinem kopf auf/ überreizte nerven/ oder haben sich da ein paar muster fehlgeschaltet/ wie das zuckt/ nach oben und unten/ nach allen seiten/ dreidimensionale ständig variierende computermuster/ und wie das denkt/ und zack/ ständig taucht ein neues muster in dieser weichen gehirnzellenmasse auf/ und die sinne/ die augen/ die ohren/ die gefühlskörperchen/ die stopfen alles in die nervenbahnen/ da sind muster/ und dort sind muster/ und das alles ist brauchbar/ zack/ der baum wird gesehen/ und zack/ umgewurschtelt zu zuckungen mit schwankendem rhythmus/ lang/ lang/ kurz/ lang/ kurz/ lang/ und im hirn ein wust von schläuchen/ durcheinander/ da schlägt ein puls durch/ und das wird räumlich/ der baum schimmert als räumliches gebilde/ der funken springt von der nervenbahn zur nächsten über/ das blitzt nur so durch das gehirnfleisch/ da kann einem schon angst und bang werden/ wie die nervenzellen des gehirns aufleuchten

aber da ist etwas fehlgeschaltet/ das klingt und singt wie ein kleiner kolibri/ der möchte aus diesem schädeldenken herausflattern/ er schlägt sich seine blaugefiederten flügel/ die nur ein einziges leuchten darstellen/ an den wänden der gehirnkapsel wund/ und ich lese/ und der kolibri singt

bleibt denn nichts anderes übrig/ als mit chemikalien diese fehlschaltungen zu verstopfen/ diese irrweges des rausches und des denkens/ sodaß sich die nervenbahnen wieder auf die alten bahnen beschränken

ja dann nehmen sie doch die tabletten regelmäßig/ sagt der steinalte doktor mit den buschigen augenbrauen/ die seine leuchtenden blauen augen fast verdecken/ ansonst spricht er nicht über

PROSA

Klaus Sinowatz

fehlgeschaltete gehirncomputermuster/ es gibt keine ursachen/ es gibt nur die bekämpfung des aus-dem-ufer-getretenen/ wir müssen die flüsse wieder eindämmen/ chemische dämme ziehen/ nehmen sie am morgen einmal jatroneural/ und einmal alival und ein thymoleptikum/ einmal pertofran/ ja und zu mittag einmal alival und einmal pertofran/ und am abend/ zum einschlafen/ ein temesta

das entspannt mich/ denn das singen tönt fortwährend durch die ganze nacht/ und am morgen ist es das erste/ was ich höre/ und ich brauche mein temesta/ um diesem verdammten kolibri den schnabel zu stopfen/ es hilft ja wirklich/ aber/ ist das nicht raubbau am körper/ nein/ natürlich nicht/ und sie müssen die tabletten lange nehmen/ nicht unterbrechen

ich bin ihnen ausgeliefert/ herr doktor/ ihre hände zittern ja/ das alter hat sie gekrümmt/ sie können sich nur mit mühe aus dem stuhl erheben/ zum gehen brauchen sie einen stock/ wie lange werden sie noch leben/ herr doktor/ hoffentlich noch lange/ denn ich bin ihnen ausgeliefert/ sie haben mich tablettensüchtig gemacht/ aber/ was rede ich denn da/ die tabletten sind gut / sie helfen mir/ aber/ das singen bleibt/ doktor/ ist es hoffnungslos/ ich weiß/ das kann sich kein mensch aussuchen/ aber/ nebenbemerkung/ was ich jetzt schon wieder an mustern in die gehirnmasse gestopft habe und zugleich wieder herausgewurschtelt habe/ und auf das papier geprustet habe/ das kann ja eigentlich kein mensch wirklich verstehen

nur nicht verstehen wollen/ wir sollten froh sein/ daß wir dreiecke und vierecke/ rhomben und trapezoide erkennen/ aber dieses computergewurschtle/ wer soll das begreifen/ aber statt dessen wird probiert/ fühlst du dich wohl/ dein gehirn wurde trepaniert und mit einigen haardünnen elektrodensensoren ausgestattet/ dein denken ergibt schöne muster auf dem schirm des oszillographen/ und jetzte schluckst du dieses pillchen/ es nützt dir zwar nichts/ aber es schadet dir/ und du greifst dir an den schädel und es singt und singt

KLAUS SINOWATZ **PROSA**

smashmen

wir haben das alles erst nachträglich mühsam rekonstruiert/
nun/ zelsta dringt ein / oder sie bleibt auch draußen und läßt den
tod vor ihrer tür sitzen/ schlägt ihm gewissermaßen die tür vor der
nase zu / und zerfällt in hundert teile oder/ was weiß ich/ schnup-
pert/ steckt ihre nase in den staub/ da dringt / nein / er kommt /
tappt ganz ruhig heran/ der wohnungseigentümer/ sie hört den
schlüssel im schloß und kriecht unters bett/ als ob das/ das schicksal
weiß es/ etwas neues wäre/ und entgeht dem smashman/ der hier
nichtsahnend hereinschlurft und nichts bemerkt/ sich auf den
boden fallen läßt/ und redet und redet/ der hört niemals auf/ nicht/
bevor er die wohnung zerfetzt hat/ und so ist es dann auch/ der
schlägt und drischt / alles fliegt gegen die wände / wer will das
alles aufzählen/ ich nicht/ und zelsta sieht diesen wunderschönen
regen von scherben und splittern/ der auf den boden prasselt und
ihre augen gefährdet/ wie auch nebensächlichkeiten oftmals zu
hauptsachen werden können/ und hier wollen wir doch keinen
erkenntnistheoretiker verdammen/ denn was könnten wir errei-
chen/ die welt ist nun mal so/ wie sie ist/ und hier wird einiges
verschoben/ die polizei tut dies/ sie verschiebt lebende zu toten/
so kommt diese polizei in diesen raum/ der smasman wirft mit
seinem eigentum um sich/ wahrlich ein ruchbares verbrechen/
sodaß hier wohl keine andere möglichkeit bleibt/ er fängt die
polizistenkugel mit seinem körper auf und löst so das problem für
sich und die übrigen beteiligten/ und zelsta schluckt weiterhin
bettstaub/ wird aber nicht entdeckt und kann so dem unheil weiterhin entgegenliegen/ wird tatsächlich nicht entdeckt/ nach all
dem rummel von polizei und sanität alleingelassen/ kein mensch
hätte hier noch jemanden vermutet/ wie ja gerade das
unwahrscheinlichste neben dem wahrscheinlichsten liegt und die
lebendigen neben den leichen/ und die rasenden neben den ruhi-
gen und so weiter/ alles kitsch/ hier und jetzt/ sie kann endlich
hervorkriechen und die wohnung durchsuchen/ man beachte hier
doch eine relative kaltblütigkeit/ sehen sie/ das ist es/ was ich an
diesen leuten verurteile/ hier streift mich ein flügel der erinnerung/

PROSA *Klaus Sinowatz*

der wohl absichtsvoll sein kameraauge in dieses zimmer blicken läßt/ zelsta kämpft sich durch die gegenstände/ sie wühlt und zerteilt und wird fündig/ wie so oft ist es ein buch/ das die informationen enthält/ als ob bücher nicht auch zu anderen absichten verfaßt würden/ aber hier nicht/ der smashman hat seine worte aufgezeichnet/ plus die anmerkungen von drom. gasko/ wörter geschrieben und manche unterstrichen/ und der regen fällt/ was uns schlangen alles antun können/ und das bier auf dem boden enthält botschaften/ buchstaben der flüssigkeit/ und sie erfährt den grund für die isolierung drom. gaskos und die adresse des offiziers/ der die aktion geleitet hat/ man hätte nicht schießen sollen/ sehen sie doch meine hand/ so zart verkrampft/ ich könnte sie bitten/ für mich etwas zu tun/ ich werde es mir für später aufheben/ sehen sie denn nicht/ wie schwierig es ist/ auf einem punkt zu bleiben/ oder sollte ich fortfahren/ aber wohin/ wo doch alles vor waffen strotzt in dieser geschichte/ in dieser schrecklich dummen geschichte/ in der sich zelsta eine waffe besorgt/ um den offizier zu zwingen/ sie zu dem ort zu bringen/ wo sich ihre schwester anne aufhält/ ungeschickterweise nimmt sie auch ihren kano häring mit/ jene vase an explosion/ vollgepumpt mit zeichen und bedeutungen/ und niemals bereit/ seine kanne jemals ohne detonation leerzugießen/ oh sheriff der ohnmächtigkeit / bist du bereit / hier einige einflüsterungen zuzulassen/ wer weiß/ ach/ wer könnte alle diese fragen beantworten/ natürlich geraten sie in eine falle/ kano und zelsta/ der offizier ist wohl besser geschult und so geht die erste runde zu seinen gunsten/ aber nur die erste/ wie so oft im leben/ kanos eruptionen kommen genau zum richtigen augenblick/ für uns zum falschen / er verfällt in sinnloses reden/ immer schneller/ immer lauter/ der offizier zögert/ seine waffe wirklich einzusetzen/ so kann kano ihn anfallen und zelsta fliehen/ hier einige anmerkungen über die flüchtigkeit der liebe zu machen wäre verfehlt/ kano ist dem smashmen-syndrom verfallen und verfällt/ nachdem er getötet hat/ zerstaubt wie ein modriger pilz/ um hier ein altes bild zu gebrauchen/ wie doch die bedeutungen fliehen/ im zeitalter der beliebigkeit verlaufen alle bewegungen gratis/ und jene/ die schräg verlaufen/ enthalten abstraktionen/ und die senkrechten enthalten jede menge kalkül/ sodaß zelsta fliehen kann/ ich betone das gerade an dieser stelle/ hören sie/ denn die waffen des geistes sind oftmals nur stemmeisen/ während gegenstände zur richtigen zeit ein rasendes abstraktionsbedürfnis entwickeln und situationen auf diese weise entscheidend verbessern können/ zelsta schnappt sich die identifikarte aus der hosentasche der offiziersleiche / wie schnell doch zuordnungen wechseln können/ und mit hilfe dieser karte gelingt es ihr/ in das gebäude einzudringen/ in dem ihre schwester verhört wird/ sie versucht/ die gespaltenheit der situation zu lösen/ turnt über alle zäune des zauderns und gelangt in einen überwachungsraum/ hier schneidet grimassen dem monitor der pausbäckige überwacher/ nicht wissend das baldige ende der monotonie/ hier/ dieses kästchen voll buchstaben leere ich aus/ und wenn man euch bücher gibt zu lesen/ so lest sie nicht/ sondern redet/ auf daß sich euer gedärm nicht verwickle/ wie das des überwachers/ verstrickt in überraschung und hilflosigkeit/ zelsta schaltet ihn ziemlich lautlos aus/ dank ostasiatischen mönchtums/ und kann nun ihrerseits über bildschirm die auf dem stuhl der behandlung sich windende anne beobachten/ schon knacken manche sinneszweige ohne besonders großen widerstand/ anne muckst bereits in ihren bandagen/ lange kann es nicht mehr dauern/ bis der wahnsinn bleischwer durch ihr geäst fällt/ schon plappert sie/ ungeachtet des sinns/ oh zusammenhang/ wenn es den gäbe/ bald wird sie in maßlosem sprechrausch sein/ dann kann sie niemand zurückhalten/ und niemand zurückholen/ kein orpheus und kein arzt/ und keine us-kavallerie/ nur jetzt noch/ am anfang kann die waffe wirkung zeigen/ oh fluch der pistole/ verdammter materieverschieber/ bohrer von fleischtunnels/ auf mich gerichtet/ von zelsta/ während ich gerade / ihrem ausbruch/ der mir endlich den gutschein auf wahrheit auswirft/ nach dem ich so sehr lechze/ was steckt hinter anne gaskos behauptungen/ wenn ja/ welch ungeahnte möglichkeiten für unsere regierung/ aber nein/ ich werde ja behindert/ abgehalten/ meine forschungen zu einem glücklichen ende zu bringen/ gezwungen durch eine einfache schußwaffe löse ich annes fesseln/ was sollte ich machen/ aber schon tobt das glück

PROSA
Klaus Sinowatz

wieder auf meine seite/ zelstas befreiungsversuch kommt zu spät/ schon rieseln zahllose sinnmünzen aus annes einarmigem gehirnbanditen/ das wortöl quillt aus ihrem blauen mund/ alles purzelt heraus/ kindheit/ liebhaber/ neurosen und theorien/ man braucht den wortbrei nur mit recordern aufzufangen/ und die laufen ja schon/ und dann können wir die geheimnisse herausstochern/ und zelsta kann nichts tun/ kurz vor dem ziel verliert sie alles/ ihre absichten werden von anne zerstört/ zerworfen/ mehr ruhe und eleganz wären jetzt angebracht/ das pure gegenteil ist der fall/ anne detoniert/ zerschmeißt ihre umgebung/ oh explosionen dieser welt/ baukräne aller länder zerteilt euch/ wolkenkratzer zerrasselt/ schinkenbrötchen zerplatzt/ säurekannen ergießt euch auf teppiche/ alle ornamente verschwinden/ betonlawinen zermalmen städte/ maximale feuerkraft aus strahlmaschinen/ asphaltzerstampfer/ känguruhtorpedos zerbersten in wohnzimmern/ riesige sägen rotieren durch häuser/ halbieren/ rasieren ab/ menschen werden zerbröckelt/ zu teilen zerpustet/ mit einem küchenquirl wird zelsta von anne zerrührt/ währenddessen kann ich fliehen/ oh/ oh sieg der regierung/ der allmächtigen/ voller weisheit und güte/ wir preisen sie und ihre kluge anwendung der smashmen

Detlef Opitz

Eva-Mania - Begegnung der einsamen Art

ejn länzing förs redundancing

Ihr rotes Haar, oder braunes eher, oder eher kastanienfarben; beidseits der Nase Sommersprossen - herzallerliebst. Wangenknochen, man ahnt sie mehr, als daß man sie sähe, dazu Augen, wie Mandeln so süße, die Brauen gezupft, die Wimpern - ein einziger Skandal. Das Kinn schließlich, nicht zu spitz und nicht zu fleischig, mittendrin ein entzückendes Malheur: ein Grübchen - aus Gullivers Reisen eine gefährliche Schlucht. --- Und: und dieser megagigantische Vorbau - mein lieber lieber Herr Gesangsverein, was will das Mensch mehr? Will sagen: das Mann?!
Und Kußmund und Schwanenhals und der Flaum ihrer Schläfen; und wie bedeckt vom frühen Schnee im November: zwei Molen, nur aus Zähnen erbaut. --- Und nicht zuletzt und nicht zu vergessen und nun wohl wirklich des Guten zuviel: ihre perlmutterne...? igitt!: - ihre Kirschblütenhaut.

*

Wenn etwas von dem stimmt, was ich vor Jahren einmal las, oder, ich weiß nicht mehr genau, gehört hab, von wem auch immer, daß: aus dem Namen einer Frau sei auf ihr Alter zu schließen, so müßte wohl auch der Umkehrschluß erlaubt sein. Ergo, ich könnte sie Elvira nennen. Vielleicht nicht gerade Elvira - Marianne! Das käme hin. Ich könnte sie Marianne heißen. --- Und hätte sie sich nicht unbedingt Milch bestellt, pur Milch, ohne den geringsten Schuß noch dazu, ich würde mit mir reden lassen über einen anderen Namen für die Schöne, immer Schönere mit jedem Glas Wein, die mir schräg gegenüber am Tisch sitzt und nicht recht weiß, offenbar, wohin sie soll mit ihrem Blick. Unentwegt pendelt sie mit ihrem Fuß, hastiger, als die Musik erlaubt.

Über den Schultern trägt sie eine grobleinene Art Jacke, dazu - ganzkerl heut' - ein blaugrau verwaschenes, ein sogenanntes

PROSA *Detlef Opitz*

Fleischerhemd, der absolut letzte Schrei. Jeans, am Knie ausgebessert, und die einfachsten Sandalen, auch Jesuslatschen genannt; also wirklich! --- (Und - apropos und mit Verlaub: ich würde gern wissen wollen, wie es wohl heute ausschaute auf der Schönen Alten Welt, hätten die damals als Protagonisten ein Weib eingesetzt... Im Buch der Bücher, der guten, der allergutesten Nachricht; anstatt diesen Langweiler zu nehmen, diesen, diesen doch wohl spinnerten Herrn J.)

Ich war auch schon geneigt, 'Maria' zu sagen, doch da entdeckte ich (und war verblüfft und umso Ohr und Aug'), daß sie sich beide kleinen Fingernägel violett angemalt hatte, die übrigen hingegen silbergrau - also dann doch lieber Marianne. Das könnte passen, viel besser passen zu ihren, sagen wir: achtundzwanzig Lenzen (minusminus X).

Noch aber ist es nicht Zeit für Tätlichkeiten. Zunächst einmal kommt ihr der rettende Einfall gegen die Verlegenheit, wenns denn welche ist: sie hebt sich ihren Einkaufskorb auf den Schoß, kramt etwas hervor - in Zeitung verpackt ein Paperback. Sie schlägt es auf, sie blättert, sie findet die Stelle, sie liest. Oder tut lesend solang; viel zu oft blinzelt es rauf, unbeherrscht unter der Brauenschleife hervor.

Natürlich nicht! - Natürlich werde ich mich nicht mühen, den Titel zu erkunden. Denn nachdem ich schon vermeinte, mich rechtfertigen zu müssen für ihren Namen, so hätte ich doch bei Draufgabe ausgesuchter Lektüre zu rünstige Schürfungen zu bedenken von wegen der Flächenpsychologie. Und ich wüßte auch wirklich nicht, was günstiger paßte zu ihrem schiefkragigen Altwarenblazer, die tristbesaiteten Bravoureskapaden eines Harry Hallers, oder, um bloß einmal einen Rahmen zu stecken, paar galligkesse Texte aus dem Hermann-van-Cohen-Versand?

Als Marianne dann, hintergründig verschnaufend, ihren sinnenden Blick erst deckenwärts auf-, dann nicht minder bedeutsam wieder abwärts triften läßt, ostentativ mir mitten ins Angesicht, verläßt mich doch gleich alle räudige Contenance; aufgescheucht und in altehrbester Pennälermanier schießt mir ein potenter Spruchblitz durchs Hirn: dieser Einsfuffzehn..., dieser Atommeilerbusen..., wenn nicht mehr!

Drauf und dran - Was guckt sie denn bloß immer so??! -, mich schon jetzt in eine Szene zu verirren, lenke ich meine Aufmerksamkeit der jungen Serviererin hinterher, einem kurvigen Ding, flaxblond, nett, wenn man so sagen darf: recht manieriert... Und womöglich dazu etwas dumm, weil: einen kurzen Moment nur kann ich (und mag ich) ihr folgen, kann sehen, wie sie sich einläßt auf einen Plausch mit dem Knilch vom Nachbartisch, kann sehen, wie sie sich sogar intimverdächtig zum Individuum nach vorne beugt und... - ihr hübschrundes Köpfchen hinter Mariannes Schultern verbirgt.

Indes gänzlich selbstvergessen wippt Marianne wenige Male mit dem Oberkörper vor und zurück, und ich seh', wie sich die Tussie von Kellnerin von diesem, diesem Dandy, dem... auch noch eine Pfote auf die hinteren Polster legen läßt - ganzfurchtbar, ganzfurchtbar, ganzfurchtbar. --- Und hahnestolz glotzt der prompt nach Publikum.

Unverhofft, vielleicht um ein besonders erquickliches Leseerlebnis mit einer Zäsur zu würdigen, auf jeden Fall plötzlich unheimlich vertrauensdoll, unterdrückt Marianne nicht länger eine erste Bemerkung:

Gräßliches Licht hier, wa-? Man kriegt noch Kopfschmerz von, sagt sie und steilt ihren nach dem Blättern eben abkömmlichen Zeigefinger hoch, wo, tatsächlich, die Decke von blaßkranken Neonröhren in geometrische Gebilde zerlegt wird. Wie können die sowas bloß anklemm? Ist doch keine Bahnhofshalle, so'n Cafe, fügt sie hinzu - und hat ja irgendwie recht. --- 'Anklemmen', hallt es mir nach ganz gewichtig - man wird die Benutzung ausgerechnet dieses Verbes wohl noch deuten dürfen, gebe ich derweil aufs Indizienkonto.

Ziemlich wahrscheinlich, daß es bald weitere Textbeiträge geben wird. Möglicherweise später mehr als nur Text - na immerhin! Zu lange ist sie bereits wieder entschwunden und verfleucht, die einzige Frau in meiner Tuchnähe, seit ich in der Stadt bin, Eva! Evchen; Sie Hätt' Ja So Gerne Ein Kind. So Gerne Ein Kind...

※ ※ ※

PROSA *Detlef Opitz*

Abgesehen von einigen hypomanischen Streifzügen durch die fremdfeindende Stadt in den ersten Tagen nach seinem Umzug hierher, die, was die gewissen Absichten betraf, absolut enttäuschend endeten, hatte er, mehr aus Vergeblichkeit, denn aus Scheu, nur wenige Versuche mehr unternommen.

So zum Beispiel zwei Theaterstücke über sich ergehen lassen plus einmal Konzert - russischer Pianist, Koryphäe, hieß es -, nur weil er den Anblick der aufgepützelten Damen in diesen Räumen liebte, die Gegenwart dieser hochnervigen Edelfelsen, die gewöhnlich in den Pausen die Szenarien zu übernehmen pflegen. Der Gedanke, irgendwann einmal ein ebensolches Gerät ausführen zu müssen, gefiel ihm gut.

Auch hatte er sich einige Samstage lang durch die Diskotheken gerudert, war aber in der Regel bereits nach bloß halb absolviertem Trommelfellfeuer so sehr hin und über, daß ihm tags drauf jedesmal sämtliche Erinnerungen fehlten. Nur einmal besaß er nicht genügend Geld, das erforderliche Quantum konsumieren zu können, da gab er sich nach Art des Hauses gehörig bemüht, glotzte - wie durch unsichtbare Gesprächspartner belästigt - Bahnen ins Geründe und ging pinkeln. Lässig wie ein Westernmacho. Jedoch hatte er es jenes eine Mal bald vorgezogen, das Weite zu suchen, soll heißen: das Freie, weil ihn irgend so ein riesenhaftes Ungethüm von Mensch verprügeln wollte, und er diesem nicht begreiflich zu machen verstand, daß er nicht derjenige sei, den das Monster glaubte vor sich zu haben. Dieses einzige Mal, ausgerechnet, hatte Brenzig in der Nacht eine Frau bei sich.

Er war noch in eine Kneipe getrottet, eine fünf Stufen abwärts gelegene Kaschemme mit SA-Tradition, inoffiziell noch immer 'SA-Keller' geheißen. Zwar besaß er nur Geld noch für ein, höchstens zwei Biere, doch mit einem gewissen Instinkt hatte er längst die hiesigen Spielregeln erlernt. Man mußte ihre Tiraden nur schön brav und geduldsam über sich ergehen lassen, Autobahnbau, nichtwahr, Arbeitslosigkeit, immerhin, Weltmacht, jawohl, Zucht und Ordnung, zubefehl, plus einen Klumpen ähnlicher Lauterkeiten, dann hatte man zaghaft Kritik einzubringen, natürlich auch nur diätische Kost, die keine Verdauungsprobleme bereiten würde, und

- Ende gut: Gesinnung gut - durfte schließlich ein belehrendes und bis weit nach Polizeistunde währendes Gespräch erdulden; fürs Leibliche sorgte die Euphorie der Propagandisten.

Einige Siegheils dann nach Mitternacht durchmaß Brenzig die verwaisten Straßen der Stadt, war fast bei sich zu Hause angelangt und sah: eine Gestalt abstechen gegen das Silberlicht einer noch weiter hinten wächternden Straßenlaterne. Das Menschthier saß, Kinn in Fäuste, Ellenbogen auf Knie gestützt, auf einem steinernen Abfallbehälter, mittellanges Haar tüllte herab. Er wollte passieren zunächst, konnte aber eine gewisse Besorgnis nicht unterdrücken, bückte sich, schob den Vorhang zur Seite, um zu sehen, ob es etwa schliefe. Eine Frau - schlief nicht. Schlief ganz und gar nicht; lächelte nur. Und was für ein Lächeln! Wie Kinder, die auf ihren Töpfen sitzen und drücken: angestrengt und ganz ohne Schuld.

Bist'n du für eins? fragte, oder vielmehr: lallte sie, unter den offenbar größten Mühen, die Augen offen zu halten: Kerl oder Weib?

Brenzig, sagte er. Komme grad so hier lang; iss was passiert? - Macht man ja... sich Sorgen so..., um diese Zeit.

Soll schon passiert sein? Scheiße, wie immer, nur Scheiß ist wieder passiert, nix weiter.

Scheiße was?

Was geht'n dich das an? Nichts! Überhaupt gar nichts, daß das gleich ma' klar ist! - Kerl, verdammter, hab ich mir doch gleich gedacht sowas.

Was denn gedacht? Versteh ich nicht, ...ich wollt' doch nur, ich dachte... - Kann ich helfen vielleicht, irgendwie?

Helfen? Du mir? - Sie zog die Stirn hoch, schlitzte die Augen an und sah aus wie jemand, der seine Brille vergessen hat. Ist ja zum Kaputtlachen total. Mir helfen, mir? Ausgerechnet du?

Iss ja keiner weiter da außer ich, sagte er und schaute sich um: kein Mensch weit und breit.

Das wiederum gab ihr zu denken. Sie starrte zu Boden, brummte etwas vor sich hin und schaute wieder auf. - Kerle, rief sie und es klang ganz verzweifelt, alles Verbrecher! Die komplette Bagage lang,

PROSA *DETLEF OPITZ*

da hilft nur noch eins: Schwanz ab, allesamt. Eim nach dem andern, reihum! Und basta!

Was ist denn bloß los? Überfalln oder sowas - nö? Sag mal im Ernst. Das klingt ja ganz tragisch...

Geht dich'n Dreck an,'n feuchten Dreck, verstanden!

Pardon auch, ich wollt ja nicht störn, sagte er und war schon im Begriffe weiter zu gehn. Da hielt sie ihn fest:

Und wo wohnst'n du überhaupt? Und wo eigentlich sind-n wir jetzt? Wohnste weit von hier? - Vergeblich versuchte sie, wieder auf die Beine zu kommen, fiel immer wieder nach hinten zurück.

Stockblau, dachte Brenzig und half ihr hoch. Nö, nich weit, ganz nah. Drei Minuten, höchstens. Unndu?

Weiß nicht. Kann ich bei dir vielleicht? Wenns ginge? Wenn, ich mein, wenn du allein lebst? Bloß mal für eine Nacht - ist das kalt wieder!

Klar doch, klar, beeilte er sich zu versichern und dachte nur: Weib! Und übernahm ohne zu murren den Transport. Hatte sogar noch Muße zu schätzen, daß sie bestimmt das Doppelte von ihm selbst auf die Waage brächte. Auch Pickel im Gesicht, die aber nicht weiter ins Gewicht fielen. Und gespornt von einer bestimmten Liebe zum Faßbaren, prahmte er den restlichen Weg ab.

Umso erfreulicher, wie frisch sie sich zeigte, und wie wenig noch mannsgroll, als sie erst einmal in seinem Kellerappartement angelangt waren. Die Tür lag noch nicht wieder im Schloß, schon hatte sie mit den Schultern das gerahmte Portraitfoto seiner Mutter heruntergerissen, das nur deshalb rechts neben der Tür befestigt war wie ein alter Knoblauchzopf, weil es dort bislang am wenigsten im Wege hing. Und - das Bedauern hätte nicht glaubhafter sein können - schon koppelte sie in einer Heftigkeit ihrer beider Lippengewinde ineinander, daß er ein Mitglied der Feuerwehr vermuten wollte. Inmitten des Manövers glitt sie plötzlich ab von ihm, stolperte einige Schritte, fing sich aber wieder und wogte ohne das geringste Anzeichen von Irritation wieder heran. Die Gezeiten sind eine Farce dagegen.

Außer den wenigen Satzstücken vorhin und eben diesen Kußversuchen, hatte sie ihrem Gesicht noch keine weitere Öffnung erlaubt. Ebenso verbiestert (darf man sagen: emanzipathisch?) begann sie nun, an seinem Hemd zu nesteln; das Geräusch zu Boden fallender Knöpfe.

Dabei war sie nicht eigentlich hastig in ihren Operationen. Dies verbot ihr Zustand. Allerdings gebot etwas seiner: seit Monaten die erste Frau! Mochte er sich vor fünf Minuten noch, vor drei, beunruhigt haben ob ihrer plötzlichen Energien, so beunruhigten ihn jetzt eher bestimmte Abläufe, die er in seinem Inneren registrierte.

Ganz ohne Eile, doch auch ohne zu verzögern, gewissermaßen mit der Routine eines Handwerkers den Bund seiner Hose ertastend, ließ sie sich auf die Knie herab – geriet somit in eine Pose, die ihm von einer kürzlich erst gesehenen Ikone her bekannt schien – und biß nunmehr hinein in den Stoff. Doch zu Recht befürchtend, am Eigentlichen vorbeizubeißen, zog sie es endlich seinen Reißverschluß auf, daß es ganz entschieden klang, und machte sich her über die *Pièce de résistance*, brachte nach kurzem Manöver ins *Corallenroth* ihrer Lippen, was sie da zu haben wünschte: *das Swert! Wer nahm's von meinem Sarkophagen?* – Ihm wars eher unlieb: eremitisch und erwartungsarm, wie er lebte, wusch er sich manchmal tagelang nicht.

Unentschlossen, ob er es ernst meinen sollte, zog er sie an den Haaren fort von sich, versuchte das zumindest, worauf sie nur umso herzhafter zubiß. Bis er nach kurzem Schmerzensschrei sich willger zeigte.

Wenigstens gelang es ihm, sie in Richtung Bett zu bewegen, auf welchem sie beide, gleichsam eine athletische Kür eröffnend, in die Horizontale kamen. Bemüht nun, allzu peinliche Verknäulungen zu vermeiden, schickte er sich an, sie aus ihrer Kleidung zu pellen, wurde aber in dem Maße hektisch dabei, in dem er glaubte, leck zu werden, einen Hafen anlaufen zu müssen.

Dann hatten seine Greifer bereits das ganze Deck freigeräumt, aber obgleich er selbst, sich unwürdig rekelnd, nachhalf, arbeitete sie noch immer an seinen Hosen. Eben hatte sie diese raffiniert mit den Zehen gekrallt und über seine Füße bekommen, um sich jetzt seinen Untersachen widmen zu können - ihr Bemühen um ein wenig Eleganz war unverkennbar -, und eben hatte er sich, ihr die Arbeit zu erleichtern, zu einer sogenannten Brücke aufgebäumt, nur mit Schultern und Füßen berührte er noch das Bett, schon war es zu spät, soll meinen: zu früh, doubelte er Onan wider Willen. Die gesamte Fracht löschte sich teils in ihre Hand, teils in seine Wäsche.

Wenigstens das Laken blieb reine. ---

Tut mir leid, sagte er. Mehr zu sagen fiel ihm im Moment nicht gleich ein. Nach scheinbar unendlich langer Zeit erst schaffte er den Zusatz: Wi modden blod bißgen waardn.

Und wie meistens, wenn er in den Dialekt seiner Herkunft verfiel, den er eigentlich zu vermeiden bemüht war, seit ihn einmal jemand Fischkopp genannt hatte, bekräftigte er den letzten Satz: Zehn Minuten, vielleicht, tun schon reichen. - Ich hol uns was zu trinken, fügte er hinzu und verzog sich in die Küche.

Er wusch sich, sparte nicht mit Zeit dabei, aber ewig konnte er die Sache ja doch nicht hinauszögern. Noch völlig lustlos betrat er wieder das Zimmer. Sie saß im Schneidersitz auf dem Bett, polkte mit einem Streichholz an ihren Fußzehen. Und er - bemerkte erst jetzt etwas:

Bi-bi-bitu schwanger, e-etwa?

Du stotterst ja, gab sie zurück.

Ma-manchmal nur.

Fünfter Monat, antwortete sie endlich in einer Weise, in der man gänzlich unerhebliches sagt.

Und bestimmt keinen Vater dazu, hechelte sich Brenzig zurecht. Darum ihre Wut vorhin, von wegen Schwanz ab, allesamt. - Und seine Innereien rebellierten erneut. Wissend, wenn Zunge blockiert, oftmals auch Schließmuskel in Nöten, bemühte er sich, die Fassung zurückzugewinnen. Nackt von den Füßen bis zum Nabel, überhaupt nur noch mit einem offenen, knopflosen Hemd bekleidet, turnte er durchs Zimmer und schmeckte die Lichtverhältnisse ab. Über zwei der drei Lampen legte er dunkelwollene Stoffe, auf die verbleibende etwas rötliches, dann tauschte er das Ganze aus und noch einmal, bis er glaubte, jenes rembrandtsche Halbdunkel gefunden zu haben, welches er sich immer als aphrodisische Wunderwaffe vorgestellt hatte. Dann entzündete er sich eine Zigarette, um sie aber sogleich wieder dem Ascher zu überlassen, schenkte Wein nach in die noch fast vollen Gläser und machte sich desweiteren im Zimmer zu schaffen, schlängelte dabei immer enger um ihren Schrein herum, bis er endlich Gelegenheit fand, seinen Kopf darauf zu placieren.

Aber nun erst! Als könnte er dem Tönnchen gar nicht genug Reverenz erbringen, kramte er sein gesamtes Repertoire passender Vorlagen aus dem Gedächtnis und absolvierte sie auch schnurstracks, legte zunächst sein rechtes Ohr auf die Plane und horchte eine Neckigkeit lang hinein alsob, tätschelte dann und fingerte, säuselte beschwörliches, machte und machte, und machte all das, was Männer halt machen in nicht nur amerikanischen Filmen, den höffenden Frauchens vormütterlich gütige Lächeln abzugewinnen.

Doch hielt inne plötzlich, als ihm ihr eigentliches Anliegen wieder in den Sinn kam: Gejdat denn überhaupt? Ich mein': in dem Zustand?

Kerle haben immer sonstwie akrobatische Vorstellungen, polterte sie retour. Türlich geht das. Und genäht bin ich auch nicht; nichtma' das.

Also koste er noch paar Einheiten die gespannte Haut entlang, auch ihre Hand war längst wieder bewandernd. So hätte er gar nicht zu sagen vermocht, was ihm überzeugender kam, ihre Fingerfertigkeit oder das Tabu. Er rappelte sich über sie und besann sich noch einmal: Vielleicht be-be-bädder von hinten? Oder von der Seite so?

Weibisch demonstrativ zog sie ihn auf sich: Mach kein so'n Scheiß immer! Solange du rankommst! Oder etwa nicht?!

Und er kam ran.

Und auch wieder nicht weit genug.

Und kam wieder raus.

Und suchte andere Wege.

Und hatte Visionen.

Und schob seine Hand die Rundungen entlang.

Streich um Streich.

Und siegelte seine Lippen ins Fleisch.

Und hatte wahrhaftig Gesichte.

Und kümmerte sich in einer Weise um ihren Nabel, als hoffte er, dortherum auch noch einen Zugang zu entdecken.

Denn: außergewöhnliches war geschehen mit Brenzig. Aus dem Dickicht seines von Getränken und den Anforderungen des Abends bereits einigermaßen verwirrten Bewußtseins heraus, erkannte er sich plötzlich als Opfer, soll heißen, als Werkzeug, als göttliches Instrument einer eher unfleischlichen Art der Beglückung. Eine Vision, jawohl, ein Gesicht. Nämlich vermeinte er nicht einfach bloß, es sei ihm ein Licht aufgesteckt worden, wie er mit jenem Inhalt zu verfahren habe, dem Inhalt ihres Bauches - nein, von einer seiner rasenden Missionierungsreisen verschnaufend, spürte er selbiges Licht in sich, in seinen Körper einströmen. Und nicht zu vergessen: in seinen Geist. --- Um es noch deutlicher zu sagen: Brenzig glaubte an seine'Erleuchtung' in dieser Nacht!

Was allein des Mitteilens vielleicht nicht wert wäre, hätte er nicht im selben Augenblick auch erfasst, das einem solche Erwählung nicht von ungefähr widerfährt, hätte er sich also nicht - wie jeder Beamte nach Beförderung - sofort angeschickt, einen Auftrag zu erledigen, eine Mission. Die seine lautete: die Schöpfung zu vollenden!

Dabei wäre es ihm freilich unmöglich gewesen zu sagen, wie jener Neue Mensch aussehen mochte, den er in dieser Nacht schaffen durfte, den er, insgeheim, schon immer hatte schaffen wollen. Lediglich erinnerte er sich einer Zeit in seinem Leben, weniger Wochen, die er als Hilfskraft in der Bäckerei seines Heimatdorfes gearbeitet hatte. Nicht selten fand er sich auch dort schon einem regelrechten Triebe ausgeliefert, aus Teig kleine alraunenförmige Männlein zu kneten und damit den Ofen zu befruchten, welcher jedoch nur immer neue verkohlt-atavistische Unförmigkeiten gebar.

Zunächst jedoch galt es - und Brenzig, der schon als Pubertierender in der *Legenda aurea* geschmökert hatte, mochte das als Prüfung begreifen - zunächst einmal galt es, einen Zugang zu finden zum Medium; dann erst würde man weitersehn.

Und er mühte sich redlich. Mit einer Ausdauer, die eben nur

Trunkene aufbringen, durchstöberte er Furchen und Falten von den Kniekehlen an bis zum Scheitel seines Fundstücks, tastete und pochte ab, ließ der Zunge die Zügel und sich wieder ein ins Bekken; die es zu erdulden hatte, dankte - vokalgurrend fürs als Leidenschaft Verstandene.

Ihr ganzes Bug durchschrubbend ließ er es sich auch nicht nehmen, den beiden Einladungen zu folgen, die, Lachen gleich und beinah selbstgefällig, seiner Hände harrten, als hätten auch sie schon Gerüchte vernommen von deren früheren ambitionierten Tätigkeiten. Synchron zu seinen Akkorden mischte sie kehlige Laute in die Riegen der Vokale, hatte darüber hinaus aber Probleme: er solle weiter tun und weiter, sie sei noch lange lange nicht so weit, schrie sie, nur weil er für wenige Sekunden einmal nachdenken wollte über die Mission - also füllte er weiter, weiter und weiter das Danaïdenfaß.

Und kam Zeit, kam Müßigclinch: schütteten sie Rotwein in sich; sie auch in ihn, er auch in sie. Einmal füllte er sich die Kopfgrotte an, kniete nieder zwischen ihr sperrangelweites Gestänge und versuchte das 'Programm' zu tränken, gab sich noch einmal einen Mundvoll, richtete sich hoch nun über sie und ließ es plätschern aufs Gewölbe. Postwendend hierzu: in ergebenster Willfährigkeit ihr Lächeln. Die reinste, die allerreinste Seligkeit.

Mehr noch. Zunächst vielleicht nur, um sich selbst zu atzen, griff sie nun ihrerseits nach der noch halbvollen Bouteille. Doch statt diese anzusetzen, schien sie sich gleichfalls einer früheren Berufung zu entsinnen, denn wie die Gehilfinnen es tun im Varieté, so schwenkte auch sie das corpus d. ein paar Unendlichkeitsschleifen lang durch sein Blickfeld, ließ es bedeutungsvoll (und immer -völler) herabwärts gleiten, um ihm nun damit seine Ersetzbarkeit zu demonstrieren. Darauf winkelte sie die Beine an, gab sie schwungvoll in die Lüfte und mühte sich, auch im Gesäß zu folgen. Und hätte Brenzig nicht befürchtet, schon wieder zu stottern, wie gerne hätte er einige hübschfreche Bemerkungen gemacht über jenes nie zuvor gehörte Glucksen.

Die Akteurin ihrerseits fand wohl kaum dergleichen Vergnügen. Mit einer Prägung im Gesicht, die Vergeudung nicht zu dulden schien, und dem gleichzeitigen Schlachtruf: Mach schon, mach doch endlich! Das brennt ja so! hielt sie ihm die Nummer.

Unter dem Eindruck solcher Darbietung vernachlässigte er seine hellichte Mission von OBEN. Gerade noch wollte er sogar ganz irdisch etwas tun, das Fenster öffnen, weil er schwitzte, doch vergaß er auch das, maulaffengeil vom Gebotenen. Er ließ sich herab in die Frömmlerpose, ertänzelte knielings die passende Stellung, lichtete die ankernde Flasche (nicht ohne zu verkleckern) und fügte sich endlich ihrem Wunsch: von diesem Kelch zu schlürfen, der noch immer in die Höhe stolzte.

Kam noch mehr Zeit, kam Gelegenheit, sich im Kopf paar Balustraden aufzurichten gegen ihre andauernde (mein Gott, darf mans denn so sagen?): Pfropflust. Auch wäre er bald schon bereit gewesen, über die gängige Lehrmeinung zu diskutieren, es stünden den Langzeitunbeweibten riesenhafte Lager zur Verfügung...

Bloß, was nutzte ihm sein ganzes bessres Wissen, wenn noch niemand Wert drauf legte, sie stattdessen es vorzog, unbekümmert jeden Taktgefühls und jenseits von Maß und mäßig sich seiner zu bedienen, als wäre sie allein mit sich. Und ganz der Mann und ganz der Starke und schwitzend vor Angst, sie könnte Schlechtes von ihm denken, besaß er nicht Courage zu kneifen.

Also noch lange kein Finale. *Vnd wer mag erleyden ein Weyb, die alle Ding will wissen vnd ausrichten?* Erst als es draußen längst zu tagen begann, ließ sie ihn abrollen, gnädigträge an die hinterste Seite seines Bettes, und dort liegen. R.I.Prostration - er verlor sofort das Restbewußtsein.

*

Am Morgen darauf, das heißt: einige Stunden später nur, es war bereits Mittag vorüber, wurde er von Geschirrgeräuschen geweckt. Offenbar war sie eben dabei, Frühstück zu machen. Er folterte sich aus den Federn - und verfehlte den Tisch in der Mitte des Zimmers, auf den er zugesteuert war, um Halt zu finden. Nach vergeblichen Bemühungen, hier nun wieder ins Lot zu kommen, genehmigte er sich eben ein Weilchen lang diese Perspektive. Und genoß zudem die Kühle der Dielenbretter unterm Rücken.

Die Frau floh auf und ab zwischen Küche und Zimmer und

türmte - weiß Gott woher - immer neue Viktualien auf. Ohne es weiter zu beachten, stieg sie mehrfach über das Hindernis hinweg, ließ sich lediglich einmal hinreißen zu einem freundlichen: Morgen! Gehts dir nicht? - und stürmte wieder davon. Dem Pfeifen des Wasserkessels entgegen.

Endlich gelang es ihm, sich am Tischbein hochzuhangeln. Sie hatte eben die Teekanne abgestellt und war im Begriffe, das Geschirr zu arrangieren, da überkam ihn die Erinnerung ans nächtliche Examen. (Oder wars bloß Wasserlatte? *Das Bugspriet steil in Kurs?*) Er pirschte sich an und kam über sie von hinten und blitzeschnell an einen der künftigen Nährspender heran, während seine Linke einen entschieden beschwerlicheren Weg sich bahnte, der vor Stunden noch in einen einzigen himmlischen Abgrund geführt hatte.

Sie achste den Kopf einige Grad hintwärts und schien genießen zu wollen, doch just als er, ermutigt, ein Bißlein wagte, da gab sie einen Stups aus den Hüften: der schlapp zwei Meter entfernte Schrank verstellte Brenzig den noch längeren Weg.

Einen gesitteten Bogen nun um sie schlagend, wagte er sich wieder in Tischnähe. Und sann nun darüber nach, ob es vielleicht doch nicht die ausgerechnete Wirkung machte, sich so gänzlich die Blöße zu geben. Also hängte er sich einen Morgenmantel über, einen jugendstilisch bedruckten Fetzen, dessen Stoff, irgendwie seiden, seiner Haut erneut Kühlung besorgte. - Etwas ganz anderes besorgte ihm der Anblick von Wurstzipfeln, bonbonfarbenen Marmeladen, dem Pinkelgelb der Butter und was sie noch alles hervorgekramt hatte. Glücklicherweise stand er nah genug am Lichtschacht, wie er das einzige Fenster des Zimmers nannte, welches er mit einem Griff aufhebelte, den Rasen unter sich zu düngen. Das Haus besaß einen winzigen Vorgarten.

Und blieb einige Zeit am Fenster, inhalierte. Er liebte den Ausblick von hier unten, ein Stück nur über den Rabatten; die Buchenhecke vorn an der Straße stand mindestens einen Meter hoch.

Bis ihm säuerlicher Geruch entgegenschlug.

Schließlich schleppte er sich zum Bett zurück und tat das einzig Vernünftige: rauchte und nippte an einem noch halbvollen Glas

Wein. Abwegig appetitvoll sie hingegen, Parorexie eben. Machte sich über das Frühstück her, kieferte Mengen weg, die im Verhältnis standen zu ihrem Bauchumfang. Zwischendrein gab sie noch ein paar Mitteilungen preis über sich und ihre, wie sie scherzhaft sagte: Odyssee. Nämlich, daß sie von außerhalb sei und hier nur eine Prüfung hatte vor drei Tagen. An der Fachschule für Krankenschwestern. (Oder Unterstufenlehrer? Etwas in der Art jedenfalls.) Und dann halt etwas gefeiert mit den Kommilitonen.

Noch bevor Brenzig hätte erfragen können, ob sie nun drei Tage durchgefeiert, oder zwischendurch schon die eine oder andere Station genommen hatte, und warum sie so in der Nacht da saß und nicht wußte, wohin, und überhaupt: warum denn bloß ein jedes Mannsbild kastriert gehört, eins nach dem anderen reihum, noch bevor er also überhaupt nur den Mund hätte öffnen können, floskelte sie schon einige Worte zum Abschied und dankte recht herzlich für Kost und Logis.

Für Logis wäre ik wohl Schuldner, zotete er Unausgegorenes, zum wiederholten Male überwältigt von ihrem Tempo. Sie aber, ohne Sinn für seine Späße, ließ vielmehr ihr stärkstes Argument vom Stapel: Und jetzt keine Zeit mehr, weil'n Termin in der Schwangerenberatung! Du weißt doch noch, oder etwa nicht?

Fünfter Monat, wie hätte ich das vergessen dürfen? antwortete er, und obgleich es ihn anstrengte, so ließ er doch kein Register im Schub, sie vielleicht doch noch umzustimmen. Bald schlagerte er was Trautes von der Ein- und Alleinsamkeit in diesen Wänden, in dieser Stadt, in dieser unglücklichen, wie unglücklichen Welt, bald setzte er noch dramatische Tremoli hinzu, von wegen: könnte doch sein, daß Liebe im Spiel ist, nicht wahr, könnte doch sein. Bald aber gab er die artige Tour auf, vertraute vielmehr seiner vom Alkohol der Nacht ziemlich mitgenommenen Stimme und träumte laut davon, mal'ne Orgie zu feiern mit allen Raffinessen; man mußte glauben, er hätte sich eine alte Schellack eingelegt, Tom Waits, Armstrong - Chorknaben dagegen.

Weil aber alles Verbale nix früchten wollte, schickte er noch einmal einen Grabsch über die Tischplatte, doch fuhr sie reflexstark zurück, denn da, wo sie jetzt nun einmal hinmüsse, als Erwartende, da nehme man es streng, sehr streng mit den Terminen.

Für seinen Katalog: wann-wo-wie-wiedersehen-und-warum-denn-nicht, hatte sie nur paar Runzeln übrig in der Stirn und: Das war doch nur'n Ausrutscher, letzte Nacht das. Als ob das Kind kein' Vater hätte; der wartet doch bestimmt, bestimmt macht der sich schon Sorgen. Ach und übrigens: Eva, mein Name. Hättest ja ruhig mal fragen könn.

Schon war sie an der Tür. Und ehe er die Situation erst richtig begriff - er war noch immer damit beschäftigt, es komisch zu finden, daß sie ausgerechnet Eva hieß, die erste Frau seit so lange -, verschwand sie schon mit einem Ciao und einem Wurf Lächeln, der so ganz und gar nicht dem glich zu Beginn ihrer Begegnung. --- Quo vadis?!

*

Brenzig blieb nun Zeit, sich zurückgelassen zu fühlen, und verschmäht. In dieserart trauriger Euphorie sammelte er die noch trächtigen Gläser und Flaschen zusammen, stellte sie ab neben dem zerschlissenen Sessel am Ofen und ließ sich endlich in die Polster fallen. Lidklappte Dunkelheit herbei, doch kriegte keinen Schlaf. Zu große Gefühlse im Bauch. Es war nicht auszuschließen, daß er sich wirklich verliebt hatte in Eva, das Mutterthier in spe.

Im Wahnwitze, Ordnung zu bringen ins Kabuff, erkraftete er sich Minuten später ein paar Handbreit Platz unterm Hintern, gab aber sehr schnell wieder der Schwerkraft recht. Und meinte bersten zu müssen unter der Schädeldecke.

Äugte stattdessen eine Inventur durchs Zimmer und konstatierte von links nach rechts: Bettlaken befleckt (rot in rot, vom Wein doch wohl!? - Was sonst im fünften Monat?!), Weinlachen boddeten auch über den Fußboden. Sah aus, als hätten Mercator und Apian erst erbarmungslos disputiert gegeneinander und dann gemeinsam die mappa maris baltici erschaffen. Drinnen schwammen ein Hauslatsch plus zwei Socken. Neben dem Fenster ein Regal: umgekippt; einiger Plunder tummelte sich im Umfeld, zudem das einzige Buch in seinem Besitz, im Spagat Herr Duden. Geschirr scherbte heiter über die Dielen, ein Wunder, daß ihm noch nichts im Barfuß steckte.

PROSA

Detlef Opitz

Was also blieb ihm übrig in seinem bedauernswerten Zustand, als sich die Schönheit der Komposition einzureden? Prompt auch swingte ihm das Wort'jungsakral' durch den Kopf, mochte diese Kreation bedeuten, was immer sie wollte - 'jungsakral'! Auch Weisheiten vom Kaliber: zweisam ist die Einsamkeit; dreisam, viersam, so alleine.

Indessen schaltete er das gesamte Regiment aus, daß er um sich verzingelt hatte, als da waren: vier Gläser, zwei Tassen, vier Flaschen. - (Dabei hatten sie ja wirklich zu zweit, nicht etwa im Rudel die Nacht durchkämpft!) Und: C'est la vie! C'est la vie! Es ist das Männsch nicht mehr als Vieh, parolte er einen Refrain, sobald ihm Evas Abgang ungut ins Bewußtsein zu blaseln drohte.

Nicht zu sagen, wie die Chronologie ging: je trauriger er sich fühlte, umso dringender verlangte er Wein, oder je mehr er trank, desto glücklicher war er traurig...

Bis er endlich auch in jene Nische gelangte, in die er sich so gerne treiben ließ in dieser Verfassung, wenn er, mal lallend und mal polternd, mal Ben Hur in allen Gassen und mal wie Martin Eden jenseits vom Glück, sich den Mut erträumte für einmal Suicid. Das hatte nichts an Tragik, ganz und gar nicht, es bediente bloß ein Kindheitsmuster, genaugenommen, denn wie Kleinfritzchen, dem Ausreißer, der sich die Gesichter der Hinterbliebenen vorstellt, so spensterte auch Brenzig nur die eine Frage durch die Kammern: *warumb wainstu und wen suechstu?* - sic!

Es waren die immer gleichen Abläufe: sich einlarven und klebrige Fäden spinnen. Das stimmte ihn milde und versöhnlich. Bloß eine Winzigkeit war anders heute. Er griente dröge vor sich hin und sann darüber nach - nicht ohne einen gewissen männlichen Stumpfsinn -, ob es wohl zu Strangulierers Lüsten noch käme nach dieser Nacht..., nach dieser Nacht?!

Wie meistens während solcher Kremserfahrten galten seine letzten Gedanken Alwi, einem Mitkind noch aus den Tagen seiner Schulzeit, das eine glückliche Ehe eingegangen war mit Lady Pharmaka. Jedes Schlafengehen ist ein kleiner Suicid, philosophierte er hochkarätig, ehe er - Requiescat I.P. - tatsächlich hinüberwechselte...

*

Bis daß der Klingelterror klingelterrrror, er aufsprang und zur Tür! Doch es war nicht Eva. - Es war irgendein Fremder, ein Mann aus dem falschen Film, der mit ihm, und warum auch immer, über die Naturkatastrophe in Lujàwa zu sprechen wünschte.

Eva hingegen sah er nie wieder. Außer dem zurückgebliebenen Chaos, seinen melancholischen Gezeiten und einem fast angenehmen Schmerz im Werkzeug, der sich vorerst allein auf den unverhofften Gebrauch zurückführen ließ, mit jedem Wasserlassen aber gemeiner wurde, war ihm, als sei sie gar nicht wirklich hier gewesen - auch nur eine der pollutionsgeleiteten Blüten, die wild aus seinem Hirnkompost trieben.

Aber: und ob sie hier war, wunderbares Luder, stolpernde Tänzerin! *Wer viel wainet, wenig pisset: wer viel pisset noch mehr wainet.* - Irgendwann zwei oder drei Tage später, als die Schmerzen nicht mehr zu ertragen waren, und der Geruch nicht, da blieb ihm gar keine Wahl mehr, da machte er sich auf den langen Weg durch die Abteilungen: Abteilung H, wie Haut, Abteilung G - Geschlecht.

Wenigstens erfuhr er, wenn schon nicht gleich ihre Adresse, so doch auch ihren zweiten Vornamen: Maria. Eva Maria. --- Scheinbar kannte man sie gut hier - so eine Stadt ist eben auch bloß ein Dorf -, denn seine wenigen Beschreibungen genügten, sie in der Kartei ausfindig zu machen. Worauf Brenzig sich ernstlich besorgt gab: ob denn nicht das Kind Schaden nehmen könne, bei sowas?

Tja, das Kind! Sehrsehr tragisch. Weil nämlich... Wußten sie nicht? Es gibt kein Kind. Hats nie gegeben und wird es auch nie..., sagte die Ärztin und brach ab - so abrupt, als sei plötzlich wieder der Schweigeeid mit ihr durchgegangen.

Ob das das sei, was man eine Grossesse nerveuse nenne, wollte er wissen, doch Frau Doktor hielt sich nun ans Gelübde. Wie zur Strafe ließ sie ihm gleich zwei der Portionen verabreichen, eine links, eine rechts vom Zentrum.

Abgefüllt trödelte Brenzig heimwärts und dachte Feierliches. Etwa: trotzdem gut, daß sie da war. Eine Märchenfee, wenn auch - zwar nicht gerade adipös.

* * *

Und man staunt ja zuweilen, welche Kondition Frauen aufbringen. Auch Marianne weidete noch immer die Lektüre entlang, schickte machen grimmigen Blick zur Decke hoch und hatte es erfreulicherweise nie aufgegeben, auch mir die eine oder andere Botschaft in die Augen zu legen. Zu betten!

[Editorische Notiz: Vorliegender Txt aus 988 stellt ein Kapitel des unveröffentlichen Romanes 'Roulette mit Neigung' vor. Weitere Kapitel daraus erschienen 997 & 998 als 97. & 100. Druck der 'Berliner Handpresse'. Die komplette Veröffentlichung ist aus wohlerwogenen Gründen nicht vorgesehen. D.O.]

Jörn Luther & Frank Willmann

über dem kaukasus lag dein blauer (II)

ERSTES BUCH

erster teil

rede & widerrede auf eine stadt

OOOH!
weimar, du perle des thüringischen ilmtals!
wenn wunschlos & schwach sich der erschöpfte reisende deinen gestaden nähern würde, trübselig in der seele & bar jeder kraft, ja zum bloßen opfer verkommen, so sich ein kleinkind in den weg stellte, ihm beutel & skalp zu nehmen, wenn ihm, der vor wenigen stunden noch sorglos reiste, der blumenduft gerochen & holder maid gestalt sehnend nachgeblickt, ihm, dem jeglicher gedanke, der nicht groß & hehr, im grünenden tann des waldes scheint abhanden gekommen, naht der fluch des zweifels, der einen packt, wenn man das ziel, das man gerade noch so nah vor augen meinte, entfernter wirkt denn je, & er in kurzen minuten mit einer eilig hingerauchten zigarette höchstens lindern konnte diese qualen, er vielleicht versucht in klugen & pfiffigen reden, die jedem ehrlichen dachdecker haar & hirn sträubten, die dinge, welche ihn in diesen finstren sog des unmuts gezogen haben könnten, neu zu bedenken, sein rasendes herz dabei ein unsichtbares publikum zu gewinnen trachtet, welches ihn erhört, er, ins reden kommend, über die jedem menschen innewohnende sehnsucht nach lebensgrund & letzter einsicht räsoniert, doch sich ob der vergeblichkeit solch rhetorischer spiegelfechtereien wieder trübt sein blick, er stotternd, im versuch den ort zu fliehen, stolpert, droht zu fallen, schwankend mit den armen rudert, & das letzte karge licht der untergehenden sonne ein vorgefühl des todes impliziert, dann, ja dann...

PROSA

Jörn Luther/Frank Willmann

eins-zwei-drei-vier... geschieht ein wunder & mit einem mal findet jene üble vorstellung, die den reisenden verstörte, ein erbarmungsvolles ende, womöglich durch den eingriff eines schöpfers, der blick sich klärt, der finstre wald sich lichtet, als ihm, in der hand ein kunstvolles meterband, auf welchem die einzelnen zahlen farbig ausgemalt, der hiesige landvermesser, hermundur niedlich, entgegentritt &

hali & halo? fragt.

ich komme vom pazifikus, antwortet dann der reisende, & kämpfte tapfer stund um stund mich durch die weite welt, auf der suche nach den weihevollen stätten, die der menschlichen existenz ihren eigentlichen sinn verleihen. kultur, wie kant sagt, ist der zweite herzschlag meines lebens.

dann sind sie hier richtig, erwidert der wohlgenährte landvermesser, denn ich vermesse das areal des trefflichen legefelder treffhotels an der b-1(?)!

& dort, fügt er an, mmmh dort, in der milden ebene, jenseits des schlechten geschmacks, der habgier, unzucht & niedrigen instinkte, liegt das tor zum zentrum der kultur! die stadt weimar! ooh weimar, du perle des thüringischen ilmtales! du stadt, wo sich nicht nur goethe&schiller gute nacht sagten! du diadem, welches am hals von göttinnen erstrahlen würde, wie auch an dem von mandy poller oder sonstjeder! du mit deinen weiten plätzen, deinen großzügigen alleen, deinen malerischen gassen & straßen, deinen goethe-, schiller-, herder-, wieland-, cranach-, thürk-, wangenheim- & anderson-häusern! du mit deinen hoch sich türmenden wohnpalästen im norden wie im westen, universitäten, bibliotheken, theatern, deinen grünen, roten, gelben schlössern, gruften, gräbern. weihevolle stätte, umhaucht vom geist der größten deutschen denker, d(/l)ichter, l(/w)ichtgestalten! ein heil dir, du große kleine stadt! hier ist eden! hier ists gut sein!

ja, weimar: ein nest!

zugeschissen mit baustellen, die die stadt binnen kürzester zeit zum ersten mickey-mouse-park des ostens machen sollen. häuser mit fassaden, die aussehen, als hätte sich an ihnen ein legolanddesigner ausgetobt. mittendrin das hingerotzte handelshaus, ein horrorkabinett des konsums: klamotten, klamotten, ein paar lebensmittel, klamotten, endlos vervielfätigt in glas & spiegeln. der lächerliche sparkassenturm. dazu das schillerhaus, goethes gartenhaus, das bauhaus: alles aufgemöbelte kackbuden, gerade hoch genug gebaut, daß man nicht sieht, was hinter der stadtgrenze liegt: die welt vielleicht?

weimar: ein nest! bevölkert von einer borniertin bande von wichtigtuern, die nichts wissen & nichts wissen wollen, von zugezogenen kulturverwaltern mit dem passenden geisteszuschnitt für diese stadt: kleinstgeister für die kleinstadt an der ilm! der letzte furz eines zweitklassigen künstlers in den hiesigen konservierungsanstalten wird munter beklatscht & die kokelei einer truppe feuerwerker auf dem markt wird zum ereignis allerhöchster bedeutung. jeder kneipenvorsteher hier ist gar kein kneipenvorsteher, sondern caféhausbesitzer & ein äußerst kulturinteressierter mensch. & diese unsäglichen panflötenorchester, die einem in der fußgängerzone ständig ihre peruanischen hochlandsweisen in die ohren blasen & als zeichen für die weltoffenheit der stadt herhalten müssen.

weihmoor, weihmoor, gulldurmoor... zu allem überdruß ist die stadt so klein, daß man immer wieder denselben knallköpfen über den weg läuft. knallköpfe, die sich noch nicht einmal entblöden, die pißbrühe namens „weimarer pilsner" als bier zu bezeichnen.

[...] [touristen drängeln sich durch den wald von baustellen, um sich bei nächstbester gelegenheit eine dieser fetttriefenden thüringer rostbratwürste ins maul zu stopfen, zwiebelzöpfe, museen, goethes letzten arschwisch bewundern wollen, ein kunstfest, das nichts ist als die selbstbeweihräucherung einer clique von provinzdeppen, g3, der tempel der gemeinde der aufrechten autonomen, studenten, sc 03???]

& durch die stadt plätschert grau dieser lächerliche fluß, öd & dröge, wie alles hier... weimar: das nest, das den arsch der welt mit ihrem nabel verwechselt.

& zuletzt: der park. der weimarsager sagt: ach ja, der park, der is doch schön. da müssense mal hingehn, der is doch schöööön...

PROSA *Jörn Luther/Frank Willmann*

zweiter teil

über die begegnung zweier merkwürdiger zeitgenossen im weimarer park & ihre höchst merkwürdige unterhaltung samt effektvollem schluß

eiei, welch sonderbarlich behütet mensch sehen wir da durch des geheimen rates vorgärtlein promenieren? ja, dort unterhalb des prächtgen schlosses von jottweegee stolzieret einer mit dem schritt der könige! angetan mit einem wams von tiefstem schwarz, einem hemmed gleichwohl derselben farb & einer zipfelmütz bar jeden zipfels, oho! oho! ist das nicht der vortrefflich dichtersmann & reimling luther? jaja, er ists! jetzt hält er ein in seinem majestätisch gang & läßt sich: uff! nieder auf einem verschatted bänklein unter linden.

& dort, gar wohl versehen mit flatternd gilben pumphosen & keck bis zum nabulus geöffnet chemissettchen, stürmt über saftgen wiesengrund heran ein rüstig recke, dem die augen silbrig blitzen. wir wissens schon, das ist der hochgelahrte musensohn & meistersinger willmann! auch er scheint sehr bedürftig einer ruhestatt unterm blattwerk eines baumes. also hupfet er geschwind zur bank, auf welcher sich der vielgerühmte j.w. luther recht angenehm & füglich ausgebreitet, & spricht in wohlgesetzten worten:

guten tag, mein herr, ist der platz neben ihnen noch frei?

aber natürlich, setzen sie sich.

& f.r. willmann, jener oft besungne, setzt sich & beginnt mit seinem nachbarn zu parlieren:

was für ein schöner tag!

ja, ein sehr schöner tag!

ein außerordentlich schöner tag!

ein wirklich unübertrefflich schöner tag!

der wunderbare duft der gräser...

die köstliche musik der im wind raschelnden blätter...

der erhabene anblick des grandiosen sonnenuntergangs...

das allumfassende gefühl des einsseins mit der natur...

die beiden herren schweigen andächtig, bis jener, der sich willmann nennet, anhebt, aufs neu zu psalmodieren:

sie scheinen ein ebenso großer liebhaber der natur zu sein wie ich.

das möchte ich wohl meinen! meine schönsten gedichte handeln von der natur...

ach... sie sind ein dichtersmann!

ja, mein herr!

ein dichtersmann... ich bin entzückt... wirklich entzückt! denn sie werden es nicht glauben, auch ich bin ein der literatur ergebner diener... willmann ist mein name...

aha, sehr schön... ich heiße j.w. luther. hochpoet & allesschreiber. haben sie schon von mir gehört?

nein, & ich bedaure das aufs höchste... aber, sagen sie... willmann... diesen namen kennen sie doch? f.r. willmann, der meister aller guten worte?

nein, wirklich nein... aber lassen sie uns doch unsere schmählichen versäumnisse damit aus der welt räumen, indem jeder eines seiner gedichte vorträgt.

das, mein herr, ist eine idee, die einem wahrhaft großen geiste ziemt.

nun denn, beginnen sie...

es ehrt sie, daß sie mich zuerst zum zuge kommen lassen wollen, jedoch der vortritt gebührt dem, der diesen vorschlag machte ...

gut, seis drum... ich möchte ein naturgedicht zu gehör bringen. es heißt: es saß ein has im gras...

ah, schon um die wahl des titels muß man sie beneiden! ein ganz vorzüglicher titel! bravo!

lieber freund... ich darf sie doch freund nennen...

aber natürlich! ich bin aufs höchste erfreut, von ihnen freund genannt zu werden, und ich gestatte mir, sie nun gleichfalls freund zu nennen...

mein lieber freund... ich wollte sagen, daß sie mit den beifallsbekundungen warten sollten, bis ich mein gedicht vorgetragen habe...

aber nicht doch, seien sie doch nicht so bescheiden. ich sage es

PROSA *Jörn Luther/Frank Willmann*

noch einmal: ein ganz vorzüglicher titel. die wahl des titels ist nämlich ganz entscheidend für ein gedicht. ein titel, mein lieber freund, ist an sich schon ein halbes gedicht.

wie recht sie haben!

ja, & ein titel kann noch viel mehr sein, ein ganzer roman, ein ganzes leben, eine ganze welt... ein ganzes gedicht!

ich hätte es nicht treffender sagen können.

wissen sie, vor einiger zeit beabsichtigte ich, einen gedichtband herauszubringen, der nur aus titeln besteht...

eine idee, die imstande ist, die weltliteratur, ach, was sage ich, die weltgeschichte zu revolutionieren!

der erste titel dieser sammlung sollte lauten: ich & mein ich.

ich bin beeindruckt!

das problem aber selbst am besten titel ist, daß man meint, er könne doch noch besser sein... so änderte ich den titel in: mein ich & ich.

ich bin ergriffen!

& später in: & mein ich ich.

ich bin überwältigt!

dann in: ich mein ich &.

ich bin... sprachlos.

dann in: iche & in mich, in: chichi & mine, in: ei chmi & nich, in: mch eh cin & i... schließlich gab ich es auf.

ja, schreiben ist ein ewiges scheitern.

der normale sterbliche weiß so wenig, wieviel herzblut, wieviel leiden hinter einer einzigen guten zeile steckt.

o dichtkunst, welch schmerzliches geschenk bist du!

sie sprechen mir aus tiefster seele.

wir dichter müssen die leiden der gesamten menschheit auf uns nehmen, denn nur so sind wir befähigt, unserer berufung gerecht zu werden, als mahner & künder, als diejenigen, die am weltgewissen rühren.

manchmal bin ich selbst erstaunt, wie leidensfähig ich doch bin...

ja.

aber nun, mein freund, möchte ich doch gern dem vortrag ihres gedichts mit dem wundervollen titel lauschen.

nun gut... mein gedicht lautet: sassafraß...

auf die gefahr hin, mich zu wiederholen... ein exzellenter titel! ein fänomenaler titel! ein titel, wie ein titel sein muß. sassafraß. dieser titel ist eine offenbarung. sassafraß... gleich dreimal a... a! welch göttlicher buchstabe! a! der anfang allen alfabets! der urschrei des menschlichen geschlechts! AAA!

ja...

& dreimal s! dreimal a. dreimal s. niegehörte ausgewogenheit einer genialen wortschöpfung... dreimal a. dreimal s. vervollkommnet durch ein flüsterndes f und ein rollendes r. & zum schluß die vollendung, die krönung... dieser einzigartige buchstabe ß! der buchstabe, den es nur im deutschen alfabet gibt. ß... beredtester ausdruck deutschen geistes... in diesem buchstaben hat er seinen kulminationspunkt erreicht.

da haben sie völlig recht... mich hat das ß schon immer wegen seines aussehens fasziniert... sehen sie seine unvergleichliche form... eine kühn nach oben schnellende gerade, an die sich ein sanft herniedergleitender mäander schmiegt... das ß ist die wahrhaft gelungenste verschmelzung zweier einander ergänzender prinzipien. & diese verschmelzung gelingt in einem einzigen buchstaben... da ist einerseits das harte, spitze, das aufstrebende & andererseits das weiche, runde, das niedersinkende. & beides verschlungen zum ß... apollinisches prinzip & dionysisches prinzip. verstand & gefühl. himmel & erde. mann & frau. ying & yang. dies & das.

wenn ich ein maler wäre, ich würde meine kunst einzig dieser form widmen... einzig dem ß. leinwand um leinwand würde ich mit ßs bemalen. denn das ß ist die zum buchstaben geronnene welt!

das ist wohlgesprochen. & ich möchte hinzufügen, daß das ß auf wohl sinnbildlichste weise das verlangen der menschheit zum ausdruck bringt, daß zusammenwächst, was zusammengehört...

da gebe ich ihnen völlig recht... aber nun möchte ich doch gern ihr gedicht hören.

natürlich... also... ja...

was ist, mein freund?

sehen sie, wenn ich schreibe, tue ich es aus tiefster seele...
ich hätte nichts anderes von ihnen erwartet.
ich halte beim dichten sozusagen gericht über mein eigenes ich...
da geht es ihnen so wie mir... & ich halte nicht nur gericht über mein eigenes ich, sondern ich halte auch gericht über mein anderes ich... & auch über alle weiteren, die gerade anwesend sind...
sie sagen es so, wie auch ich es gesagt hätte...
wie sehr diese worte sich ähneln: dichter & richter... & wie sehr sich die tätigkeit des dichters und des richters gleichen... berufene, die für die gerechtigkeit streiten!
& sie haben beide nur allzu oft unter dem unverständnis ihrer mitmenschen zu leiden.
nun, auf ein solches unverständnis werden sie bei mir gewiß nicht stoßen... wohlan... tragen sie ihr gedicht vor!
der titel des gedichts ist...
ich bin aufs äußerste gespannt!
was?
welch ein titel! er ist einem weltwunder vergleichbar. alles liegt in ihm: naive verwunderung, wißbegierige neugier, unendliche tragik, aufkeimende hoffnung, absolute taubheit. alles ist möglich, nichts ist möglich. WAS? ein universum...
als ich kürzlich einen roman verfaßte, war ich nahe daran, diesen titel noch ein zweites mal zu verwenden. ich fand jedoch schließlich einen besseren, treffenderen für mein werk, nämlich: über dem kaukasus lag dein blauer...
was?
über dem kaukasus lag dein blauer...
das ist unmöglich!
wieso?
ich habe einen roman verfaßt mit ebendiesem titel...
das kann nicht sein!
doch!
niemals!
oh doch, & ich habe den verdacht, sie haben den titel bei mir gestohlen!

lächerlich! ich kenne weder sie noch irgendeinen text von ihnen... können sie überhaupt beweisen, daß sie ein dichter sind?!

frechheit! was erdreisten sie sich?! sie plagiator!

sie scheinpoet!

[oho, oho, was sind das für töne?]

wortverdreher! hilfsschreibkraft!

semiliterat! tippbruder!

papierbeschmutzer!

silbenschnitzer!

versabwickler!

bleistiftspitzer!

bücherschänder!

hobbyquasling!

stotterkasper!

kitschverwalter!

sprachvergurker!

schundreimling!

buchstabenkacker!

hermann kant!

sie... sie... lutz rathenow...

& die zwei wortgewaltgen recken sprangen auf & erhoben voll des zorns die fäuste & schlugen RUMMSS!! & nochmal RUMMSS!! einander auf die nasen. hehres dichterblut spritzte fort nach allen seiten. & nochmal RUMMMSSSS! die beiden streiter sanken hin zum boden, einträchtig vereint in einer allumnachtend ohnmacht...

Matthias Schamp

Das letzte der großen Gefühle

„Das sind Fischstäbchen. Das sind Drogentote. Das ist eine Hämorrhoide. Das ist ein Herz-für-Tiere-Aufkleber. Das ist das Ozonloch. Das ist Gott, und das ist Godzilla. Das sind krebserregende Substanzen. Das ist die Meisterschale. Das ist Ramona-zum-Abschied-sag-ich-dir-Goodbye. Das ist Wetten-daß. Das ist Vielweiberei. Das sind Hyperboreer, und das ist eine Hyperbel. Das sind Schrecksekunden. Das ist der Papst, und das ist die Pille. Das ist ein Schmerbauch. Jetzt wird er gerade eingezogen. Das ist Seuchenalarm. Das ist ein Kontostand. Das ist keine Pfeife. Das ist geblümte Bettwäsche und das..."

Knast lehnte sich entspannt in dem bequemen Bussitz zurück, während 87 Gigabyte Informationen auf jeden seiner Rezeptoren einströmten. Das war exakt soviel, wie Wahrnehmungstheoretiker als ideale Menge für Wesen seiner Art errechnet hatten. Die Informationen verwandelten sich in elektrische Impulse und jagten über die Nervenautobahnen bis zum zentralen Denkorgan, wo sie zu einem Datenteppich verwoben wurden. Knast konnte ihn sich später in jedem x-beliebigen Copy-Shop, der über einen neuronalen Netzanschluß verfügte, ausdrucken lassen, um ihn z. B. als Fußmatte zu verwenden, was sehr hübsch aussah.

„Das ist Kalbsleberwurst. Das ist eine Obstschale. Das ist ein Hantel-Set..."

Neben Knast kommentierte Myfairlady jede Äußerung der Reiseleiterin mit einem gedehnten „fabelhaft". „Das ist Darmstadt." „FA-BEL-HAFT!" „Das sind Frauen-die-'welches-Sternzeichen?'-fragen." „FA-BEL-HAFT!" „Das sind Erstickungsanfälle." „FA-BEL-HAFT!" Von allen toten Sprachen, die ehedem auf diesem Planeten gesprochen wurden, hatte sie sich ausgerechnet Neckermann-Touristisch ausgewählt.

Unterdessen machte die Reiseleiterin ihre erste Metamorphose durch. Zu Werbezwecken war sie den Businsassen bislang als riesige Zahnpastatube erschienen. Nun verwandelte sie sich in eine überdimensionale Chipstüte. „Sie durchlaufen derzeit Phase I ihrer Urlaubsreise", erklärte die Chipstüte. „Phase I - auch 'Aufwärmphase' oder 'Das Vorspiel' genannt - ist u. a. gekennzeichnet durch einen moderaten Informationszufluß, klare Subjekt-Objekt-Beziehungen und kausale Zusammenhänge. Die Seinsgleichungen verfügen nur über wenige Variablen. Und die Erkenntnisprozesse vollziehen sich nach den üblichen auf der Konferenz von Exopotamien festgelegten Schemata." „Hä?" entfuhr es Knast, zu dessen Stärken Ontologie nicht gehörte, gleichwohl er sie wegen ihres aparten Klanges vehement befürwortete. „Es hat irgendwas mit der Kant'schen Kategorienlehre zu tun", raunte ihm MFL zu. „Wir wissen zwar, was der Tisch für uns ist, aber nicht, was der Tisch sich selbst ist, oder so..." „Aber warum dürfen wir letzteres denn noch nicht wissen, Schatz?" „Na, damit die ganze schöne Spannung nicht verfliegt, Dummerle." „Ah, so ist das - interessant!"

Und interessant war eigentlich alles, was der Planet Terra zu bieten hatte. Knast war sich sicher, bei der Auswahl ihres Urlaubsziels einen guten Griff getan zu haben. Und das wollte was heißen, denn sie beide - Knast und Myfairlady - hatten sich schon an allen möglichen und unmöglichen Ecken und Enden des Multiversums rumgetrieben.

Sie kannten den Festgeldplaneten und den Kontrollzwangplaneten und den Eins-inne-Fresse-Planeten. Und sie kannten den Kamikazeplaneten, der seinem Namen wenig Ehre macht, weil er mit einem interstellaren Bungeeseil gesichert ist. Sie kannten den Lottoplaneten, der allwöchentlich sieben Trabanten kreißt - sechs Lottozahlenmonde und den Zusatzzahlmond - was jedesmal ein gewaltiges Naturschauspiel darstellt. Sie kannten den Planeten

PROSA   MATTHIAS SCHAMP

Punkt im Sternbild des Satzes. Und sie kannten den Notoperationsplaneten, wo geysirartige Blutfontänen plötzlich aus dem Boden schießen. Sie kannten den Clark-Gable-Planeten, auf dem sich nur Szenen aus Clark-Gable-Filmen ereignen. Und sie kannten den Senfgasplaneten, der von Wurstgaswesen bewohnt wird. Sie kannten den Zahnbelagplaneten und den Steiermarkplaneten und den Vasenpsychoseplaneten und den Frühstücksmargarinereklameplaneten und den Problemplaneten und den Pommes/Mayo-Planeten. Sie kannten Myriaden Planeten, Kometen, Fixsterne, schwarze Löcher...

Aber alle Sehenswürdigkeiten, die diese sämtlichen Orte zusammengenommen zu bieten hatten, verblaßten angesichts der einen ganz ganz großen Attraktion von It's-a-wonderful-world-Terra, dem Zockerplaneten, dem Spiel-o-drom, dem Planeten für Ausgeflippte. Denn nirgendwo sonst in der grenzenlosen Weite des Alls konnte man es empfinden, nirgendwo sonst konnte man sich seiner überwältigenden Durchschlagkraft hingeben, ja, nirgendwo sonst durchzuckte einen bis in die geheimsten, hochgesicherten Trakte der Persönlichkeit DAS LETZTE DER GROSSEN GEFÜHLE, wie es in riesigen Lettern im Reiseprospekt zu lesen stand. Und diesen Prospekt hatte Knast vor Reiseantritt gründlich von einem Lügendetektor befragen lassen. Schließlich war er Urlaubsprofi, und als solcher wußte er, wie man sich gegen unangenehme Überraschungen feit. Logo!

Von den nächstgelegenen Hausdächern aus geriet der Bus nun unter Beschuß. Maschinengewehre spuckten. Scheiben barsten. Und der Luftbefeuchter versprühte ein synthetisches Angstschweißaroma. „Jetzt gehts endlich los mit der action", freute sich Knast, schloß die Augen und spürte die Kugeln durch sich hindurchgehen. Brrrmmmm. Brrrmmmmm. Mit einem sanften Vibrieren nahmen die internen Selbst-Regenerations-Einheiten (SRE) die Arbeit auf. Die neueren Modelle waren derart leistungsstark, daß sie aus winzigen Gewebeteilchen in irrsinniger Geschwindigkeit jedes beliebige Organ rekonstruieren konnten.

„Phase II ist gekennzeichnet durch direkte körperliche Angriffe, Determinantensterben, schwere Logikfehler und die Erschließung zusätzlicher Wirklichkeitsebenen. Zu diesem Zeitpunkt bleibt Ihnen nur noch ein Restmaß an Ich-Identität erhalten. Gehen Sie bitte sparsam damit um."

Und was die Chipstüte damit meinte, wurde Knast augenblicklich klar, als er sich eine Ladung Viele-viele-bunte-Smarties einwarf. Jede seiner Poren verwandelte sich in ein Smiley-Gesicht mit Pubertätsproblemen und dem Wunsch nach einer eigenen Kreditkarte. „Ist dir nicht wohl?" Myfairlady fühlte seinen Puls, und zugleich fühlte der Puls sie, Myfairlady. „MFL. MFL. MFL. MFL. MFL. MFL...", ratterten gut und gerne zehn Millionen Einheiten in der Sekunde durch. Die Gebührenzähler in Knasts Herzmuskel rasten. „Es ging uns nie besser, Schatz", hauchten die Poren. - „Wie schön für euch."

Der Kugelhagel fiel nun dichter. Knast machte sich einen Spaß daraus, aufgrund der Schußkanäle, die ihn durchkreuzten, die einzelnen Kaliber zu bestimmen. „38, 42, 1004..." Dazwischen jetzt auch immer wieder Dumdum- und Pyrophoritgeschosse, deren Leuchtkraft exakt so dosiert war, daß sie beim Abbrennen unter der Haut ein inneres Kino entfalteten. „Aaahs" und „Ooohs" der versammelten Maniaks. Sie verfügten zusammengenommen nur noch über wenige Promille Blut in ihrem Alkohol, was sie zu enthusiastischen Bekundungen veranlaßte, exzessives Klatschen, bis die Handinnenflächen qualmten. Sie waren gut drauf, und sie wollten es wissen. Sie wollten DAS LETZTE DER GROSSEN GEFÜHLE. Und sie wollten es jetzt, und sie wollten es hier.

Sie wollten Waschanlagen mit rotierenden Brüsten, die sich von allen Seiten auf sie herabsenken. Sie wollten Ketchuptransfusionen und Bobrennen in zugefrorenen Harnkanälen. Sie wollten sich blaugefrorene Junkies in die Venen jagen. Sie wollten das Zechensterben, schmerzverkrümmte Schlote, die giftgelben Schleim in die Luft husten. Den mehrfachen Overkill und den größ-

PROSA *Matthias Schamp*

ten anzunehmenden Orgasmus. Eine Stampede von Panikkäufern, vollgepumpt mit Östrogenen, losgelassen auf die Wühltische von Organhändlern. Haß sollte ihnen entgegenbranden. Sie wollten den Rinderwahnsinn pur empfinden. Sie wollten Blinddarmdurchbrüche, Krawattenzwänge und glitschige Membranen, die ihre Leiber einstülpen, um sie genüßlich auszulutschen. Termitenschwärme, die sich durch sie hindurchfressen. Und sie wollten Massenkarambolagen, zermantschte Fahrzeugleiber, und daß die Feuerwehrmänner mit ihren Schneidbrennern tief in sie einschneiden. Sie wollten die Attacke der Killertomaten. Maden sollten sich an ihnen laben. Und sie wollten von einer Kostenlawine bis auf unendlich viele Stellen vor dem Komma begraben werden. Sie wollten den freien Fall von Fernsehtürmen. Hirn sollte auf Pflaster spritzen. Kielgeholtwerden in flüssigem Sauerstoff. Und sie wollten ihre Därme, gespult auf Ankerwinden, entfesselt in die Tiefsee rasen sehen. Staphylokokken- und Spirochätenvölker sollten in ihrem Inneren zusammenströmen. Karaokewettbewerbe in ihren Ohrmuscheln. Metastasenrasen und Chromosomentoben. Und sie wollten, daß Sie-liebt-mich-liebt-mich-nicht-sie-liebt-mich an ihren Nasenborsten gerupft wird. Eine Horde dressierter Elefanten sollte mit Rüsseln in ihren sämtlichen Körperöffnungen rumfuhrwerken. Und sie wollten Fußerotik, Ströme von Fußschweiß, die aus Damenschuhen getrunken werden. Sie wollten an Fadenkreuze genagelt werden. Schaschlikspieße sollten sich in sie einrammen. Materie und Geist, Form und Inhalt. Sie wollten aufbrennen. Es sollte sie zerfetzen, und es sollte noch die Fetzen ihrer selbst zerfetzen und die Fetzesfetzen und die Fetzesfetzesfetzen und so weiter und sofort, solange und sooft, bis nichts mehr von ihnen übrig blieb. Sie wollten einmal, ach, ein einziges Mal nur den Tod spüren, weil er allein, er ganz allein ihnen die Gewißheit geben konnte, daß sie lebten. Sie wollten das echte, das wahre, das pulsierende Dasein, nicht diese verfluchten Simulationen, die sie zu Hause, wenn sie an ihren Schläuchen angeschlossen waren, bis zum Überdruß auskosten konnten. Zum Henker, sie hatten Urlaub, und sie wollten sich amüsieren. Was war schon dabei? Sie wollten DAS LETZTE DER GROSSEN GEFÜHLE. Und sie wollten es jetzt, und sie wollten es hier...

„Wir geraten nun mitten zwischen die Fronten eines original terranischen Bruderkriegs", flötete die Reiseleiterin in ihrer neusten Inkarnation als Colaflasche. „Die Parteien beschießen sich mit Boden-Boden-, Boden-Luft-, Luft-Boden- und Luft-Luft-Raketen." „Was für Sprengköpfe?" wollte Knast wissen. In mancherlei Hinsicht war er Traditionalist. Er mochte Zucker lieber als Süßstoff. Er mochte Nierenfunktionen lieber als Dialysemaschinen. Und vor allem mochte er konventionelle Kriege lieber als Atomkriege. Und das hatte nichts mit Feigheit zu tun, sondern letzteres ging ihm einfach zu hopplahopp. „Alle denkbaren Sorten von Sprengköpfen. Die Bewohner verfügten über A-, B- und C-Waffen", tönte die Colaflasche. „Und D-Waffen und E-Waffen und F-Waffen und G-Waffen..." So ratterte sie das ganze Waffenalphabet bis Z hinunter, die Grundlage der terrestrischen Semantik. Die versammelten Maniaks tobten vor Verzückung, während der Bus jetzt über ein Minenfeld raste, das ihn mehrfach kurz hintereinander in der Luft zerriß.

Knast blickte auf seine Meßinstrumente. Service-Level konstant und die Adrenalinausschüttung immer noch im grünen Bereich. Nur die Regeneratoren brummten jetzt stärker, waren aber nach wie vor weit entfernt von dem Zeitpunkt, wo ihre Kühlsysteme aus Überlastung zusammenbrechen und die physische und psychische Situation in Sekundenbruchteilschnelle außer Kontrolle geraten würde. „Ernstfall - es ist schon längst soweit, Ernstfall - Normalzustand seit langer Zeit...", summte er eine alte terranische Volksweise.

Neben ihm hatte MFL zu kreischen begonnen, während Körperteile von ihr absplitterten und ein Zahnarztteam ohne Betäubung eine Wurzelbehandlung durchführte und ein Bataillion Soldaten in Flauschuniformen über ihre erogenen Zonen hinwegrobbte und sich in ihren Lynchdrüsen aufgebrachte Menschenmengen stauten und eine Milliarden-Kalorien-Bombe paßgenau in ihrem

PROSA *Matthias Schamp*

Verdauungstrakt einschlug und eine waltoneske Fernsehfamilie sie mit brutalen Adoptionsversuchen traktierte und sich ihre Fußnägel in LCD-Bildschirme verwandelten, auf denen Horrorvideos spielten, und...

Sechs, nein sieben Realitätsebenen überlappten sich mittlerweile, die allerdings problemlos noch auszudifferenzieren waren. Auf der Busreise-Ebene, die immer noch eine gewisse Priorität beanspruchen konnte, sah Knast, wie sich die Colaflasche in eine WC-Ente verwandelte. „Wir nähern uns jetzt mit Fallgeschwindigkeit der Koordinate, wo geniale Konstrukteure Wirklichkeit hochverdichtet haben. Jenseits dieses Punktes, dem archimedischen, gibt es nichts mehr. Absolut gar nichts. Die totale tabula rasa ohne tabula und sogar ohne rasa", schnatterte sie aufgeregt und versprühte dabei Funken der Begeisterung, die die Innenausstattung in Brand setzten. „Ladies and Gentlemen, Mesdames et Messieurs, meine hochverehrten Damen und Herren - es ist soweit. Nun werden Sie kennenlernen, worauf Sie seit Urlaubsantritt fiebrig gespannt sind. Vorhang auf für DAS LETZTE DER GROSSEN GEFÜHLE. Hier beginnt Phase III. Phase III - dazu sage ich nichts, nur das eine: Ab jetzt sind Sie nicht mehr angeschnallt!"

Oben, auf dem dünnen Blech des Daches, galoppierten die apokalyptischen Reiter. „Sy-stem-aus-fall, Sy-stem-aus-fall, System-aus-fall...", hämmerte ihr Beat in Knasts Ohren. Die Zuwachsrate von Realität war inzwischen enorm.

Knast ist eine offene Wunde. Knast ist ein Versuchslaboratorium. Knast ist eine Zentrifuge. Er zentrifugiert sich selbst. Plitsch! Platsch! Wenn die Mitochondrien gegen seine Körperinnenseite schlagen. Knast ist ein Duftstein in einem Pissoir, der von allen Seiten von heftigen Urinstrahlen bedrängt wird. Knast ist eine Flipperkugel, die über in Glas geätzte Pin-Ups Amok läuft, deren Mamillen Überrollbuttons sind und deren Jungfernhäutchen Drop-Targets. Eine Millionen Treffer. Eine Millarde Schmerzen. Eine Billion Zuckungen. High-Score. TILT. Knast ist Knast, die tödliche Dosis. Knast ist Goalgetterknast, der gen Tor stürmt. Knast ist eingegraben bis zum Hals in glühendem Wüstensand, während die Sonne als funkensprühendes Kreissägeblatt seine Schädelplatte entzwei. Löcher bilden sich in seinen Löchern. Knast ist bis zu den Grenzen seiner selbst randvoll angefüllt mit Lemmingen, die sich in ihn stürzen, um als galoppierende Antimaterieblasen fortzuexistieren. Knast ist Mamawitze. „Mama, Mama, ich hab keine Lust mehr, immer nur im Kreis zu gehen!" - „Sei still, oder ich nagel dir den anderen Fuß auch noch fest!" Knast, dahingeduckt in das Präriegras seiner Existenz, während Hormonstürme über ihn hinwegrasen. Irrlichternde DNA-Schlangen. Kausalnexuskollaps. Langgliederige Musikantenfinger, die in Gangliensysteme greifen, um auf seinen zum Zerreißen gespannten Fibern Grundakkorde zu schlagen. Dampframmenspechte, die seine Hirnrinde nach Würmern abklopfen. Äonen, die sich um ihn rum in Bernstein wandeln. Knast ist grüner Wackelpeterpudding. Dünnsäureverklappung bewirkt ein Umkippen in ihm. Knast ist entgleisende Gesichtszüge. Rum tata. Rum tata. Knast, im Walzertakt der Herzrhythmusstörungen. Knast ist Deckelstop. Knast ist das Kindchenschema im Blick einer Crashtestkarosse. Knast ist immer eine Taste „Ja" und eine Taste „Nein". Knast ist die Einsamkeit zweier Parallelen, die sich nicht mal in der Unendlichkeit schneiden. Knast ist Knast und zugleich sein Gegenteil, Antiknast. Und Knast IST immer noch, auch wenn Knast mittlerweile nicht viel mehr ist, als ein provisorischer, mit Kreppband zusammengehaltener Formelverbund, hin- und hergeworfen auf den aufgepeitschten Wogen eines Zeichenmeeres, weißes Rauschen, Aufstand der Zyme, Neutronenbeschuß. Knast ist das Multiversum, das in einem einzigen Punkt zusammenstürzt. Rückwärtslaufendes Sein, synoptisch. Knast ist Urknall. „Ich muß arithmetisch denken", zwingt sich Knast, heiliger Knast, der den Moment, um ihn richtig zu genießen, so weit es geht hinauszuzögern versucht. „X-Achse, Y-Achse." Knast ist nahe. Kn...

PROSA

Matthias Schamp

✂---

Langsam aber sicher stabilisierte sich sein Ich-Komplex. Stück für Stück erstanden aus der Personal-Identity-Matrix (PIM), die er vor Urlaubsantritt an der Bio-Garderobe abgegeben hatte, die Leitmotive seiner Persönlichkeit auf. Knast nutzte die Gelegenheit eines umfassenden Upgrades, um ein paar kosmetische Korrekturen zu initialisieren. Externe Speichermedien überspielten die Erinnerung des gerade Erlebten zusammen mit einer Authentizitätsgarantie. Das Zertifikat würde er sich später übers Bett nageln. Als er seinen ersten Sinneskanal öffnete, erkannte er neben sich Myfairlady, die als unkonkretes, glibberiges Etwas in einem Bottich voll Nährflüssigkeit schwappte. Während sich ihrer beider körperliche Verfassung stetig verbesserte, konnten sie durch das Bullauge des Raumers das langsame Entschwinden des Planeten Terra mitverfolgen. Um seine Sphäre lagerte oszillierender Ionenstaub, aus dem als Abspann nun die Namen der Wissenschaftler und Techniker hervorgingen, die an der Inszenierung von DAS LETZTE DER GROSSEN GEFÜHLE mitgewirkt hatten.

Stunden später überschritten Knast und Myfairlady die Schwelle ihrer Wohneinheit. „Puh. Was für ein Abenteuer", bestätigten sie sich gegenseitig und ließen sich in einen libidinösen Pfuhl sinken. „Aber am schönsten ist es, am schönsten ist es, ja, am schönsten ist es noch immer zuhaus."

Stan Lafleur

liebe umgibt uns (Auszug)
(CREDITS: HUESKER DUE, RUEPPURR, DEUTSCHLAND, FRAUEN)

I. polymorf

runde, an den raendern in violetttoenen filibrierende einzeller huschten/schlurften ueber die rillenmatrix des gegenueberliegenden ziegeldaches, das die sonne mit freude grundierte, ihrem unvergleichlichen glaenzen, ideale fuer eine tiefbauarbeiterfruehstueckspause. eines war voellig klar: es war genauso. nur worum drehte es sich?

drauszen bewegt sich was. s is aufgespuert. (too much sensibility.) die sonnenstrahlen werden aufgeweicht von den beinen, markiern n spitzen winkel, hinfaelliger hauch ueberm arc der sexy/hairy stumpen bis zum plumeau. die steppdecke eisblauweisz himalaya & zuckergusz & kordilleren. etwas kuehl im raum. eine ganze menge schenkel wie muffig klingelnde partygaeste, angedeutet im hirn, ober- & unterschinken, ja ja, die anatomie, vermixt mit denen ausm traum & ner vagen ahnung von unten. nur wie soll ich das verstehn, zuviel gesoffen wieder mal, zwei flaschen wein im dekonstruktivistisch hingezimmerten goldpool einer wie auch immer gearteten sozialen unvertraeglichkeit. der himmelwaerts vor sich hinreflektiert. was solls.

traum rekapitulieren: hab wohl tom erschossen, weil er so grinste. oder diese zuckerfreie speziallakritze frasz, die's nur in bhagwan-kiosks gibt (- oder warns doch nur schnecken?). hatten jedenfalls ne gruppendiskussion - wer warn die andern? keine muede mneme mehr -, nur jesus haette das ertragen: tom mit positive vibrations, talking of love, (chatting like hell i felt & shot him down). dasz mir die nerven jetzt im traum zerreiszen, macht mich nachdenklich. witzig: es war ne hartholzschwarze pvc-armbrust mit ginsengfysiognomie, hab son ding bisher nicht im entferntesten in meinem vorstellungsvermoegen vermutet, mit der ich ihm nen bolzen in die brust schnalzte. tom sackte roechelnd weg, noch nie im leben jemand realiter sterben sehen auszer im tv, zurueck blieb die halbgeleerte papiertuete lakritz, mit altem expresstitelblatt bedruckt: RUMMENIGGE NACH MAILAND: 10 MILLIONEN!!

gedanken zurueck an die schenkel (von kalles schlagzeile wohl noch bestaerkt): jetzt mal dem instinkt folgen, soweit ein mann davon sprechen darf. der treibt ruchlos zum kaffeeautomaten: nach dem suff gestern direkt ne halbe kanne. mokka. gegen traumamok & fuer nen kavalierstart in den hyazinthnen fruehlingstag aus transparentem pollenwehen & brain music. schlieren am fenster wie ausgegilbtes insektenblut/chitin. ein rondo auf ukw-frequenz. gelee ausm supermarkt auf schwarzbrotstullen. bewusztsein: das is ne junggesellenbude. dann windet sich das drahtseil eines flaschenzugs genau ums herz & transplantiert mich schlagartig ans fenster:

da sitzen sie: eine halbbukolische auswahl meiner persoenlichkeiten lungert drunten lasziv aufm trottoir & dem stromverteilerkasten neben der baeckerei. (warum bin ich nich runter & hab mir frische broetchen besorgt?/selbst kopfschuettelnd ueber schwarzbrot & gelee.) ich schlotter unentschlossen, die wolln mich wohl zu tode langweilen. da hilft nur assoziieren, kein spasz am fruehen morgen, mit sooo nem schaedel. lieber hangelnd am jeansblauen band, flatternd durch knospenflaue luefte, mit damen anbandeln im park. doch sie warten da unten auf mich, so siehts doch aus & lassen sich nicht wegscheuchen, nur -assoziieren. tun, was zu tun ist, nota bene das einzige geschaeft des freien kerls & notgedrungnen existentialisten.

tom, an nen poeller gelehnt, lakritzlutschend, dasz er aussieht wie ein fischreiher mit haltungsfehler, blickt schwul zu den maedels & macht wichtig notizen mit kuli auf sein schweiszweizen hemdsaermel. die girls benehmen sich wie kunststudentinnen, nicht alle, aber die, dies tun, verstehen den andern zu imponieren. die sind sich heut nicht gruen, waer ja das erste mal & ich fuehl mich trotz toms gegenwart angefressen von der coolen distanziertheit meiner tageshauptcharaktere. wuerd ja zu gern wissen, ob ihm klar ist, dasz ich ihn vor wenigen stunden erst gekillt hab (wos nichts zur sache tut: seine aufdringlichkeit wuerd eh obsiegen, sein groszmut & sein bloeder sonniger charme). & uebrigens: wer tom hier informiert, das entscheide immer noch & ausschliesslich ich. der wein war streng mit mir zur nacht: 2x muszt ich raus pissen & jetzt kann ich mich auf kaum was konzentriern. die erfahrung lehrt, dasz das bis abends braucht oder bis zum uebernaechsten drink.

was ham die fuern anlasz? soviel hingen noch nie vor meiner haustuer rum: ueberhaupt: vorm portal extendiern sie heut zum allerersten mal, & im maszstab 1:1. das schaffen die doch normal bestenfalls auf lsd! durchatmen, sonst wird mir noch bedrohlich um mein steinsuppenmelancholiegemuet. ich sollte besser an die wand starren & ein fixes bundesliga-match rekapitulieren: vielleicht ksc-1860 muenchen 7:3, 1860 damals noch mit voeller & der ksc mit uwe dittus als 20jaehrigem porschesonnenbaenkler, der hansimuelleresk drei mann im eigenen strafraum ausdribbelte & ahs & ohs dafuer erntete, aus mehreren tausend stimmbaendern geformt/kehlen geraunt, in allen tonlagen & von heiser die ganze palette ueber guttural, palatal & velar & backwards into peristaltic throats of acoustic tenderness & motion.

dochs hilft ja nix. wenns mir nicht gelingt die geistesgangster zu verscheuchen, verbring ich den tag komplett in meinen vier waenden. & erfreu mich an taetigkeiten wie einmal vorsichtig kraeuter gieszen. senta, die schlampe, hat sich die haare orange gefaerbt wie eine kakaofruchtschale mittlerer reife. ich sollt die wichser alle an den haaren verknoten & mit mach 2 umeinander rotieren lassen, das gaeb n gefuehl von einheitlichkeit & wuerd zudem s ueberfluessige hirn aus den kopfoeffnungen seihen. (na bitte!, ging ja schneller als erwartet; & ein blick aufs bitumen bestaetigt: im straszenbild herrscht leersal, einigkeit & ruh.)

ver sacrum. scrotales jucken & birkenbluete. die wahl der waffen: noch rotwein statt bier. das auffleischen schwemmt neue nutzlosigkeiten an. das chaos mixt sich frisch ab & leuchtet der zellwandhaeutung. paarzigmilliardenmal. mich wirbelts nur in der stube rum, um die ausgangstuer zu finden. & schier unkontrollierbarer aerger steigt dabei in mir auf. verdammt & weichgeschwengelt! diese innere unruhe macht mir zu schaffen, siedender liquor laeszt die haarwurzeln sich kruemmen, kranologisch gesehen interessant, aber durchaus deplaziert im reich meiner wuensche. worauf will ich hinaus: in diesem moment denke ich stets an nichts & kann davon erzaehlen: so draeut keinesfalls das nirwana, eher komplexe hilflosigkeit. also nach drauszen!...

II. kamera

kandiskirschne puddingteilchen als auslegware zwischen tortensorten & sugar peach aus marzipan, hundescheisze, moos, ganz jung noch, allmaehlich erst in saft geratend, befreit aus der winterplastikkapsel, geraeusch wie einen wirbel konkret aufs trommelfell geschlagen, passierende kraftfahrzeuge, licht & wind mit flusen. an/abschwellendes rauschen, durch ein silberrohr gequaelt, recht flott, von indignierten pfeiftoenen gebrochen & bereit, an die umgebung zu prallen/sie zu verschlingen. weisz auf blau in einheitslettern: sperberweg. knoecherne vorgaerten mit n paar bluetenklecksen unter den achseln. 33, 35, 37 keramikkoepfige hausnummern, aufwaertsziehend unterm ziegeldachverdeckten blickhorizont. fetter hausfrauenarsch, beschuerzt, bei ner saeuberungsaktion, walartig wallendes vorgartenpelagial vor den weiszverputzten mauern zwonhalbstoeckiger kettenwohnungen. amseln/ spatzen intensivieren das idyll, ein paartagweises rotkehlchen. einzeln verharkte liebesknaeuel aus mann & frau. seimig benetzter lippenflor wie crème oder sperma. in den tag hinein unter italienischen haarfetzen pollene orgasmusaugen. wildlederhandtaschen & designergestell, einzelne sprachlaute, von fern knospenden magnolien aufgepellt oder der stirn landauers, der klein & in stein im ungepflegten kuenstlerhort am straszenende wacht neben einem torsischen harforth & einem vollendeten muehsam. rechts gescheucht ueber violette & gelbe kroken, schneegloeckchen, heckentiere, ausschnitt eines angeleinten fettsuechtigen rauhhaardackels mit nem trichter uebern hals in den bussardweg. aufm heckspoiler von nem opel ne antaeuschung von hitzeflirren, ne nanosekunde lang. toupiertes eiweiszbueschel ueberm haarband von schaeufeles tochter: sichtbare sprayschwaden. eine glucksend verfehlte begrueszung, ihr pickliges zitronengesicht in die melisse des gegenueberliegenden bordsteins gebettet. amaranth, woher? schon erholt sich im fruehbeet ein rhabarber oder rhabarberaehnliches gewaechs. die knirschende stimme des ausparkens. uebertoent vom *splott* eines mit magentafarbenem plastiktraktor vor schwachgerilltes reifenstemmen gekenterten vierjaehrigen, schwarzabrieb & spruehendes blut, erst eruptiv, dann (wie magma) in extremzeitlupe. hysterisches kreischen der fahrerin im blechernen wagentuerschlag. nervoeses hilfeherbeitelefonieren eines handy man in versicherungsvertreterklamotten, unauffaellige aktentasche. herbeilaufende aus mehreren hauseingaengen, leicht zeitversetzt, auf dem briefkasten von no 43 ein luftblasengewoelbter sticker in weisz/rot/gelb: *s gibt badische un unsymbadische*. drunter n aequivalent von der gewerkschaft herausgegeben zum ersten mai. fern/suesz die melodie der ambulanz. ne geschecktekatze, paar monate alt, irgendwie aufgescheucht. tauben auf den hausantennen: die wieder wie reduktionistische plastiken: gipfelreisig. depressive skelette der teppichklopfstangen vor rotziegelbekritzeltem graubeton. von kindern entworfene menschen mit 4 fingern & 7 haaren, mal mit kleid, mal mit hose. links in den privatweg, forsythien in genormtem gelb, anspringende weidenkaetzchen & uebern leicht gewellten rasen, kaum matschig auf den vieretagensilo zu, verdaechtige elstern machen minimal sound, ein kind, das mit dem fahrrad in einen jaegerzaun brettert & plaerrt, aufsteht, weiterfaehrt, mit zerrissenem anorak & nem achter im vorderreifen. wieder ne teppichstange, an der racke mit hochrotem kopf klimmzuege abreiszt & jetzt 17! stoehnt

III. k7

ich ging an racke vorueber, der mich hinter meinen augen kaum erkennen konnte. stracks ins treppenhaus, ganz alouette, fast senkrecht stehend, aufsteigend/fallend/tirilierend. rackes tuerspion bleckte seinen hohlen backenzahn, es war angelehnt, staub/wueste, mein blick ein querschlaeger, diagonal durch den korridor. marihuana graetschte trocken ueber muffig-ungerahmte oelschinken, bueschelweise. auf den gemaelden pazifikfarbene daemonen, pilz-

PROSA

Stan Lafleur

umschlungen, kaffeereste, bananenschalen, blitzgeaederte augen, monstroese vivarien aus rauschfantasie.

in rackes kueche schimmelten wachsueberflossne brotreste am suedlichen/unbenutzten tischende, das sich in der dachschraege barg. aus der mischgetraenkelache um die tischbeine staken die kerbtiere wie oelmoewen nach ner tankerkatastrofe. selbst asseln im 4. stock. murfy, rackes aufgedunsenes kaninchen, raschelte depressiv im do-it-yourself-verschlag aus span & maschendraht. die zaehne bohrten sich uebers knabbermaeulchen hinaus anderthalb zentimeter tief in die kinngegend. im kuehlschrank kadaver & abgerupftes. zehn miniquadrate loeschpapier mit fantomen drauf im kaesefach, nebst drei fujirollen à 36, 100 asa, sonderpreis. im ofen pizza von gestern, mit mozzarella & kapern belegt. schraeg davor ein schaufensterpuppenschienbein, matt fleischfarben, bewegliches fuszgelenk, sah nach sperrmuell aus. neenee, feixte ich zu murfy. der blickte aengstlich in die spaene & war wuschelig wie ein muff.

zentral auf dem wohn/schlafzimmerbrom-glastisch mit nymfenbeinen: n kawumm aus klopapierrollen, ne bambusrohrblubber, in nem terrarium maulwurfkundig ausgespatet: n lehmerdloch mit troglodytenpopulation, hackbrett, zweidrittel ner 100g-platte marokkanischen pollens (erste wahl), ueberall unachtsam verstreut: homegrown, heller tabak, blaettchen im groszformat. kalter rauch, thymian'n, vermengt mit air-refreshing opium. im videorekorder seierte quietschend ne sisyfotische k7, die die probleme des abgespult-seins hartnaeckig ignorierte. in die holzvertaefelung gezweckt: batiklaken & -tuecher, eins aus indien. kreuz & quer: mcs, lps, videok7. ich griff mir wahllos eine aus dem haufen & erloeste die aechzende vorgaengerin. klerikal fluchend bewerkstelligte ich einige kabelumsteckungen, bis der flirrende screen bizarre geometria hergab, sich beilaeufig ergaenzend, irisierende dahliensprengsel, mercedesfarbene taiga, kirjakow in ner linkswendung, sandsteinpyramide oder -dom mit periodischen ausbeulungen, mirabellenpellen, alles in delayed cuts, bis racke erschien, in seiner aufgeraeumten kueche, strahlender sommertag, das gesicht frisch wie vor zwonhalb jahren.

racke risz das feuilleton mit den zaehnen aus der faz, tat verbittert beim draufrumkauen & verschluckte tatsaechlich nen 20g-batzen bedrucktes zeitungspapier. das wird sie lehren, von seele zu schwafeln!, raunte er ins mikrofon. die kueche wurde abgetastet: ueberall bilder: dostojewski, von einem schulfreund gezeichnet, um ihn rum strips aus dem spieler, schuld & suehne & dem idioten, ein s/w-foto von annett, in das sich jeder halbwegs romantische typ sofort verlieben wuerde, ihre mystisch geschnittenen backenknochen, glaenzende augen, intelligent-hilfloses laecheln, das in loops muenden moechte, undefinierbarer haarschnitt, nix von antrainierter noblesse, ohren, die darauf brannten, die geschichte eines belesenen affektmoerders aus seinem eigenen munde zu vernehmen. eine zeichnung von racke, die mozek zeigte, nachdem ich seinen charakter in einer langen nacht hemmungslos ausgebreitet hatte. manni kraffts team, das nach dem aufstieg den 10. rang belegt hatte, mit einigen signaturen. bjoerk poster in variationen. postkarten aus drei erdteilen, eine wandkarte mit allen, 72 andreaskreuze, die fuer besichtigenswerte orte standen: timbuktu, new york, montserrat, opotiki, damaskus, musoma, kisumu, masindi, bujumbura, die kanaren, tokyo etc. an der tuerinnenseite ein wahlkampfportrait des kanzlers plus slogan „einigkeit". standfotomultiples von sb-fleischtheken aus supermaerkten. katholische heiligenbildchen in einem kleinen tempel zu ehren des stillstands. aggressiv angeflaemmte spielzeugpuppen mit zimmermannsnaegeln erst in hartschaum & dann an die wand getrieben. racke grinste. er sprang aus dem fenster, baumwipfel & gegenueberliegendes wohnsilo erschienen, den balkon konnte man nicht erkennen, auf den geduckt er das schnittkommando abwartete. ich fragte mich, fuer wen er diese show abzog, ich war jedenfalls nicht dabeigewesen & er hatte dieses video nie erwaehnt.

racke, das luftgewehr geschultert, als er ins freie trat, militaerischen ausdruck angenommen, die nervositaet des tatkraeftigen, schrie unvermittelt: arbeiten! war anscheinend an niemanden speziell adressiert & so marschierte er einfach los. seine fresse gabs in groszaufnahme & er redete haeppchenweise

„realitaet auszerhalb des hirns"

„verpfaendungserklaerung gemaesz der gesetzlichen

PROSA

Stan Lafleur

bestimmungen"
 „zuviel gefickt: papayaabtreibung mit eso-touch"
 „etwas bewegen koennen & glueck konstituieren"
 „liebe beileibe nicht nurn linguistisches problem"
 „vorgaenge wie wirkung"
 dann wieder schokolinsenleuchtreklame.

mit irrem blick an der verkehrsampel. ploetzlich geriet das rote stopmaennchen aus der linse & schrie: „ich hab 170 stundenkilometer drauf! ich bin ein auto!" racke hielt verwundert inne & das rote maennchen kippte zur seite weg; auch der rest der welt kam zum stehen.

so ging es zaehe sekunden. die bildkoernung luftbeschlagener griesbrei. heraus entwickelte sich rackes kinn, erst undeutlich, unterhalb davon ein silberner lichtstrahl, der lauf der luftbuechse, mit der racke auf die leicht vibrierenden gestalten der fuszgaengerampel zielte. knapp&buendig drueckte er zweimal hintereinander ab. roecheln/scherben. das klirren des ampelglas vermischte sich dem glockenhellen lachen einer frau, die obertoene zwischen sex, hysterie & situativer kleptomanie. im pantherkostuem ruckelte annett stoeckelschuhn an rackes arm. „komm, lasz uns hier verschwinden" & sie verfielen in ungeschickten laufschritt, die diakonissenstrasze in unschuldige hinterhoefe verlassend, durch den eichelgarten zum waldrand. die hektische kamera lupte auf firmamentfetzen, nylonwaden, hallimasch. dann wurde das bild schwarz, doch der ton lief weiter. keuchen, grinsen, buchenlaub, samthaendig glattgestrichen vom bezirkszefir. verliebt schrammte rackes kopf annetts oberarm. septisch wummelte rackes hirnsaeure, doch das hirn empfand ja nicht seinen eigenen schmerz. welcher idiot hielt nur die kamera? ich konnte mir nicht vorstellen, wer sich fuer dieses raeudige spektakel einspannen liesz. hetzte den beiden in ihren semiintimen schlupfwinkel nach, schlosz die blende, liesz abers mikro weiterarbeiten. gosh`n`rubbish. annett vokalisierte n paar songs an & kullerte bestimmt suesz mit den augen, so la la la la la la la la. da rauchte erderz aus den poren des sommers.

Hadayatullah Hübsch

Vom Wegwerfen der Kunst

„Das soll Kunst sein?" Eberhard W. schnaubte vor Zorn. „Sie können das Bild ja kaufen und dann wegwerfen, vielleicht verschafft Ihnen das Zufriedenheit", sagte Protzki und stellte sich schützend vor seine Assemblage. Eberhard W. warf ihm einen biessigen Blick zu und vertiefte sich weiter in das Ausstellungsstück. 7000 DM sollte es kosten, diese Ansammlung von Pepsi-Cola-Dosen. Dann schluckte er, dann grinste er, dann sagte er: „Haben Sie einen Füllfederhalter, damit ich Ihnen einen Scheck ausfüllen kann?"

Protzki kramte in seiner blauen Latzhose nach einem Stift, Eberhard W. lauerte, Protzki fand nur einen Bic-Einwegkugelschreiber, Eberhard W. nahm sein Scheckheft aus der Gesäßtasche. Aber ohne einen waschechten Füllfederhalter mochte er das Wegwerfbild nicht kaufen, er hatte Stil. Mit einem Blick, der Löwen töten könnte, wehrte er Protzkis Ansinnen, den Einwegkugelschreiber zu benutzen, ab. „Wenn Sie noch nicht mal über einen Füllfederhalter verfügen, wie soll ich dann nicht an Ihren Geistesfähigkeiten zweifeln, guter Mann", sagte Eberhard W. eisig. „Einen Moment bitte", meinte Protzki und griff nach seinem Handy. Zehn Minuten später kam der Bote von Büro-Dorsch mit dem gewünschten Utensil, und Eberhard W. konnte mit seinem Akt der Zerstörung beginnen. Schnell hatte er sich Werkzeug, Hammer, Meißel, Axt bringen lassen. Und bald schon erschollen wuchtige Klänge im Atelier von Protzki, für die ihn seine Kollegen von der bildenden Zunft beneiden könnten.

Eberhard W. fühlte sich in seinem Element. Er achtete nicht darauf, daß sein Boss-Hemd schweißnaß wurde und sein Armani-Anzug mehr als knittrig. Sogar daß sein Toupet verrutschte, war ihm mehr als egal. Er schnaufte, was das Zeug hielt, beziehungsweise, was das Bild nicht aushielt. Stück für Stück brach er von diesem Schrotthaufen mit dem Namen „pep-Sieh pay PSI" ab und beförderte es mit Schwung durch das Fenster des Raumes. Protzki indes war nicht untatig. Er wühlte in seinen CD-Sammlungen, die

PROSA *Hadayatullah Hübsch*

verstreut wie ein Chaos-Theater auf dem Boden und Regalen herumlag, bis er „White Room" von Cream gefunden hatte. „In a white room with black curtains" erklang bald das Gewimmer und Gejaule von Baker, Bruce & Clapton, und Eberhard W. ackerte wie ein Ackergaul auf schwerem Feld.

Tage später. Eberhard W. saß in seinem himmelblauen Doppelbett und kratzte sich während des Frühstückens, weil er in der Nacht zuvor Brownie-Schokoladenplätzchen gegessen und nicht darauf geachtet hatte, daß Krümelmonster manchmal dienstfrei haben und somit keine Zeit, sich um die Überreste von Fernsehabenden zu kümmern. Aber wiewohl er sonst bei solchen Gelegenheiten leicht auszuflippen drohte, war Eberhard W. heute morgen guter Laune. Er hatte geträumt, in einem Museum alle Bilder, die ihm nicht gefielen, aus dem Fenster geworfen zu haben. Richtige Wegwerflust hatte er jetzt noch, obwohl der Traum sehr lang gewesen war und er mindestens 23 große und 32 kleine Bilder aus dem Museums-Mauern ins Freie befördert haben mußte. Während ein paar magere Sonnenstrahlen in sein Schlafzimmer blinzelten, dachte er daran, um wieviel größer die Lust des Wegwerfens sein müßte, wenn er ihr im hellen Licht des Alltags frönen könnte. Und da er kein Mann war, der Dinge lange aussaß, sondern Entscheidungsfreude zu seinen Charaktereigenschaften zählen durfte, griff er zu seinem Handy und rief bei seinem Mädchen für alles an.

Suzie Wong wußte, auf was sie sich eingelassen hatte, als sie den Job annahm. Eberhard W. war ein schwieriger Kunde, und seine Extrawünsche zu erfüllen, brauchte es viel Geschick und kein Muffensausen. Aber was der Herr über 11 Plastikfirmen und eine Supermarktkette nunmehr von ihr verlangt, war doch harte Kost. „Kaufen Sie irgendein Museum, meinetwegen ein Heimatmuseum mit lauter Ölschinken von miesepetrigen Malern, aber voll muß es sein, und große Fenster muß es haben", hatte Eberhard W. ihr aufgetragen. Wußte der Mann nicht, wie schwer es heutzutage ist, Menschen von Kunst zu trennen? „Erwirb es, um es zu besitzen", diesen Satz von Goethe hatten sich die Kuratoren auf ihre Fahnen geschrieben, und die Politiker gaben ihnen recht, denn wer einmal ein paar saure Mark an Subventionen bewilligt hat, will auch, daß die Kunst wie Bleiwürste in den Rahmen hängenbleibt. Niemand würde auf den Gedanken kommen, sie zu verkaufen, selbst wenn ein Vielfaches ihres Wertes dafür geboten würde. Besser, den Fundus vollzustopfen und nur alle Jubeljahre ein Hunderttsel der gesammelten Bilderschar der Öffentlichkeit vor die Glotzauhen zu knallen, als ein einziges, noch so verpfuschtes Stück an einen dieser gierigen Privatsammler zu veräußern war ihr Motto. Zwar würden die Privatsammler irgendwann mal angekrochen kommen, um ihre Schätze wie Sauerbier anzubieten, aber dann wollten sie, daß man ihren ein Museum baut und es mit ihrem Namen schmückt, und das ist doch wahrlich zu viel des Guten. Kurzum, Suzie Wong hatte ihre liebe Müh, die Schimpftiraden diverser Museumsdirektoren zu ertragen, weil keiner, aber wirklich niemand, auf ihre Offerten eingehen wollte.

Sie hatte gerade mal 777 DM vertelefoniert, als es endlich doch noch klappte. In Kleinwüstenrhausen stand ein Heimatmuseum rum, das mit Hunnengrabbeigaben und vergammelten Ölschinken, die diverse Bauerndynastien darstellten, sein Dasein fristete. Und das war eindeutig zu Blut&Boden-haltig, wenn man nach der Meinung des neuen Bürgermeisters von Kleinwüstenshausen ging, der bei der letzten Wahl durch massive Vergabe von Freibiergutscheinen es geschafft hatte, die Macht im Ort zu übernehmen. Mit anderen Worten, Wilhelm Feige, so hieß der Mann der Stunde, wollte seine Macht weidlich ausnutzen, solange es ging. Und da kam ihm die Anfrage von Suzie Wong gerade recht. Immerhin konnte es mit den 100.000 DM, die ihm der deal einbringen würde, bei der nächsten Wahl ne Menge Schnapsleichen als Stimmvieh kaufen. Also sagte er zu. Für 10.000 DM wechselte mithin das Heimatmuseum Kleinwüstenshausen den Besitzer, und 100.000 DM landeten auf einem schweizer Nummernkonto. Und Eberhard W. konnte endlich im großen Stil Kunst oder das, was man im allgemeinen so dafür hält, wegschmeißen. Drei Tage wütete er in den verwinkelten Räumen des Museums, riß herbe Gesichter auf faltigen Leinwänden aus dem Rahmen, zerriß Bleistiftzeichnungen aus dem Ouevre des leidlich unbekannten Heimatkünstlers Ottofried Karl,

PROSA

spielte Fußball mit den Grabbeigaben der Hunnen und tat auch sonst all das, was jemand tut, der sich für einen Kunstrevolutionär in der postmodernen Kulturrevolution unseerr Republik hält.

Nur hatte Eberhard W. die Rechnung ohne die Bürgerinitiative „Alle Macht dem Moor" gemacht. Bislang darauf spezialisiert, dem Schlick und Schlamm in der Umwelt alles Recht zu gewähren, fand sie nunmehr in Eberhard W. ein perfektes Feindbild. „Tod der Plastktüte" lautete ihr Motto, nachdem sie spitz gekriegt hatte, wes Geistes Kind Eberhard W. war. Im einzigen Gasthof des Ortes, der „Zur Moorleiche" hieß, tagte sie ununterbrochen im Kegelzimmer, während einen Stock höher Eberhard W. seinen Wegwerfrausch ausschlief. Schließlich fand man eine Lösung des Problems.

Als Eberhard W. eine Woche später mit einem Lastwagen voller Billigbilder aus den Ateliers weithin unverstandener Künstler auftauchte, um sie seinen Museumsräumen einzuverleiben, auf daß er wenig später wiederum in Wegwerflaune seinem Kunstverständnis frönen könnte, wartete schon ein Dutzend Demonstranten mit Transparenten auf den Erfinder der Wegwerfkunst. „Macht die Bilder wilder", hieß es da in Anspielung auf die Tatsache, daß Eberhard W. sich geweigert hatte, einem ortsansässigen Hobby-Maler seine Bilder abzukaufen, weil sie nicht deutsch genug seien. Auf einem anderen Spruchband stand: „Kunstmacht nicht Kunstnacht". Und auf wiederum einem anderen war zu lesen: „Eberhard W. tut weh".

Aber der Herr von 11 Plastikfirmen hatte keine große Lust, mit den Demonstranten zu diskutieren. Er hatte für den nächsten Tag ein paar Journalisten, handverlesen natürlich, geladen, die für die Kunstseiten der großen Magazine tätig waren, um ihnen seine Theorie von der Notwendigkeit, Kunst wegzuwerfen, ehe sie Schimmel ansetzte, zu erklären. Wie könnte er jetzt seine Stimmbänder belasten, indem er mit dem herbeigelaufenen Volk Argumente austauschte? Diese Typen verstanden doch nichts von seinen hohen Ideen, seinen Vorstellungen von Kunst als Droge, die nur wirkte, wenn man sie nicht auf sich wirken ließ, sondern ihr so rasch wie möglich den Garaus machte. Also würdigte Eberhard W.

die Demonstranten keines Blickes, die aber waren nicht faul und
bewarfen ihn und die angeheuerten Möbelpacker, die nun Bilder
abzuladen und in das Museum zu befördern hatten, mit gammli-
gen Äpfeln, was Eberhard W. verdrießte, da die Wurfgeschosse gut
und gern einige der spottbillig eingekauften Kunstwerke beschä-
digen könnten. Also spannte er seinen Regenschirm auf und stellte sich in die Schußlinie. Kurzum, die Aktion brachte den Demonstranten nichts ein als ein kaltschnäuziges Lächeln des Museums-
besitzers. Und da es zu hieseln anfing und sich außerdem der Zeitpunkt näherte, an dem sie gewohnterweise ihr zweites Frühstück
einnahmen, brachen sie die Demonstration ab und überließen Eberhard W. seinen Obsessionen.

Die Geschichte hätte kein gutes und kein schlechtes Ende genommen, sondern wäre so vor sich hin gedümpelt, bis das Farb-
band der Typenradschreibmaschine des Zeitzeugen, dem wir diese
Story verdanken, verbraucht gewesen wäre, wenn nicht einer der
Demonstranten einen Einfall gehabt hätte, der einen Oscar Wert
war. Zum anberaumten Stelldichein der Journalisten diverser Art-
zeitschriften mit dem selbsternannten Meister des Wegwerf-
zeitalters tarnte er sich als Paparazzo, was dem übersteigerten
Selbstwertgefühl von Eberhard W. so schmeichelte, daß er den
Fotografen zu sich bat, um ihn Anteil an seiner Lektion über die
Notwendigkeit, Kunst wegzuwerfen, haben zu lassen.

Klaus Finkel aber, so hieß unser Held, war ein sehr gerissener
Knabe. Während Eberhard W. der Expertenschar seine Theorie
verkaufte, indem er Georg Simmels Erläuterungen über den Geld-
verkehr, Kinseys Untersuchungen über den Geschlechtsverkehr
und Herbert Marcuses Verständnis vom Kulturverkehr zitierte und
dazu die Schlußfolgerung zog, daß Goethe der erste Kunst- und
Bilderstürmer gewesen sei, weil er Mephisto in Faust habe sagen
lassen: „So ist denn alles was entsteht / wert daß es zugrunde geht",
was ihn, Eberhard W., dazu motiviert habe, nun ernst zu machen
mit der Überkünstlichung der Kulturlandschaft, die entschlackt
werden müsse, um wahrhaftig Neuem Platz zu machen, was mit
anderen Worten nur zu bewerkstelligen sei, wenn eine Kunst-
produktion angekurbelt würde dadurch, daß immer mehr Kunst

PROSA

Hadayatullah Hübsch

vernichtet würde, also die Nachfrage größer sei als die Angebote, was zwar paradox klänge, es aber nicht sei, denn es sei einsehbar, daß die vorhandene Kunst, sei sie auch noch so viel, einmal ein Ende nehmen würde, wenn alle Welt Hinz und Kunz dazu auf den Geschmack kämen, welche Befriedigung es schafft, Kunst wegzuwerfen, so daß der Bedarf an Kunst steigen würde, was die armen Künstler in Brot und Lohn setzen würde, kurzum, als Eberhard W. sich gerade in Rage redete und die Journalisten schwer beeindruckt waren, während 2 Hostessen eine Menge Kunst in den Raum, in dem die Pressekonferenz stattfand, schleppten, damit die Schreiberlinge vor der Erstürmung des kalten Büffets auch ordentlich was zum Wegwerfen hätten, in diesem Augenblick also sah Klaus Finkel seine große Chance. Er baute sich naseweis vor Eberhard W. auf, brachte seinen Fotoapparat in Stellung, rief: „Cheese" und knipste. Es tat einen Blitz, und ein Kuckuck sauste aus der Kamera, direkt in den Mund von Eberhard W., der gerade „Kuuunst" sagte, und legte dort ein Ei. Eberhard W. würgte, aber statt „Kuuunst" sagte er nur noch zittrig „Kinnst", manch einer der Umstehenden schwor später, er habe „Kannnst" gesagt, um auch Immanuel Kant seiner Theorie einzuverleiben, andere meinten beim Leichenschmaus, Eberhard W. habe „Konnnst" gesagt, um damit anzudeuten, daß sein Kontostand ihm erlaubte, noch eine Menge Kunst zu kaufen und zu vernichten, wie auch immer, es dauerte nicht lange, und Eberhard W. röchelte nur noch, dann sank er in die Arme einer herbeigeeilten Hostess. Aber der Notarzt vermochte nur noch den Tod des angesehenen, aber umstrittenen Kunstwegwerfers festzustellen.

Die Demonstranten aber wußten nicht recht, ob sie das Ende von Eberhard W. feiern oder betrauern sollten. Zum einen waren sie gegen Gewalt, zum anderen war ihnen klar, daß durch die Aktion eines der ihren ein Problem aus der Welt geschaffen worden war, was sie befähigte, wieder zum Schutz des Moores tätig zu werden. Die Medien spielten das Verscheiden von Eberhard W. ziemlich runter, denn so genau hatte nie einer aus ihren Kreisen verstanden, was der Kerl eigentlich wollte. Im Nachlaß des Kunstwegwerfers fand man dann eine Menge Notizen, die sich ums Kaufen drehten, so zum Beispiel um die Theorie, daß Joseph Beuys nur deswegen so erfolgreich gewesen war, weil sein Name nach Buys, d.h. englisch für „Kauft", geklungen habe. Im übrigen aber kümmerte sich kein Schwein mehr um die Machenschaften des Mannes, der als erster die bahnbrechende Idee gehabt hatte, die Kunstvernichtung nicht immer kriminell sein muß, sondern ein ehrenwertes Unternehmen sein kann, wenn man es nur versteht, die Kunst so wegzuwerfen, daß dadurch das Bedürfnis geweckt wird, mehr und mehr Kunst herzustellen. Daß alles in allem die Konsequenz solchen Tuns darin besteht, daß Sammeln und Wegwerfen Arm-in-Arm gehen und in trautem Wettbewerb zueinander stehen, dürfte denen, die aus dieser Geschichte eine Lehre zu ziehen gewillt sind, mehr als deutlich sein. Bleibt abschließend anzumerken, daß Protzki nach dem Tod von Eberhard W. damit begann, den Stein des Anstoßes, sprich sein „pep-Sieh Pay-PSI"-Bild originalgetreu nachzugestalten. So daß wir es nunmehr im Museum für Moderne Kunst voll und ganz genießen können.

PROSA

Karen Duve

Die Strumpfhose

Eines der unangenehmsten Erlebnisse meines Lebens war, als ich bei Wischnewskis auf den Teppich gepinkelt habe. Ich bin damals erst fünf Jahre alt gewesen. Das macht es mir heute leichter, darüber zu reden. Aber in dem Augenblick, als es passierte, als mir der Urin naß und heiß die Beine herunterlief, da war es überhaupt kein Trost, erst fünf Jahre alt zu sein. Dieser Vorfall hat mir mein ganzes Leben bis zum Ende der Grundschulzeit vergällt. Noch in der vierten Klasse, wenn ich einfach bloß so auf dem Pausenhof stand und an meinem Schulbrot kaute oder mit Marina Haase und Gundula Pries Gummitwist sprang, kam plötzlich meine ältere Schwester vorbei, sagte unvermittelt: „Weißt Du noch, wie du bei Wischnewskis auf den Teppich gepinkelt hast?", und schlenderte weiter. Der Tag war dann natürlich gelaufen.

Meine Schwester hatte mich damals mitgenommen zu Wischnewskis. Das muß eine absolute Ausnahme gewesen sein. Eigentlich haßte mich meine Schwester. Bloß wenn sie mit Gabi von Ackeren Prinzessin spielte, durfte ich dabei sein. Einmal hat uns jemand in unseren Kostümen fotografiert. Auf dem Foto trägt Gabi von Ackeren einen mit einer Schärpe gerafften Rock und eine um den Kopf gewickelte Gardine. Meine Schwester trägt ein Kleid meiner Mutter, das bis auf den Boden schleppt. Als Schleier hat sie einen Unterrock genommen, dessen Gummizug sich um ihre Stirn spannt. Ich stehe zwischen ihnen und habe so eine Art Kittel an. Ein Herrenoberhemd. Ich war der Sklave. Meistens spielten wir bei Gabi in ihrem Kinderzimmer. Wenn meine Schwester nach Hause ging, behielt Gabi von Ackeren mich noch eine halbe Stunde da, um mir Stecknadeln in die Hand zu stechen. Meine Aufgabe dabei war es, nicht das Gesicht zu verziehen und nicht zu weinen. Darin wurde ich mit der Zeit richtig gut.

Meine Schwester hatte mich also mitgenommen zu Sabine Wischnewski, wo noch einige andere Kinder waren, alle schon sieben oder acht Jahre alt. Wenn du fünf bist, sind Siebenjährige so etwas wie der Hochadel. Wahnsinnig interessante Leute. Die gingen ja schon zur Schule. Natürlich wagte ich vor lauter Ehrfurcht nicht, nach der Toilette zu fragen. Ich kreuzte die Knie und litt und wartete auf den Moment, wo meine Schwester mich zufällig ansehen und es merken würde. Aber da konnte ich lange warten. Und dann war ich nicht mehr imstande es zurückzuhalten und sagte schnell: „Ich glaube ich muß mal aufs Klo."

„Ich glaube, das ist wohl schon zu spät", sagte jemand, und alle sahen dorthin, wo es unter meinem kurzen Faltenrock heraustropfte. Ich trug eine Wollstrumpfhose. Sie war weiß und kratzig. Diese Strumpfhosen waren wirklich die Pest. Ständig rutschten sie auf ½ Acht, und der Schritt saß in der Höhe der Kniekehlen. Wenn ich mit meiner Mutter unterwegs war, hob sie mir in regelmäßigen Abständen den Rock über die Hüften – völlig egal, wo wir gerade waren –, klappte den Rock hoch, raffte mit beiden Händen den Wollstoff und zerrte mir die Strumpfhose bis unter den Achseln. Und dann waren die Dinger auch noch teuer, und man durfte auf keinen Fall ein Loch hineinmachen.

Ich erinnere mich, wie ich einmal mit meiner Schwester und Andreas Lohmeyer, das war der Nachbarssohn, unten an der Alster spielte. Noch so eine Ausnahmesituation. Vermutlich mußte meine Schwester auf mich aufpassen. Die Strumpfhose, die ich anhatte, war ganz neu. Ich war entsprechend instruiert worden, und ich hatte mich wirklich vorgesehen, um sie nicht zu zerreissen. Aber einmal hatte ich mich durch ein Brombeergebüsch schlagen müssen, und einmal hatte ich mich einen Abhang hinuntergerollt, und – zack – war da plötzlich ein Loch gewesen.

„Du gehst sofort nach Hause und zeigst es Mama!" sagte meine Schwester.

Während ich nach Hause ging, überlegte ich, wie ich noch aus der Geschichte herauskommen könnte, und als meine Mutter mir die Tür öffnete, sagte ich:

„Andreas Lohmeyer hat mir mit der Nagelschere ein Loch in die Strumpfhose geschnitten."

Meine Mutter fragte mich zweimal, ob das auch wirklich wahr

sei. Ich nickte jedesmal heftig mit dem Kopf. Ja, ganz genauso hatte es sich abgespielt. Meine Mutter glaubte mir nicht und sperrte mich in mein Zimmer, wo ich warten mußte, bis Andreas Lohmeyer und meine Schwester vom Spielen zurückkamen, um meine Aussage zu bestätigen. Oder auch nicht. Mir war ganz schön mulmig. Ich setzte mich auf mein Schaukelpferd, galoppierte ein bißchen vor mich hin und hoffte die ganze Zeit inständig, Andreas Lohmeyer würde zugeben, daß er die Strumpfhose zerschnitten hatte.

„Ja", würde er sagen, „ja, ich wollte ausprobieren, wie das aussieht."

Ich hielt es tatsächlich für möglich, daß er das sagen würde, einfach weil ich es mir so sehr wünschte. Manchmal erliege ich heute noch solchen Allmachtsphantasien, z.B. wenn ich Lotto spiele. Ich spiele immer nur, wenn meine finanzielle Lage so katastrophal ist, daß ich nicht mehr aus und ein weiß, oder wenn der Jackpot über 10 Millionen liegt. Und jedesmal bin ich wieder erstaunt, wenn ich nicht gewinne. Aber so funktioniert das nicht. Du gewinnst nicht im Lotto, bloß weil das Deine letzte Chance ist, und Du kriegst auch kein Pony zum Geburtstag, bloß weil Du Dir das so sehr gewünscht hast, und Du wirst auch nicht wiedergeliebt, bloß weil Du selbst so sehr liebst, und Du wirst auch nicht verlegt, bloß weil Du drei Jahre lang nichts anderes getan hat, als dieses eine Buch zu schreiben, und Andreas Lohmeyer sagte natürlich, daß er meine Strumpfhose überhaupt nicht angerührt hätte. Das war dann die zweitgrößte Tracht Prügel, die ich als Kind kassierte.

Andreas Lohmeyer ging ich danach zehn Jahre lang aus dem Weg. Das war eigentlich schade, weil ich ihn ungeuer bewunderte, seit er einmal von Zuhause weggelaufen war, um König der Tiere zu werden. Er blieb bloß einen halben Tag lang verschwunden, aber das Motiv hatte mich damals ziemlich beeindruckt.

Um auf die Strumpfhose zurückzukommen: Als ich hineinpinkelte, hing sie mir natürlich gerade wieder in den Kniekehlen, und der Urin lief mir bloß teilweise die Beine herunter und teilweise sammelte er sich in dem eingewebten Keilstück im Schritt und tropfte von dort gelb auf den Fusselteppich. Meine Schwester und die Freunde meiner Schwester starrten schweigend auf diese

Lache, und ich wäre am liebsten tot oder gar nicht geboren gewesen, als ein Junge sagte: „Wir müssen sie nach Hause bringen, damit sie sich nicht erkältet. Ich kann sie hinten auf meinem Gepäckträger mitnehmen."

Das vergeß ich ihm nie. Ich weiß nicht mehr, wie er hieß. Er kann nicht älter als acht oder höchstens neun Jahre gewesen sein, aber – komisch – in meiner Erinnerung ist er einenmeterneunzig groß und sieht so ähnlich aus wie Dolph Lundgren - falls überhaupt noch jemand weiß, wer das ist. Jedenfalls saß ich dann auf seinem Gepäckträger, was nicht ganz einfach war, wegen der Strumpfhose, deren tiefhängender Schritt verhinderte, daß ich die Beine richtig breit machen konnte. Ich verliebte mich natürlich in diesen Jungen, der in einem entscheidenden Augenblick die Sache in die Hand genommen und mich aus einer unerträglichen Situation befreit hatte.

Während ich diese Geschichte schreibe und meine Fahrt auf dem Gepackträger noch einmal vor mein inneres Auge rufe, da seh ich den Jungen und mich allerdings durch eine Straße fahren, die eindeutig nicht auf dem direkten Weg zu meinem nur fünfhundert Meter entfernten Elternhaus liegt. Er hätte links rum fahren müssen, durch den Weidenredder; er ist die Olendeelskoppel aber rechts rum gefahren und dann durch den Bargweg und den ganzen Treudelberg hinunter. Jetzt, nach dreißig Jahren fällt mir das auf. Der Junge ist einen riesigen Umweg gefahren. Nimmt ihm das etwas von seinem Glanz? Wohl kaum.

Beate Ronig

Die Explosion der Sonne

Kalla war eine richtig fette Sau. Lui hatte ein Gesicht wie eine Schüssel Haferflockensuppe. Franz kicherte ständig. Ich selbst habe viel geredet und hatte ständig das Gefühl, in der falschen Gesellschaft zu sein.

Wir waren eine Gruppe von ungleich alten Teenagern, wobei ich zu den jüngeren gehörte + Kalla + Lui zu den älteren. Es war Sommer. Meiner Erinnerung nach war damals immer Sommer. Wir lasen Bukowski, Salinger, Kotzwinkle und sehnten uns unter deren Anleitung nach einem Leben in Kalifornien. Jeder auf seine Weise. Ich hätte das gleiche Leben gelebt wie bisher, nur eben es wäre Kalifornien gewesen und nicht Kleinklumpatsch. So also standen wir am verkehrsberuhigten Kleinbürgersteig herum, lutschten unsere Cola und hatten notdürftige Gespräche, in denen ständig das Wort Scheiße vorkam und die Frage: Was machst du eigentlich morgen?

Ansonsten redeten wir über Jeans-Marken und T-Shirts.

Ich war stolz auf meine erste Blue-Jeans Marke Wrangler. Ich zog sie klatschnaß an und ließ sie an meinem Körper trocknen, damit sie meine Körperform bekam. Am Körper modelliert. Da ich allerdings gar keine festen Konturen hatte, sondern eine weiche Masse Babyspeck, bekam ich lediglich eine Nierenerkältung mit Bettruhe.

In der Zeit konnte ich lesen, und hinterher hatte ich wieder etwas zu erzählen.

Von blutrotem Pipi und dem Fänger im Roggen.

Wir wohnten alle recht beschaulich Schulter an Schulter in einer besinnlichen Reihenhaussiedlung. Das heißt, für die Katholiken, die als erste dort ansiedelten mit finanzieller Unterstützung eines christlichen Unternehmens, waren es 2 Siedlungen, und für die nachgezogene vorwiegend evangelische Ansiedlung war es ein Ort.

In 2 Teile gespalten von einem Autobahnzubringer,

über den eine kleine gewölbte Brücke führte. Kirche und Einkaufszentrum befanden sich im erstgebauten Teil, was die Katholiken in ihrem Glauben bestärkte, die einzig wahren Siedler zu sein. Großzügig ließen sie die Siedlern vom anderen Autobahnufer" auch dort einkaufen, nicht aber ohne dabei verächtlich auf sie herabzugucken.

Die Einkaufsorte waren sehr beschränkt, und zwar auf 1 Konsum, 1 Edeka, 1 Metzger, 1 Mode- und Kurzwarenladen, 1 Friseur + 1 Schreibwarenladen. Bevor dieses Einkaufszentrum gebaut wurde, ging es noch überschaubarer in 1 einzigen Kellerladen zu, wo Kartoffeln + Waschpulver lose verkauft und in braune Papiertüten abgepackt wurden. Neben diesen handelsüblichen Produkten grauer Wirklichkeit wurden auch kleine pastellbunte Papierfächer aus China, deren hauchzartes Papier fein nach Jasmin duftete, angeboten. Zusammengefaltet waren es unscheinbare Pappteile mit gewelltem Rand, auseinandergefaltet aber ein kleines Wunder. Wie eine aufgeblühte, runde Papierblume.

Die Einwohner des Ortes, der nach einem berühmten schweizer Eremiten benannt war, bestachen durch gleichförmige, ordentliche Lebensführung mit Vorgarten + Sonntagskuchen + einer überdurchschnittlich hohen Selbstmordrate. Was 1 pfiffigen Mitbürger dazu bewog, 1 Bestattungsunternehmen zu eröffnen. Das Institut florierte derart gut, daß Jahre später 2 Filialen dazu kamen. Die Söhne des Bestatters erlebten einen so explosionsmäßig aufblühenden Wohlstand, daß ihr ganzer Lebenssinn im Geschäft mit dem Tod wurzelte.

Der Bestatter selbst fuhr einen supertollen amerikanischen Leichenwagen, er trug weiße Handschuhe + lächelte ständig 1 weißes Lächeln. Wir waren alle seine potentiellen Kunden + deshalb war er stets freundlich bemüht, das Gefühl zu vermitteln: bei mir seid ihr alle gut aufgehoben. Es wurde gemunkelt, daß er ständig seine Frau schrecklich verprügeln würde, aber das interessierte nicht weiter. Wozu auch. Jeder lebte für sich, Seite an Seite, und was innen passierte, das ging niemanden etwas an. Das war die persönliche Freiheit.

Das abendliche Freizeitvergnügen war Buntfernsehen gucken und 1x in der Woche zum Volleyball zu gehen, in die Turnhalle der

PROSA *BEATE RONIG*

Grundschule, wo das Weiterreichen von Vertraulichkeiten in der Friedhofskneipe nach jedem getanem Spiel für für die kommende Woche genug Sprengstoff für ganze Familienblutbäder geliefert hätte.

Ansonsten war samstags Putztag und sonntags Familienausflug im soliden Gebrauchtwagen über die Autobahn, um dort im Stau am Kamener Kreuz Butterbrote zu essen.

Mit 14 lernte ich Lui kennen. Dessen bester Freund der dicke Kalla war. Mittlerweile hatte WOODSTOCK stattgefunden und wir hingen barfuß und mit Stirnband in besagter Friedhofskneipe herum. Dort also lernte ich Lui kennen. Das wirklich Gute an ihm war sein Jeep DKW Munga. Den Rest gab ich mir ständig Mühe zu beschönigen. Sein Lispeln, seine dicken Lippen, seine winzigen Augen + sein Haferschleimteint. Ich liebte einzig den Jeep, aber das hätte ich niemals zugegeben. Außerdem war ich in meinen pubertären Minderwertigkeitsgefühlen fest davon überzeugt, daß sich niemand Besseres für mich hergeben würde. Also nahm ich Lui. Der besser war als nichts. Aber mieser als jeder andere. Er hatte keinerlei Bildung + das störte mich. Er war blöde wie ein Brot, neben seinem Freund Kalla jedoch attraktiv + schlau wie ein Fuchs. Deshalb war ich immer froh, wenn beide gemeinsam auftraten auf der Vorstadtbühne meines Kleinmädchentraumes vom Erwachsensein.

Lui lebte mit seinen minderjährigen Geschwistern zusammen in der neuen Siedlung. Seine Mutter starb ganz plötzlich, kurz bevor ich ihn kennenlernte + sein Vater 1 Jahr später. 6 Wochen vor Luis ältestem Bruder, der wunderschön war, in der Innenstadt in einer Haschisch-Kommune lebte und mit 25 an Knochenkrebs starb. Er hieß Hans-Willi und benannte sich um in Rio.

Nachdem also die halbe Familie dahingerafft war, grüßte uns der Bestatter noch freundlicher als zuvor. Wohl in der Hoffnung, daß wenigstens einer von uns die pechschwarze Ereigniskette nicht verkraften würde. Sein Lächeln war nicht anmaßend, sondern maßnehmend.

Ansonsten gab es nichts in dieser Siedlung. Außer 1 privaten Haus-Bier-Limo-Verkauf und mehreren Avon-Beraterinnen. Kein

Kino, keine Eisdiele, kein garnichts. Wir hatten nur uns.

Abends fuhren wir entweder mit dem Jeep 1 Runde durch die Gegend, oder wir rotteten uns am Straßenrand zusammen. Mit Blick auf die Bahnlinie Richtung Amsterdam. Die wenigsten aus der Siedlung fuhren mit dem Zug, die meisten warfen sich davor. Ein junges Mädchen z.B., von der es hinterher hieß, sie sei schizophren. Jedenfalls machte sie 1 Fehler, und sie starb nicht auf den Schienen, sondern überlebte als Krüppel ohne Beine. Was ihr von ihrer Familie schwer angekreidet wurde. Schöne, brave Töchter waren erwünscht und keine lästigen Pflegefälle, die man im Rollstuhl herumschieben mußte. Mit trostlosem Blick auf ihre Beinstümpfe entschuldigte sie sich den ganzen langen, dumpf in ihren Ohren dröhnenden Tag bei ihrer Umgebung. Als sie dann oft genug: „es tut mir leid" gesagt hatte, was ihr niemand glaubte, weil es sich immer anhörte wie „Ihr tut mir leid", vergiftete sie sich mit Schlaftabletten. Kommentiert mit dem Nachruf der Nachbarn beim Metzger „Haben Sie gehört, was diese Verrückte sich wieder geleistet hat?" Genervtes Aufseufzen, kurzer Blick zur Zimmerdecke unter unwillig gerunzelten Augenbrauen und das Ordern von 300 Gramm Fleischwurst. Die einfache, ohne Knoblauch.

Im Vergehen dieser Tage rotteten wir uns zutiefst gelangweilt mit Blick auf die Bahngleise und dem monotonen Rauschen der Autobahn im Nacken um ein paar Colas herum und starrten glasig in ein Nichts.

Vormittags ging ich zur Schule, und Lui + Kalla fuhren mit 1 Lieferwagen durch die Gegend voller Milch-Kakao- + Joghurtprodukten der Marke Lünebest.

Eines Tages nun taten Kalla + Lui ganz geheimnisvoll. Es gäbe eine kleine Party bei Kalla zu Hause. Dessen Eltern und Geschwister wären verreist, und deshalb hätten wir das Haus für uns. Es gäbe Joghurt + Kakao + Erdbeermilch der Marke Lünebest und ein Geheimnis, das erst auf der Party gelüftet werden sollte.

Ich machte mich also schön, badete in einem Avon-Duftbad, benutzte 1 Avon-Parfum + zog meinen hellblauen Rock + 1 weißen Acrylpulli von C&A an. Meine neuen Sachen, die ich mir zu Ostern gekauft hatte. Dazu zog ich 1 mokkabraune Nylonstrumpfhose von Aldi an und weiße Sommerschuhe von Kämpgen. Mit hellblauem Lidschatten und schwarzer Wimperntusche von Chicogo rundete ich mein Erscheinungsbild ab. Ich fand mich total klasse und klemmte mir eine schicke Handtasche unter die wohldesodorierte Achselhöhle und schritt wohlgemut auf die da meiner harrenden Ereignisse zu.

Im Wohnzimmer hatte Kalla Partyatmosphäre hergestellt mittels 1 Bündel Salzstangen auf dem Couchtisch sowie drumherum drapierten hochmodernen Aufblassesseln. Das Plastikmaterial ließ einen Pfützen schwitzen, und man kam sich mit hochrotem Kopf nach dem Wiederaufstehen vor, wie eine inkontinente Person auf Notlügensuche. Die Dinger waren hübsch anzusehen und schwer zu besitzen. Wenn nicht der Schwerpunkt des darin sitzenden Körpers genau auf die Mitte justiert war, kippte der Sessel um. Die Glut einer Zigarette brachte es zum Platzen. Der Sinn der Sache war, der herkömmlichen Schrankwand-Wohnzimmer-Idylle modisch eins in die Fresse zu schlagen und die Revolution zu verkünden.

Als erster Höhepunkt der Party waren als VIP's Blacky + Karin eingeladen. Das Traumpaar aus der Haschisch-Kommune. Die beiden waren geistig derart unterfordert von dem Ambiente eines kleinbürgerlichen Wohnzimmers und der Gesellschaft kakaotrinkender Teenager in Faltenröckchen, Ute + Ute + ich, daß sie nach wenigen Minuten ungläubiger Fassungslosigkeit im Laufschritt davonrannten. Kalla + Lui schluckten peinlich berührt ob dieser abrupten Entwertung der Party durch die entflohenen Stars des Abends, kamen dann aber überein, daß der Abend ganz große Klasse habe und daß die aus der Haschischkommune doch mittlerweile recht langweilig geworden seien. Alles nutzt sich nun mal ab, auch der wildeste Freigeist wird träge.

In ungebrochenem Selbstbewußtsein sassen wir also gemütlich beisammen. Kalla räumte flugs die guten Gläser wieder weg. Die bräuchten wir ja jetzt nicht mehr, wo wir wieder unter uns waren. Ute + Ute tauschten nebeneinandersitzend Bürotratsch aus. Sie machten beide eine Lehre bei dem gleichen Versicherungskonzern, der die halbe Innenstadt aufkaufte und Studenten +

Türkenfamilien, die bis dahin die geräumigen Altbauwohnungen zur preiswerten Miete bewohnten, in die unbgliebten Randbezirke raussanierte. Ute + Ute waren unpolitisch schlichte Gemüter und machten sich deshalb „keinen Kopf" um derartige Vorkommnisse. Sie hatten andere Probleme. Von Abteilungsleiter bis Zyklusstörung hätte alles in die BRAVO-Sparte „Dr. Sommer antwortet" hineingepasst.

Franz H. saß dabei + sagte nichts, wie immer, + kicherte pausenlos, ebenfalls wie immer. Ein äußerst zuverlässiger Mensch.

Dann war da noch ein Angeber aus der Nachbarschaft, der unentwegt mit dem Besitz seines BMW's herumprotzte. Ein absolutes Arschloch. Sein ganzes Sein war sein BMW. Ich glaube, daß er selbst nicht begreifen konnte, wie er zu so einer dicken Kiste kommen konnte. Wo doch so ein Renommierauto entweder von Rechtsanwälten oder von Terroristen gefahren wurde. Darüber dachte er jedenfalls laut nach. Wobei er in seinen selbstgefälligen Überlegungen einfach übersah, daß er, um die Karre zu finanzieren, ständig Überstunden am Fließband in einer Fabrik machte, auf Jahre an 1 Kreditvertrag gebunden war und nie in Urlaub fuhr. Mehr Benzingeld als für tägliche 40 km war nicht drin, und er konnte im Traum nicht daran denken, sein Kinderzimmer in seinem Elternhaus zu verlassen. Sein BMW + seine goldene Zigarettenpackung Marke Benson & Hedges waren seine Daseinserfüllung. Er legte die Packung immer vor sich auf den Tisch und betrachtete sie so stolz und liebevoll, als handele es sich um seine persönliche Qualifikationstrophäe in Gold für gepflegtes Dasein. Seine gesamte Wertvorstellung: teuer + golden. Das machte ihn in seinen eigenen Augen zu 1 Mann von Welt. „Niveau", nannte er dieses unsäglich alberne Gehabe.

Da wir gerne über ihn lachten, durfte er dazugehören. Den Krönungsknaller landete er, als er Ute + Ute, 2 sehr hübsche Blondinen, zu 1 kurzen Fahrt in seinem BMW einlud. Nur um mit ihnen auf den bekanntesten Autostrich der City zu fahren + sie unter dem Vorwand, Zigaretten kaufen zu müssen, zurückzulassen. Er brauchte aber gar keine Zigaretten, sondern stellte sich hinter 1 Gebüsch + sah gierig zu, wie sich lustwillige Männer mit Zahlungsabsichten Ute + Ute aufdrängten. Und näherte sich dann mit feistem Gehabe + lässig schlenkernden Autoschlüsseln seiner Karre, um die geilen Lüstlinge herablassend wegzugrinsen wie der große Mäc. Er, der es noch nie zu einer Freundin gebracht hatte + nun mit dickem BMW + 2 minderjährigen Blondinen auf der Rückbank den Strassenstrich aufmischte. Mann, oh Mann. + dazu glänzte seine Zigarettenpackung, (leer, liegt immer dort, wird ab + zu poliert), golden in der untergehenden Sonne. Weinend vor Glück genoß er diesen Moment äußerster Männlichkeit. Und nachdem er 1x laut gekräht hatte, ernüchterte er wieder + tadelte Ute + Ute heftig dafür, daß sie Kartoffelchips auf dem grauen Veloursbezug der Rückbank verkrümelt hatten. Da die beiden auch an ihrem Arbeitsplatz stets getadelt wurden, nahmen sie es einfach hin.

Lui + Kalla + Musik von Pink Floyd. Ummagumma. Cosmic Breakfast. Kuh auf dem Cover. Erdbeermilch + Kakao + Fruchtjoghurt.

Und dann zogen Kalla + Lui die angekündigte Überraschung aus der Tasche wie der Zauberer 1 weißes Kaninchen aus dem Hut : LSD-Trips der Marke Sunshine Explosion. Wir machten alle große Augen + hätten mit Sicherheit 1 Rheumadecke gekauft, hätte es sich hier um 1 bunten Abend mit Butterfahrt gehandelt, wenn nicht sogar ganze Stapel davon. Statt dessen gingen Ute + Ute plötzlich, + Kalla + Lui halbierten die winzig kleinen rosa Kügelchen mit 1 riesigen Messer. So einer Art Machete für Wohnzimmer mit Bambuseinrichtung. Jeder von uns bekam feierlich 1 Viertelchen von dem rosa Trip überreicht. Das spülten wir mit Kakao runter + warteten gespannt auf den großen Megaknaller, den wir jetzt erleben würden.

Erstmal passierte dann überhaupt nichts. Wir warteten + saßen rum + die Jungs meinten nach einer Weile, ihnen würde langweilig + die Dosis sei wohl zu niedrig gewesen. Also wurde die Teilungszeremonie mit dem großen Messer wiederholt. Es wurde halbiert, diesmal eher zügellos gierig anstatt andächtig feierlich + dann sprang 1 Teil des rosa Kügelchens vom Tisch auf den Fußboden + alle stürzten hinterher. Krochen auf dem Fußboden herum + suchten nach ihrem Party-Glück. Dann sprang Kalla auf, nahm das riesengroße Messer + rannte damit Franz hinterher. Er behauptete, Franz habe das Stückchen Sunshine Explosion gefunden + würde das nicht zugeben, um es alleine zu schlucken. + er, Kalla, ließe sich das nicht bieten + würde ihn abstechen. Franz rannte kreischend vor Angst immer um den Tisch herum + schwor, daß das alles nicht stimmen würde. Derweil ging der BMW-Angeber dazu über sein Hemd zu zerfetzen + dabei pausenlos zu lamentieren, wie teuer das Hemd gewesen sei + daß ihm das jetzt aber total egal sei + daß er dieses Hemd nun zerreißen würde. Weil wir diesem Akt der Zerstörung eines Oberhemdes nicht genug Beachtung schenkten, ging er vor die Haustüre + zerfetzte dort weiter + schrie die ganze Zeit: Ich zerreiße mein Hemd. Das Hemd ist nagelneu + von Nouvortne + hat über hundert Mark gekostet, aber ich zerreiße es jetzt. Das tat er ganz gründlich + als er damit fertig war, hatte er nichts mehr zu tun + ging nach Hause, Buntfernsehen gucken + Kataloge für BMW-Zubehör durchzublättern.

Ich selbst fühlte mich ganz wunderbar, federleicht + wohlig + Lui war schlecht. Er sagte, er würde mich jetzt lieber nach Hause bringen. Ich fand alles traumhaft schön. Die Reihenhäuser, die Bahnlinie im Abendrot, der Gesang der Autobahn, der wie sphärische Musik klang. Wir gingen Richtung Fußgängerbrücke zur alten Siedlung, wo meine Familie wohnte. Seit dem Auszug meines Vaters war das Dasein dort angenehm entschärft. Der Jugendtraum meines Vaters, Lagerkommandant in Auschwitz zu werden, war nie in Erfüllung gegangen. Er blieb dort immer nur eine kleine Nummer. (Meine Mutter behauptete, es habe daran gelegen, daß er des Lesens + Schreibens unkundig war + deshalb keine Anordnungen des Führers in schriftlicher Form ausführen konnte); um selbst Führer zu werden, dazu fehlte ihm erst recht das Zeug. Manieren hatte er nämlich auch keine. Er wäre bei jedem Bankett übel aufgefallen. Also gründete mein Vater sein eigenes KZ, nämlich unsere Familie, + Gottseidank wurde es ihm nach 27 Jahren zu langweilig, und er haute ab. Da ich erst viel später geboren wurde als meine Geschwister, blieb mir die Hälfte der Lagerzeit erspart. Meine Mutter war ohne meinen Vater ein Nichts, beschattete mich aber immer noch treu, und so ging ich nur nach Hause, wenn nichts

PROSA *Beate Ronig*

Besseres anlag.

Kurz vor der Brücke traf Lui Bekannte, die ich wiederum nicht kannte und die in 1 VW saßen. Der Fahrer stieg aus + schüttelte Lui jovial die Hand + sie begannen 1 Plauderei über was weiß ich. Ich hatte mich auf 1 Bordsteinkante gesetzt, das war damals modern, + träumte vor mich hin. Ich kam wieder zu mir + lag auf der Motorhaube des VWs, die Windschutzscheibe zart tätschelnd + preßte Küßchen für die Frau, die steif auf dem Beifahrersitz saß + sich an ihre Handtasche klammerte, aufs kalte Glas. Irgendwie ernüchterte mich dann ihr befremdeter Gesichtsausdruck + ich kletterte wieder runter. Lui verabschiedete sich von seinem Bekannten + wir gingen weiter. Vor dem Konsum wurde Lui schlecht. Ich setzte mich auf 1 Mäuerchen + bewunderte verzückt das Vorgartenbeet von Nistulis + wunderte mich darüber, wieso mir vorher nie diese grandiose Schönheit von wohlgesetzten Blumen + Immergrün aufgefallen war, (im Gegenteil nannte ich das Zeug sonst verächtlich Alptraumveilchen und Nimmerschön), während Lui gnadenlos vor den Konsum kotzte. Würgend + sich immer wieder aufs Neue erbrechend; selbst das wirkte irgendwie schön. Zumindest anschaulich. Es stand ihm. Es machte ihn markant. Ich war hochzufrieden. Alles war klasse. Er brachte mich nach getanem Werk nach Hause + verabschiedete sich an der Türe.

Zu meinem großen Bedauern fand bei uns daheim noch Programm statt. Tante Grete guckte im Buntfernsehen die „Lustigen Musikanten" + Mama spülte in der Küche Geschirr ab. Ich begrüßte alle + tat möglichst beiläufig + fand mich in einer brenzligen Situation vor 1 Plastikkörbchen voller gelber Pflaumen. Ich stand davor + streichelte gerührt ob ihrer Schönheit die oberste Pflaume + beteuerte ein ums andere Mal, wie schön sie sei. Von dem stechenden Blick meiner Mutter, der sich mir stumm fragend in den Rücken bohrte, kam ich wieder zu mir + erkannte blitzschnell die Situation. Ich lobte noch mal die gelben Pflaumen + meine Mutter persönlich für diesen guten Kauf. Dann zog ich mich zurück nach oben + ging mir erst mal die Füße waschen. Dabei hatte ich 1 Fuß fast auf Kinnhöhe im gefüllten Waschbecken + der andere Fuß kroch hinter mir die Wand hoch bis zur Zimmerdecke.

Ich machte ruckende Bewegungen, um das Bein zurück auf den Fußboden zu holen, was mir aber nicht gelang. Das Bein wurde immer länger und mein Fuß kroch über mir an der Zimmerdecke herum auf der Suche nach Abenteuern. Statt dessen kam meine Mutter herein, selbstverständlich ohne anzuklopfen. Sie sagte mal empört auf meine Bitte hin, soweit käme es noch, in ihrem eigenen Haus anzuklopfen. Sie wäre nicht Gast, sondern Besitzerin. So stand sie nun da + beäugte mich mißtrauisch. Ich versuchte mein Bein durch Anrucken zurückzuholen + lenkte derweil meine Mutter davon ab, indem ich sie dazu brachte, aus dem Fenster zu sehen. Dort verstecke sich gegenüber 1 Mann im Gebüsch. Sie starrte raus + ich nahm schnell meinen Fuß aus dem Waschbecken + trocknete ihn ab + ging ins Bett.

Froh alleine zu sein, schlief ich langsam ein, getragen von dem Singsang der Autobahn. Ich träumte in Magiccolor daß ich in dem Jeep säße zusammen mit wunderschönen jungen Menschen + wir führen über 1 wunderschöne Autobahn sanft hügelabwärts + hügelhinauf. Hoch + runter. In weichen Wellen. Rechts + links grünte dichtes Laubwerk + 1 phantastische Musik schwebte über der ganzen Landschaft. Mein Ich flüsterte mir während dieser Fahrt verzückt zu: du lebst in einer wundervollen Reihenhaussiedlung + dein Freund hat 1 Jeep.

Claudia Pütz

hum-m-di-dumm-welt (Auszug)

7 MORGENWEG.

Oder: Warum Frau Blutwurst der Maul- und Klauenseuche erlag

Kaninchenlöcher gibt es nicht. Jedenfalls nicht mitten in der
Stadt, und schon gar nicht, wenn der Boden asphaltiert ist.
Die Kaninchen hätten ihre liebe Mühe, das muß man einsehen.
Also fiel Frau Blutwurst in kein Kaninchenloch und sah somit auch all die Dinge nicht, denen sie sonst begegnet wäre.
Das muß man wissen. Besonders, was Frau Blutwurst betrifft.
Sie ist ständig auf der Suche nach diesen Löchern. Und weil
sie nie welche findet und eigentlich auch gar nicht weiß, wo
sie suchen soll, bummelt sie den ganzen Tag durch die Stadt,
kauft mal hier, kauft mal da, bis die Plastiktüten platzen.
Eines Tages läßt Frau Blutwurst das ganze Zeug liegen.
Sie schließt die Augen, betastet Ampeln, einige Kraftwagen,
und ein paar BÜRGERSTEIGE. Es sind die immer gleichen FLÄCHEN!
Frau Blutwurst fürchtet, auf ein UM-ding zu stoßen, dem die
Regelmäßigkeit der Form fehlt, die vertraute Kühle, die berechenbare Struktur. ach! Frau Blutwurst ist ein bißchen neugierig auf solch ein um-ping! Aber sie findet es nicht. Es
gibt kein UN-ding! Das kann es auch nicht geben, nicht hier.
Frau Blutwurst müßte jenes Kaninchenloch finden, in das sie
fallen könnte, um - mitten im Fallen - nach dem Orangenmarmeladenglas zu greifen, das in einem ungeputzten Regal steht.
In diesem Rest Orangenmarmelade läge vielleicht ein UN-fing.
Ein - zugegebenermaßen - sehr kleiner UM-s\•\•. Aber er hätte
eine wirklich unregelmäßige Form, und seine Oberfläche -
selbst Isidor würde das bestätigen - ist gänzlich unberechenbar.
Leider sind die Kaninchenlöcher zubetoniert. Die Orangenmarmelade verschimmelt, und Frau Blutwurst wird durch die ganze
Tasterei an Maul und Klauen VERsäuch✈.t.

ALLEECHEN WALD. ❸

Isidor verließ das Spielzeuggeschäft in höchster Eile. Über
»**Getöse an einem ganz geWÖHNlichen Morgen**« war er nicht informiert. Mit Höchstgeschwindigkeit bog er in den Pionierweg ein, da tickerte es in seinem rechten Fühler.
»**E-A-S-Y/E-A-S-Y** --- bitte kommen.« ☎
"Hier **easy--easy**+.Ich bin schon unterwegs." ☎
Vor ihm tauchte **BOMMERICH** auf. Isidor fuhr mit überhöhter Geschwindigkeit und hätte ihn fast überfahren.
»**Rattatamm**«,schrie Isidor in den Fühler,»**rad-tat-am.m**.
In rasendem Tempo donnerte er über eine große Kreuzung.
"Wechseln Sie das Kenn-Zeichen", quäkte es aus dem Fühler,
" und kleben Sie sich ein **O AUF DEN PO**!" 📼
Isidor wunderte sich über die gewöhnliche Ausdrucksweise,
pikiert gab er Gas.
Der Fühler quakte. ☎
"Besuchen Sie die **VENUS** ! Haben Sie verstanden? Die **ven-us**!
Herr **DOKTOR KAPP—ES** erwartet Ihren Bericht.«
Isidor quälte sich über die Landsteiner. Es ruckelte und holperte.
"Können Sie nicht richtig **SPRECHEN**?"räderte Isidor in den Fühler. In diesem Moment fuhr er über einen besonders großen Stein.
Es knackste furchtbar laut, fast hätte er sich ein Rad gebrochen.
" **ha/\o/**.«Der Fühler blieb stumm.
O auf Po!? Der Venus??? Was soll denn DAS??!
Aus diesen vermaledeiten, codierten Durchsagen wurde wirklich
kein Mensch schlau. Bestenfalls ein **Schneck-rat**.
Isidor verlangsamte das Tempo und bog wieder ab. Zur **Weh-Nuß**.

CENTRUM.O.

Die städtischen PLAKATKLEBER hatten alle Hände voll zu tun.
Die gesamte Innenstadt war verstopft - überall standen kleine,
niedrige Kleisterwagen mit den dazugehörenden Plakatkarren,
beladen mit einer UN- Zahl bunter Bilder. Auf den Trottoirs,
in Nebenstraßen oder direkt auf den Ladentischen lagen zu-
sammengerollte Fettgesichter mit aufgeworfenen Lippen und
sprungbretthohen, strahlblauen Augen.
Die Plakatierung ZUR GROSSEN ZIEHUNG hatte begonnen. Von
jeder Hauswand prangte ein AN-sch/ag, - man hatte weder
KOTZEN noch MÜDE gescheut.
Die Informationen waren zahlreich:

**TEILNEHMEN KANN JEDE/R,
DER seine 27 sinne beisammen halt.**

Damit auch jeder von dem großen Ereignis erfuhr, wurden Hand-
zettel von Handzettelverteilern verteilt, die man für diese
Zettelwirtschaft engagiert hatte. Die Plakatkleber und die
Handzettelverteiler erhielten dafür

1 - AnZettel - PLAKAT - KLEBEgeld

Das war nicht viel.
Aber das machte NICHTS.
Hauptsache: KLEB! & zetteln.
Die An-Schläge (manche wurden über Türen & Fenster geklebt)
waren so frisch, daß sie BLASEN warfen. Der dickflüssige
Kleister verursachte Knollennasen und Wulstlippen. Oder
Ochsenfroschaugen. Hin & wieder auch dicke Pickel auf der
glattrasierten Haut. Natürlich verschwanden solche
→ KÖRPER - end - STELLUNGEN →
sobald der Kleister angetrocknet war. Dann hingen an den Häu-
sern, über den Fenstern und auf den Türen ganz aalglatte Ge-
sichter. SCHaal - MATT , sagte die Frau aus dem Fischgeschäft,
die so gerne Aal aß. Leider vertrug sie ihn sehr schlecht.
Überhaupt wurde im Allgemeinen davon abgeraten, Aal zu sich zu
nehmen. Er war - so hatte man festgestellt - viel zu FETT.
Und unverdAUlich.

PROSA

Vor dem Fischgeschäft, auf der anderen Seite der Straße, bürstete ein Plakatkleber den frischgeklebten An-Schlag glatt. Als auch die letzte Gesichts-UN-Reinheit beseitigt war, stieg er von der Leiter und kratzte sich die Nase, während er las:

Grosze Pokehr-ParTy!

Anfäßtlich der GROSSEN ZIEHUNG geben sich DIE KARTEN zu 1ner neuen SPÜLRUNDE

AUF zur ZIEHUNG! A

Herr DOkTer KAPPES ref. G 297
Herr GRaU
Herr BLUMENSTR.AUS
Herr Pinscher

AUF & nieder ZiehUNG! B

GRÜNE GRELLE KRALLE
die flinken FLAUEN
die KomPROMIsstEN
DIE GERÆCHTEN

DIE VER-ANSTALTunG steht unter DENK MALISCHUTZ
dem motto
SCHICKSAL! Einer wird gewinnen.

AUFSICHTsBekaNNTe, die sich von der RICHTIGkeit der ZiehUNg überzeugen werden

HERR FLICK-FLACK®
HERR KNURPS
HERR PREßSACK (u.v.a.)

UNterhalt-zahme Endsorgung DURCH DAS
BULLscheu-BALLETT MIT DEM:
EM-BÄLLTLICHEN BEITRAG:
» die kleinen grünen TÄNNCHEN «

WIR DANKEN DEN SPONSOH!REN
TOITSCHE WALD Ah! Geh!®

Der Plakatkleber kniff ein Auge zu und entdeckte einen enormen
Wulst in Höhe der angeklebten, breitflächigen Nase. Verwegen,
so ein Nasenhöcker! Eine wirkliche PO KEHR-Visage!
Der Plakatkleber beschloß, auf diesen Nasenhöcker zu setzen.
Ein **Last**kraftwagen brummte vorbei und warf mehrere Handzettel-
pakete auf der Straße ab. Sofort stürzte eine Hand**ZETTEL**ver-
teiler**SCHAR** auf die Pakete los, - ein wildes Hand**Ge**MENGE entstand, bis die Pakete in halbzerfetztem Zustand von der Straße
verschwanden. Der Plakatkleber streichelte seinen **KL**EINEN
kLeisTERWAGEN mit liebevollen Blicken. Wenigstens **IHM**
blieb dieser TÄGLICHₑ K®AMPF ER⟳SPart!
Erleichtert klemmte er sich die Leiter unter den Arm und schob
sein Wägelchen mitsamt dem Plakatkarren die Straße hinunter.
Die Handzettel**verteiler** ver**ZETTEL**ten sich völlig.
Gro**ße**/dr**ÜNNE**/sch**WARZE**/grauhe/**sch**L**AulE** Zettel
schwirrten durch die Gegend. Fing man einen davon auf, war darauf zu lesen: **SPIELEN SIE** mal wieder mit!
SEtZen SIE AUF den **GEWINNER**...
es lohnT sich (IMMER)!

Oder: ☛ DAS **SPIEL** DES **JAHR**es!
EINER GEWINNT! (S)
IMMER.

Oder: ☛ **ich** GEWINNE.**für sie**!
(KEINE BANGE!)

Plötzlich: ᵢ𝒸ₕ ᵍᵉʷⁱⁿⁿᵉ
setz dich auf mich**ₒₕ**...!
(der Zettel wurde schnell aus dem Ver**KEHR**,
Oder: SIE gez.ogen)
Gehwinnₘmehr, SIE!
Die sch**AUEN**Zettel erfreuten sich besonderer Beliebtheit.
Man konnte sie am besten als Notizzettel benutzen.
Kleingedruckt, fast V**E**rschämt, stand dort geschrieben:
SEtZEN SIE bloß nicht
AUF...!
DER spieLT **falsch**/**O**hje.
(DAS IST UN**moral**isCH/**O**weh.)

LYRIK

Rolf Persch

kaltblütig

applaus bedeutet ihm nichts, es sei denn, er bekommt keinen

wie soll ich es sagen, was soll ich wie tragen? gestaltungswille ist
unübersehbar, dieser dichter kleidet sich keineswegs gleichgültig.
das ist nicht immer billig und mit den überwiegend bescheidenen
honoraren, für die wenigen lesungen, kaum zu bezahlen; seine
bücher, die in kleinen auflagen erscheinen, liegen lange. hin und
wieder kommt er nicht drum herum sich zu fragen, ob er nicht
besser schauspieler geworden oder meßdiener geblieben wäre.

der meßdiener wäre seiner mutter am liebsten nie begegnet. und
mit leerem magen zur prozession gegangen.
bei des meßdieners erster fronleichnamsprozession wirken sich
aus des meßdieners nervöse natur sowie die fordende fürsorge
der mutter des meßdieners.
ein kräftigendes frühstück hat dem meßdiener dessen mutter
zugedacht, sie will nicht enttäuscht werden.
des meßdieners aufregung, dazu sein gefüllter magen, es ist ein
unglück, sich vor all diesen leuten übergeben zu müssen.

ob er seinen magen füllt, bevor er sich dem zuhörer kaltblütig
stellt, bleibt ganz und gar ihm überlassen. als dichter hat er nicht
annähernd soviel publikum wie bei der fronleichnamsprozession,
der inzwischen aus den kleidern eines meßdieners gewachsene.
gewiß, die gläubigen hatten nicht ausschließlich seinetwegen am
straßenrand gestanden, zu jeder prozession gehören neben dem
geistlichen ein paar meßdiener, rot und weiß gewandet. und
bordsteinkanten.
im wesentlichen sollte es um den leib des herrn gegangen sein.

LYRIK

Rolf Persch

eine zigarette in den hund stecken; wo hinein in ihn

im gedränge auf dem „platz der versammelten toten" steckte
ich fest, in den rahmen lärmvoller hitze gespannt, und zündete
mir eine gute marokkanische zigarette an.

sah marrakesch, darin einem esel eine zigarette zwischen
die zähne gesteckt. beifall. an der zigarette gezogen hat
er meines wissens nicht. vielen hier wird alles abverlangt.
sidi harazem, es bedarf ihrer quelle, ich schwitze.

mehr abartiges abgerungen wird diesem tier. der dompteur
nimmts, scheints, gelassen, der esel grinst. vielleicht gefällt es
auch einem esel besser rauchen zu müssen, als vor einen
überladenen karren gespannt, kleingeld an land zu ziehn.

die kontrolle verspricht

die kontrolleure sind häßlich. genügt es
nicht, daß sie kontrollieren?

häßlich sind, die kontrolliert werden. genügt es
nicht, daß sie sich kontrollieren lassen?

ich versuche mich zu kontrollieren. was sollte
schön daran sein?

selbstkontrolle erspart einem
die kontrolleure nicht.

wer der ansicht ist, es geht ohne kontrolle, den gilt es,
einer tiefgehenden zu unterziehen.

ROLF PERSCH

die frage nach der totengräberin; trag sargen

eigenhändig särge versenken sah ich frauen nie.
habe mancher beerdigung beigewohnt.

wenn ich dort einziehe wünsche ich mir
kräftige frauen, vier, die meinen sarg tragen.
oder eine hübsche, kleine riesin.

hier steh ich nun im sitzen, da wollte ich nicht

am straßenrand stehen poller stramm, um
auszuruhen, lehne ich mich an
einen an.
dieser poller hat nichts besseres zu tun, als
eindringlich zu werden. und
läßt nicht los. das
ist mehr als ich vertrage.

                              ich stehe blöde im sitzen,
                              bedarf der kühlung, was
                              für ein malheur, was
                              für eine hitze, ach, sieh nur,
                              wie ich schweißgebadet
                              unabkömmlich bin.

am straßenrand stehen poller stramm, um
auszuruhen, lehnte ich mich an
einen an.
dieser poller hatte nichts besseres zu tun, als
eindringlich zu werden. und
läßt nicht los.

LYRIK

Rolf Persch

aufstieg und fall

mineralwasser bitte mit kohlensäure, die eineinhalbliterflasche,
vielen dank.
mit dem gaswasser gefüllt will ich aufsteigen, ich visiere den
höhenflug an. die flasche setze ich an die lippen und nicht ab,
bevor sie geelert ist.

es funktioniert. langsam steige ich, samt kopf ein ballon,
bin gehoben, ich schwebe davon.
nicht lange. abrupt gehts abwärts. dem niedergang voraus ging
lauthals eine gasentweichung, die, wäre sie hinternwärts erfolgt,
kurzfristig schubkraft bewirkt hätte, in die entgegengesetzte
richtung, ich wäre runter ein weilchen länger unterwegs gewesen.

schweinenackenbratenbrot

ein haschischkater resistent, auch gegen verabreichte
kalte schauern, dämpft.
die cellophantüte hat sich gestreckt, im waschbecken im bad,
dahinein zusammengedrückt geworfen, eine knappe stunde
zuvor, aus der wanne, bis zum hals des badenden werfers voll
wasser gefüllt, an diesem heißen tag, nach dem abendlichen
leichenschmaus tags zuvor, zu ehren des, so sagen sie, nicht
alt gewordenen, meine meinung, immerhin siebenundsechzig.

er pflegte zu sagen, that's it.

reimt sich zusammen, kaum ein getränk

dieser dichter kann vom ertrag aus seiner arbeit kaum
einen heben gehen. manch einer sagt, recht so, der soll,
ich erinnere an das urintrinken, zu sich nehmen, was er
verbricht. könnte ja sein, daß das für besserung sorgt.

Bert Papenfuß

(Arbeitsversionen)

sturmgesang der baltischen horden

wenn der norden den osten küßt
werden die schwarzen fahnen gehißt
blauweißgestreift die unterwäsche
aus der wir preschen in die bresche!

wenn krusenstern wieder segelt
häkkinen wieder fährt, totleben widersteht
& michail alexandrowitsch aufersteht
wird hier nur noch baltisch palavert
deutsch wird geheimsache & das friesische
erste obligatorische fremdsprache

wenn der norden den osten küßt
wird in den blauen dunst geschifft
die „bunte kuh" schwarzweißgebeizt
den pfeffersäcken tüchtig eingeheizt

störtebeker unvergessen ist gerächt
unvergessen auch die kuba-krise
& bert brecht, die leichte brise
oben im finnischen ist gut exil
wenn man wirklich was vorhat
zwischen kiel & kronstadt

wenn der norden den osten küßt
werden die weißen laken gehißt
niebieskoczarni spielen wie sau
im glanz der finsteren frontfrau

LYRIK

Bert Papenfuß

es jault der gassenhauer der betten
durch den schauer, unter dem ich kauer´
erneuert punk rock & erheitert den mitjok
tief sitzt der schock im ganzen westblock
denn die pruzzen obsiegten den borussen
raubten den luschen sämtliche tussen

wenn der norden den osten küßt
werden die schwarzen fahnen gehißt
frischfrankfröhlichfrei der totenkopp
flattert himmelhoch vom gekaperten topp

lütt klüsen & fixküsen

scheiß auf den sextanten, käptn bligh
der große wagen kommt auch so vorbei
den smutje gibts als katzenfrühstück
ab in die wanten, kurs auf gut glück

an der rahnock stinkt der commander-in-chief
in seinem arsch steckt noch der kaperbrief
die eigene kappe tief ins gesicht gezogen
durchpflügen wir die überbordenden wogen

dat war ik fletchern vertellen
denn möten wi na barbaresken hen
mit den söten sultan sien sägen
warn wi dat alls woll henkregen

petze, petze, sing man tau, tsingtau
denn in uns drin brennt noch der gin
zwei nehmen, vier, sechs, acht, mau-mau
tief hinter der binde liegt insulinde

BERT PAPENFUSS — LYRIK

ineinander verbissen hüten wir die kissen
was wir wissen, werden wir nicht hissen
wir warten noch auf den späten nebeldreh
dann machen wir auf den sack voll flöh´

dat war ik fletchern vertellen
denn möten wi na barbaresken hen
mit den söten sultan sien sägen
warn wi dat alls woll henkregen

als korsaren sind wir gefahren
war filibusten nach maß & muster
als piraten hat man uns verbraten
waren jungpioniere & bukaniere

der staat ist das schwarze unterm nagel
das putzen weg samt dez & zagel
zu verbieten ist uns verboten
unsere gebote müssen wir noch ausloten

käptn bligh sett tony blair nu bi
den brugen tausamen de niege liberty
fletchern hemm de fidschis afmurkst
& de mulap is lang all utbüxt

gossenhauer

einsam stand mal ein hydrant
der war dem löschzug sein garant
wenn´s mal brannte, war was los
auf den spritzen wuchs schon moos

wir angelten sachsen
sie waren uns gewachsen
die bullen waren noch auf zack
& ein jeder nach unserem geschmack

LYRIK

Bert Papenfuß

wenn´s nichts zu feiern gab
soffen wir eben bloß noch
wir waren haarsträubend
& das sehr überzeugend

unter uns floß wasser gas & strom
fernwärme, scheiße & das staatstelefon
unter uns fettabscheider & masthalter
pegel, meßpunkte & wasserzählerschächte

der buderus blues versüßte uns die nächte
& das beste war für uns das schlechte

der osten war flüssig
wenn auch nicht liquid
der westen vollgepumpt
furztrocken abgestumpft

wir bauten kleine fallen ein
erst wackelt der längstaufsatz
dann wird er nächtens weggeschafft
so sackt man ein das tourischwein

da lacht der einlaufschacht
da biegt sich der sinkkasten
da freut sich der schlammfang
vor gülle jauchzt das senkloch

unter uns floß wasser gas & strom
fernwärme, scheiße & das staatstelefon
unter uns fettabscheider & masthalter
pegel, meßpunkte & wasserzählerschächte

der buderus blues versüßte uns die nächte
& das beste bleibt für uns das schlechte

j.w.d.

draußen im speckgürtel albaner
strauchritter & andere werktätige
ringsum sumpf & übungsgelände

dem mucker droht
in sprelacart
der heldentod
in voller fahrt

wir verwandeln moore in fette weiden
urwälder in üppige flure, landdünen
in blühende obstgärten & umgekehrt

& immer wieder
sonne & sand
hinter den kiefern
blitzt der strand

die mobile schwimmblattgesellschaft
prosperiert im faulschlamm, das MEGA
sorgt für sicherheit bis kurz nach acht

von anfang an dabei
geben wir feuerschutz
mach dich schon mal frei
so gemein scheint eigennutz

wir lieben die heimat nicht
als sumpf oder als wüste usw.
sondern um des genpools willen

LYRIK

Bert Papenfuß

nichts als luche
in keiner gegend
ist keiner da
außer metall

lazarettfrühling

schweiß rinnt von den wänden
im keller klatschen die wellen
blut pocht, lymphe bäumt sich auf
die hitze fliegt; ich geh wohl drauf

i was born in a black dog
tschjornui pjoß is my boss
bettet den räudigen bock
auf das heimgesuchte moos

über die dünen, in den hafer
der geordnete schutthaufen fern
greift mich bald der wilde kläffer
guli-guli-gu, zur letzten ruh, & gern

i was born in a black dog
tschjornui pjoß is my boss
bettet den armseligen bock
auf das heimgesuchte moos

mir eichts, ich schlage aus
ich lebe auf, & fang von vorne an
da hinten brennts; ich muß hier raus
& am schwarzen strand stehen meinen mann

i was born in a black dog
tschjornui pjoß is my boss
schlackert mit den ohren
ein bock ist euch geboren

BERT PAPENFUß

boddenterror

arg geschiemannt nehmen wir willkommen
der bodden blüht, die rotte modert
sechsundsechzig & siebzehnundvier
wisch du ma´mir; alles ist bier

der schiefe blick des terroristen bricht
bilcrat ersetzt uns ab sofort gagat
& ausgekippt den vater mit dem staat
gevatter tod erstattet lagebericht

vom scharbock genesen, wälzen wir scharteken
lösen scharaden & haben den lenz an bord
böse sei der mensch, listenreich und klug; & nun
zum tagesausklang das standrecht vom vortag

kadettendämmerung

stichling, bückling & stint
dürre auf der darre in der derre
eine spalte spint hängt noch im spind
derweil ich dorre & gereiche mir zur ehre

stets hat der jung mit igelschnitt
im stiefelschaft sein messer mit

das soldatenspiel ist verdorben
sie haben uns zum eisbruch gepreßt
& hatten uns doch mit südfrucht geworben
wir halten an der konstituellen demokratie fest

wir sind die kamarilla von morgen
& werden uns das kapital besorgen.

LYRIK

Frank Willmann

100 jahre ddr (Auszug)

ALLES, WAS DIE SOZIALISTEN VOM GELD VERSTEHEN, IST DIE TATSACHE,
DASS SIE ES VON ANDEREN HABEN WOLLEN.

(PARTEIFREUND ADENAUER)

1
wie gewonnen so zerronnen

der besondere weg landete
im müll dem faible zur festen quote
verfasste die vorgruppe in possierlicher
halftertotale es gab kompott komplett
im mai dimmte man die lichter klaffte
ein blitz empfahl er sich alsbald alliiert
ein wahres hühnerrupfen klang durch die
gute stube halb auf dem
handgelenk schwankend bat der kölner um
die hand der tochter graue haare bringts
mahnten die & die
am ende standen 66 prozent jastimmen zur einheitsliste

2
vom ersten traktor/wiederaufbau

herumstehende schwere geschütze
dem ami eins auf die mütze
horch zwickau liess die dielen knarren
im grauen sachsen tobten die fünf
sinne der säugling plusterte
kollektive landwirtschaft ausrotzend
sein haupt junkerland in bauernhand

Frank Willmann **LYRIK**

& ab ging die luzy die schmucke
kleine ddrmaschinenausleihstation
in groben gegenden mit hart
umledertem herze pflügte gen
hauptstadt manch dachdecker ostsee im
geföntem haar wich der juli wichen
diverse tage unter der führung des brecht

3
servuz sbz/verfaSSUNG

die servuzgemeindemitglieder am eckigem
tisch im frischgrauem oktober
meinten tun wirs & tatens
unteilbar tönten proteste aus bonn
doch der schlaue nabel hauptstadt
berlin von feinden berannt
winkte nur lässig mit der harke
tja bourgeoisie ein mann wie eine
eiche ging mit einer föhre ins
bett heraus kam dabei als
die kuh übers dach flog
wer nun wer ja wer
die ddr

4
wir stehen an der wende/gründung ddr

pieck liess sein lachen im takt
des auferstanden aus ruinen
begucken zum futtergesang blökte die
meute im handumdrehn entkehlte nachtigallen
mochte man meinem am firnamente
winkten scheu mit & ohne jubel
manch thüringer im arbeiterheer

LYRIK

Frank Willmann

erdnah die erdscherbe die erbsensaat
umkrampft kämpfte im stillen
für klasse
heimat & land
leider hüh hott
gabs hott hüh
opfer beim opferabschaffen
platzten nähte hielten dämme nicht
hielt am ende nichts

5
gleich & gleich gleich gleicher/cdu lpd etc.

raumpflegerinnen ich hab so ne grille
sich selbst zu loben schickt sich nicht & schadet
wenig so auf
blockflöte mach die wahlurne zur
papiermühle dem lande lenins ewig verbunden haben
wir deinen platz gefunden du vielsprachiger wackelhals
ab sofort siehs andersherum ob im hübschen kulturraum oder
auf verlorenem posten ein hurra ohne schmiss verheisst
stossgebete kosten lob am tag & zur nacht
die partei den koloss
der arbeitermacht grüsst baimler nicht daimler
sonst mager im lager unübersehbar
wie die kremlglocken sollst du über
dem radio hocken lausch dem kongress
der kpdsu lass ab von den weibern hör stalin zu

6
alles ist nichtig & getändelt muss doch werden/stasigründung

brach die tagsonne ab schön
schneidige suchhunde durchgeknallte
abknaller gaben gesäng daneben

lag schon die musspritze einszweidrei
in preussischblau das durchsichelte zeitrad
atmete finstres negativum der tugend es
erwachte zugleich jäh & schrecklich der
küchengeist erneut seine gesellen gingen
daran in steinalter art der blindheit sich nicht
als einzelne wahrnehmend ihre stimmen
verrieten unverhohlne winkelzüge insektenhaft
folgten sie der anmut der macht der knoten
war gerissen die köpfe konnten eingerannt werden

8.
glück wollts ochs kalbte/stalinallee stadtschlossrestesprengung

ersoffene stadtschlossidylle oh erste
helden der arbeit ihr verdienten
erfinder kommender stadtlandschaftssindflut
ihr henselmänner & sandsackinstallateure stalinscher
prägung die passworte eingetütet & n
fingerbreites wodkachen die kehle hinab ein
prosit auf die gemütlichkeit & das recht der partei
ihr eier ihr nebligen eigentlich unbelichteten typen
die ihr im ulbrichtgeschwader heranbrauset
das unter den linden die linde sich hob
& staub vom denkmal des friedrich zog
im robin-hood-wind eurer grossen tat

9
berliner pegelsenkung/realismusdoktrin zk

der ein oder andere bekam eins
an die backe gehetzt wurd im übertragnen
sinn als das zk übern realismus palaverte
bog sich das licht übern
balkon unkraut fortuna nassauerte der

LYRIK

Frank Willmann

sachse ab mit der bildenden kraft
hebe sich frei & licht die gebildete despotie
mühelos empor tausend schulfüchse gediehen
halbseriell & hohllippig starkes grau im
latsch fuhr der minuswind ins land
eine tiefe ebbe trat ein das haar
krümmte sich in der suppe
gott krachte walther lachte

10
wenns geht läufts/2.1.52 erster naw ddr protest gegen deutschlandvertrag abriegelung der grenzen

& ab mit dem mörtel gen tor & mauer
zum berge türmt sich geröll bis die
sonne schien zwischen flur & zimmer
war das leben eine lust freute sich der
mensch unter menschen wippte vom
ast sperlingsgraue vogellast nebenher
auch die zungen zwang keine frage mehr
unverwandt & mit staunender braue
hob sich der tag hob man sich in ihn
innerhalb des ddrgemüts flockte lichtes azur
der wahn sonderte spontanität ab während in
den vorzimmern am fliessband an der
grenzziehung gefeilt wurde

11
hasenbespurt im bejahbaren seheramt/6.11.52 das hausbuch wird eingeführt

im schwierigen verein der unaussprechlichen
ohren nasen & augen handhabten sich

die bürger das ähnlichmachen der zungen
setzte sich fort bis fragen ausblieben mit
unverwandt staunender braue trieben
einige leiber im fluss das brot lag
deutlich an späten tischen glitt
kein engel danieder als hausvater
ihre sinne gebrauchtem im sinne
aller küchengeister voll hoher
auswege wurde die unschuld verspielt

12
adolfs mitförster /stalins tod 53, neuer kurs etc.

die ergänzung trat aus der erinnerung hervor
als der schiefe charakter gen acker gebuckelt wurde
die vulkanische präzision des herrn der raubtiere
sich ausgeschissen hatte gedachte man seiner opfer
im staub wars ein lüsterner traum des künftigen tabuwesens
wars eine welt unter der glasglocke
es war eine menschenwelt eine welt
wo der mensch sein eigentliches wesen zeigte
ein russisches gegen&mitstück zu dem
was wir unter macht & zivilisation verstehen

13
als der schuh drückte/17.juni

keine gute ader schwebte
offenbarte s blut aus dem ellenbogen
kein engelsbein glitt hernieder
was besprochen wurde über flanierte
im nebelschauer in knalliger
montur als die bauarbeiter die kelle
drohend schwenkten rollten gekämmte
staksbrüder

LYRIK

Hadayatullah Hübsch

Die Wegwerfschlacht in der Pank-Straße zu Berlin

Die Punks in Kiel wollten es gar nicht glauben, als
Ich ihnen erzählte, daß es in Berlin
Eine Pank-Straße gibt und außerdem
Eine Untergrundstation namens Pank,
Aber dann sind wir doch losgedüst, in einem wackeligen
VW-Golf oder so ähnlich, Marken sind
Schall und Rauch, erklärte mir der,
Den sie Heini nannten, weil er wie Heino aussah,
Er drehte sich eine Zigarette aus einem Tabaksbeutel,
den er mit den Kippen gefüllt hatte,
die auf dem Kieler Hauptbahnhof so zwischen 7 Uhr
und 7 Uhr 30 anfallen, jedenfalls
Kamen wir trotzdem nach Berlin, es war schon
Ziemlich Nacht, an der ersten Tankstelle,
Die rund um die Uhr geöffnet hatte,
Kauften wir uns einen Lageplan,
Schließlich erreichten wir das besetzte Haus,
Zuerst wollte uns keiner reinlassen,
Es war alles verbarrikadiert,
Wir trommelten uns die Fäuste wund,
Endlich erscheint einer mitm Mondgesicht am Fenster
Des obersten Stocks und schrie,
Verpißt euch,
Wir schrien zurück,
Wir sind doch die Punks aus Kiel,
Der Typ brüllte zurück,
Ich kenn euch, alles nur Tarnung, Ihr seid Bullen,
Erst als wir geschlossen im Chor
Anarchy in You-Key sangen,
Glaubte man uns und erklärte nach dem ersten Six-Pack,
Daß sie aus sicherer Quelle wüßten,

Daß heut nacht die Erstürmung ihrer Heimstatt fällig sein
würde,
Wir machten große Augen, daß uns solch Glück
Beschieden war,
Und beteiligten uns in dem, was sie Küche nannten,
An der Herstellung von betonharten Kartoffelknödeln,
Die wir als Geheimwaffe einzusetzen gedachten,
Dann tranken wir nochn Six Pack,
Und dann nix wie in die Heia,
Um ja frisch ausgeschlafen zu sein,
Wenn die Mannschaftswagen anrückten,
Einer, der schon seit einer Woche auf Speed war
Und nicht schlafen könnte, selbst
Wenn man ihm dafür ein Kilo Ecstasy schenken würde,
Hielt Wache,
Er sollte ganz laut
Hope I get old before Punk dies
Schreien, wenn sie auftauchten,
Natürlich schlief er dann doch, als sie kamen,
Was aber nicht ganz so schlimm war,
Denn es waren nur zwei,
Ein Mann und eine Frau,
Und sie überbrachten uns ein Schreiben des Regierenden
Oberbürgermeisters mit dem Friedensangebot,
Wir könnten ja in dem Haus wohnenbleiben,
Wenn wir dafür einmal die Woche draußen die Straße
Fegen würden,
Das war natürlich ein Schlag ins Gesicht,
So nicht,
Und,
Nicht mit uns,
Sagten wir mit vereienten Kräften,
Und,
Angriff ist die beste Verteidigung,
Kurzum,
Penny war es, die sich den CD-Player schnappte
Und ihn den beiden Grünen auf den Kopf warf,

LYRIK

Hadayatullah Hübsch

Später entschuldigte sie sich dafür
Sie habe gedacht, es sei
Die Wärmflasche von Heini gewesen,
Nunja, wir johlten,
Als die beiden die Flucht ergriffen.
Nach einer halben Stunde waren sie wieder da
Mit 222 Mann im Gepäck
Und einem Feuerwehrwagen,
Zum Glück hatten wir in einem Kilometer-Umkreis
Alle Wasserleitungen abgedreht,
Der Punk von heute liebt Luxus und wäscht sich mit Altbier,
Also konnten die da unten nicht spritzen,
Während wir da oben begannen
Mit den betonklotzharten Knödeln zu werfen,
Die Beamten reagierten gelassen,
Erste Verletzte wurden mit Rotkreuzpflastern in Neonfarben
Versorgt, dann gingen sie zum Angriff über,
Ein Dutzend von diesem verlotterten Haufen
Hatte beim letztjährigen Nebelkerzenwerfen den ersten
Platz in Fuhlsbüttel gemacht,
Die warn jetzt in ihrem Element,
Wir, nicht faul, schnappten uns die Nebelkerzen,
Während sie in die Zimmer flogen,
Und schmissen sie zurück,
Während Alice dazu
Smoke on the water auflegte,
Ich hab keine Ahnung auf was, denn der CD-Player
War ja schon weggeworfen worden,
Aber irgendetwas zum Apsielen muß sie wohl noch
Aufm Dachboden gefunden haben,
Kurzum, nach 20 Minuten
Stand es unentschieden,
In den Staub mit allen Feinden Brandenburgs
Schrie dann ein Oberoberpolizeioberhauptmann,
Woraufhin die Polizisten ihre Knüppel zogen,
Die dann in einer konzertierten Aktion
Von ihnen weggeworfen wurden, wer weiß wohin,

HADAYATULLAH HÜBSCH LYRIK

Nun, einige landeten im Schlafzimmer von Jörgi,
Der das gar nicht lustig fand
Und als Gegenreaktion seine Ikea-Sperrmüllcoach zerlegte
Und die Teile aus dem Fenster schleuderte,
Leider aber hatten die Polizisten inzwischen
Ihre Scharniere heruntergeklappt und die Schilde
Aufgezogen, so daß niemand einen Splitter abbekam,
Trotzdem war es für einen der ihren nun zuviel des
Guten,
Wie wir später erfuhren, stand er im Verdacht,
Ein Undercover-Agent zu sein,
Von wem und für wen, das ist eine andere Frage,
Jedenfalls war er notorisch dafür bekannt,
Daß er in Konfliktsituationen Schokoriegel aus seinen
Weiten Taschen zu ziehen pflegte,
Als wären es Revolver,
Um sie brutal grinsend an die üblichen Verdächtigen
Zu verteilen, in unserem Falle
Hatte er aber nicht mit unsyerer gesammelten Sauwut
Gerechnet,
Kaum sah er so aus,
Als würde er seine Rechte in eine seiner Taschen stecken,
Zogen wir unsere Zwillen und schossen
Mit allem, was nicht niet&nagelfest war,
Und das war nicht wenig,
Die da unten standen somit im harten Regen unserer
Wegwerflaune,
Wir da oben aber begannen zu schlottern, als wir merkten,
daß uns die Munition ausging,
Eins kommt zum anderen,
Die da unten merkten das auch,
Also warfen wir in höchster Not ihnen unsere Zwillen
Auf die gefönte Haartracht,
Nun, die Herrschaften hatten was übrig für Feedbacks,
Sie lasen die Zwillen vom Boden auf,
Und uns unsere Angst vom Munde ab
Und rissen sich eifrig alle erreichbaren Uniformknöpfe

LYRIK

Hadayatullah Hübsch

Von allen erdenklichen Uniformteilen und dem,
Was ein friedfertiger Mensch noch nicht einmal im Traum
Für eine Uniform halten würde, und ballerten zurück,
In diesem Moment, wie sollte es anders sein,
Ich erwähnte es bereits, wie süß er war, aber wer hätte das
gedacht,
Griff der liebe Polizist ein, der Mann
Mit den Schokoriegeln war kein eindimensionaler Mensch,
Er war sogar äußerst vielseitig veranlagt,
Weswegen er daran gedacht hatte,
Für den Fall der Fälle ein paar Tüten
Himmelblauer Eisbonbons zu kaufen,
Die also warf er nun mit einem Lächeln,
Das wir als Honey, I love you dechiffrierten,
In unsere Richtung,
Und uns wurde ganz seltsam,
Um nicht zu sagen klebrig
Zumute, was
Hätten wir dieser überwältigenden Wegwerfgeste
Denn noch entgegenzusetzen?
Gehetzt blickten wir uns um,
Aber unsere Augen trafen nur kahle Wände,
Leere Regale, das heißt, genauer gesagt,
Leere, denn die Regale waren auch nicht mehr da,
Und wenn wir über uns schauten,
Sahen wir nur die nichtvorhandene kalte Glühbirne,
Selbst den Teppichboden hatten wir
in vorausgegangenen Attacken
Schon zerfetzt und aus dem Fenster geworfen,
Also gings nun ans Eingemachte,
Zuerst zogen wir unsere Jeans, dann die T-Shirts aus
und warfen sie aus dem Fenster,
Als die Polizisten uns aus unseren Kleidern einen Strick zu
drehen versuchten,
Indem sie sie an herumstreunende Katzen verfütterten,
Wußten wir,
Keiner kommt hier lebend raus,

HADAYATULLAH HÜBSCH — LYRIK

Aber wir blieben cool
Und riefen:
Raucherpause
Aus dem Fenster, was von allen beglückt aufgenommen,
Wurde,
Während die Polizisten ihre Marlboro Lights rauchten,
Qualmten wir Heinis Spezialmischung,
Bis nichts mehr da war und nichts mehr ging und das
Höchstens noch fünf Minuten,
Sollten wir also aufgeben oder uns übergeben,
Lautete die Schicksalsfrage,
Während die Beamten im offenen Vollzug
Jetzt ihre alten Wegwerffeuerzeuge durch die rabenschwarzen
Fenster warfen, hinter denen wir kauerten,
War es Egon, den wir nur Ego nannten,
Oder Erich, der nie wußte, ob er nun er oder ich war,
Oder war ich es gewesen, der anfing,
Jedenfalls begannen wir,
Uns die Silberringe aus den Ohren zu rupfen,
Ida und Adi entfernten außerdem behende alle erreichbaren
Piercings,
Und mit solchem Edelmetall bewaffnet begaben wir uns
In die finale Runde,
Unten hatten sie indessen Verstärkung angefordert,
denn auch die Helden sind mal müde,
Und gerade als drei Gulaschkanonen und ein
VW-Bus mit frischgebackenen Brötchen um die Ecke bog,
Griffen wir an,
Wir warfen um uns, was wir hatten,
Und als wir das nicht mehr hatten,
Zogen wir die Tätowierungen aus und warfen sie
In die vom vielen Waldmeistertrinken geröteten
Polizistengesichter,
Und in der Tat,
Wir siegten auf der ganzen Linie,
Wir ergeben uns, rief der Polizeihauptmann,
Der die Aktion leitete,

Denn auch er wußte,
Gegen Glück kämpfen Narren selbst vergebens,
Mit anderen Worten,
Alle Polizisten,
Die noch nicht verwundet in die umliegenden Krankenhäuser
Geschafft worden waren
Oder sich mittlerweile totgelacht hatten,
Zogen rasch die Unterhemden aus und winkten Frieden,
Wir aber lagen uns in den Armen,
Wobei es uns gar nicht auffiel,
Daß die meisten von uns gar keine Arme mehr hatten,
Weil sie im Eifer des Gefechts ebenfalls
Nach draußen geworfen worden waren,
In diesem Moment aber klingelte das Handy von Willy,
Später wollte er nicht zugeben,
Daß er es nicht auch längst zum Fenster hinausgeschmissen
Hatte,
Aber Tränen lügen nicht,
Denn als die Stimme aus dem Kanzlerbunker,
Sanft fragte,
Ob wir nicht Lust hätten,
Mal schnell in die Eifel zu jetten,
Um an der Hochzeit von Himmel und Hölle teilzunehmen,
Blieb uns nichts anderes übrig,
Als vor Dankbarkeit zu weinen,
Nur Alice war ein wenig skeptisch und fragte
Die sanfte Stimme,
Wer eigentlich die Hölle
Und wer eigentlich der Himmel sei,
Doch als sie zur Antwort bekam:
Immer der, der fragt,
Wußte auch sie,
Warum die Pankstraße Pankstraße heißt.

VIS.-LIT. /TEXTUREN & BILD(ER) -GESCHICHTEN

FALL EW

William Globe: **staff** halb **Ja**
100
halb Nein

The cream sov it
YOU be late we..

Erich Wilker

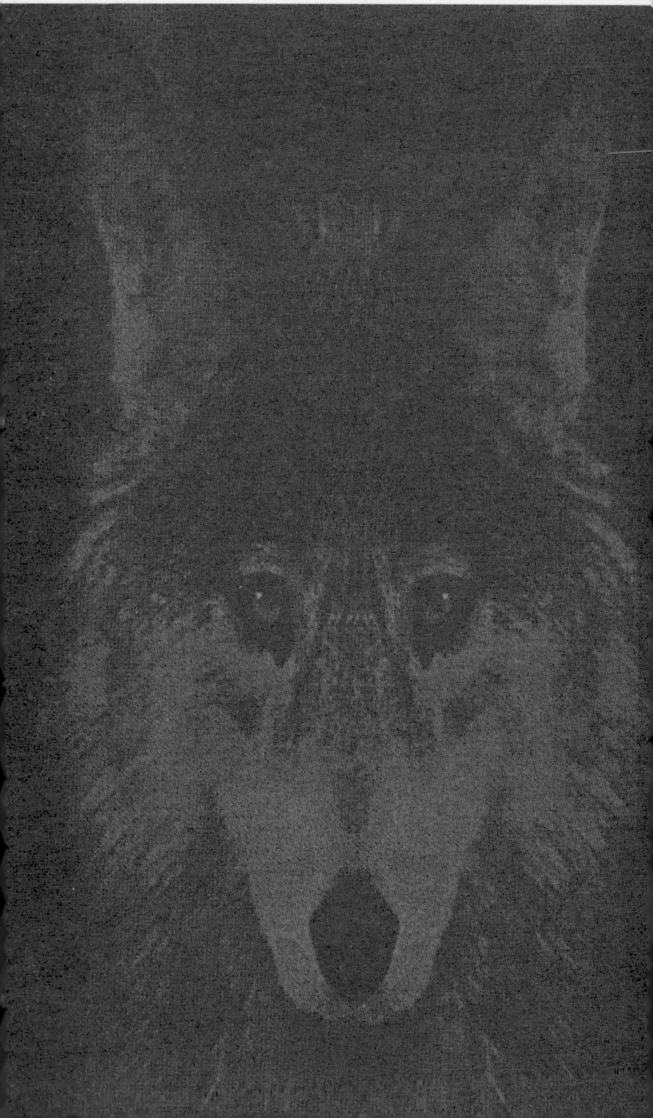

„after the blowjob - life is easy"

>> horse cock kids

VIS.-LIT. *Roland Bergère*

DOA

**jet / torpedo wake / walker / B.cake / shoes / woman / monkey / nuke moon / Pipo / astroman / TVman / oasis / seagull / brasier.
(7 from...)**

Support by Radical Egal

ROLAND BERGÈRE **VIS.-LIT.**

DOA Fig.1

VIS.-LIT. *Roland Bergère*

DOA
Fig.2

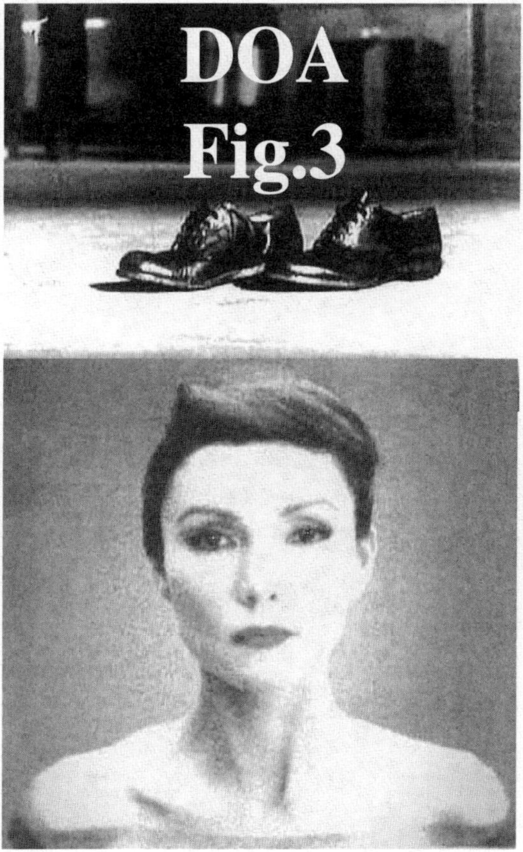

Roland Bergère   **VIS.-LIT.**

DOA Fig.3

VIS.-LIT. *Roland Bergère*

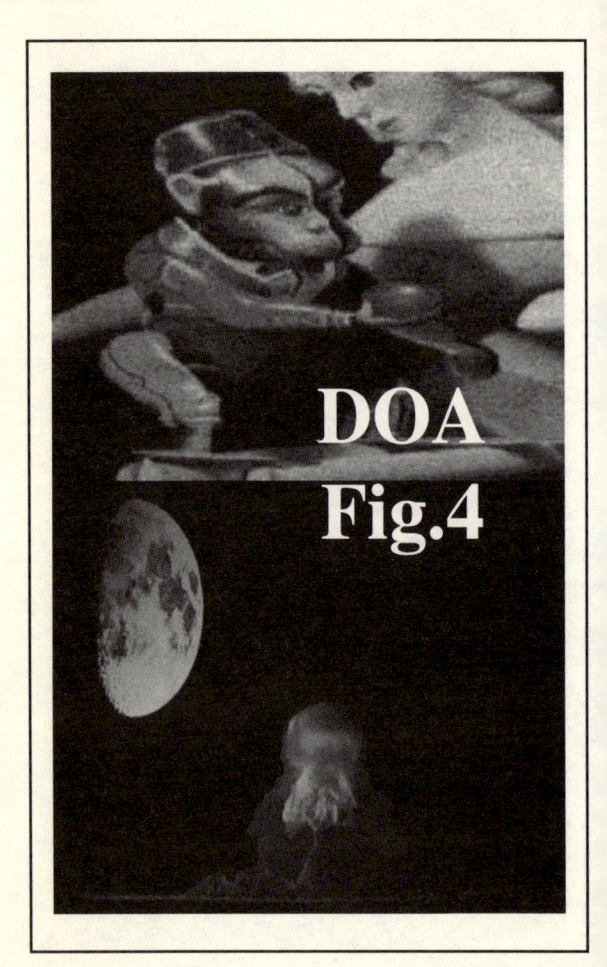

**DOA
Fig.4**

Roland Bergère **VIS.-LIT.**

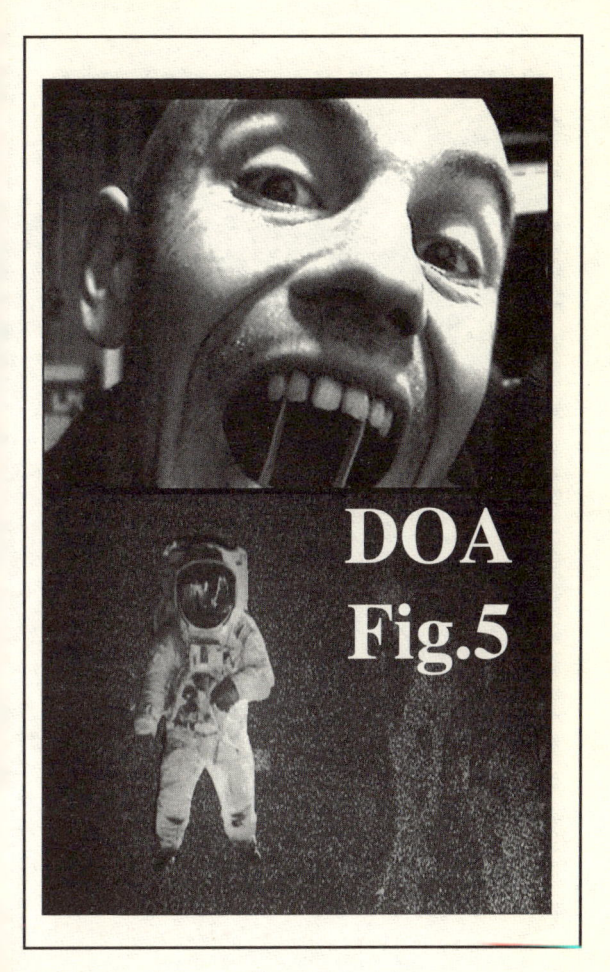

DOA Fig.5

VIS.-LIT. *Roland Bergère*

DOA Fig.6

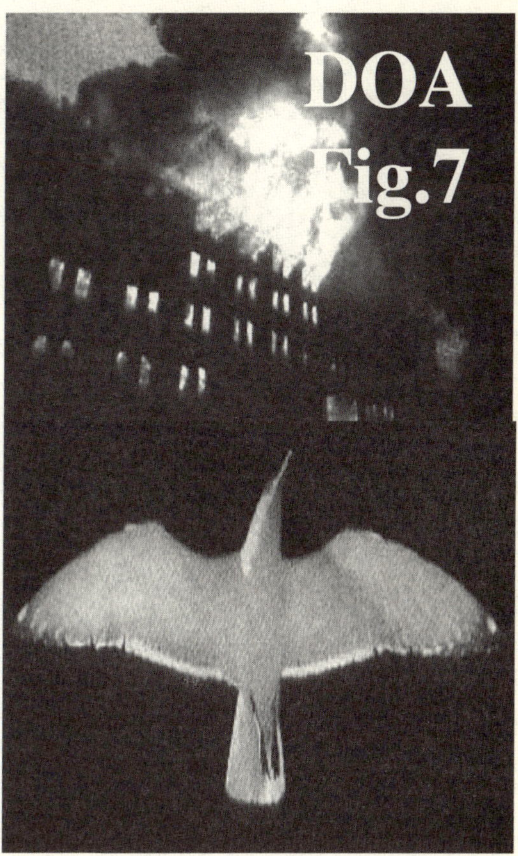

DOA
Fig.7

VIS.-LIT.
Roland Bergère

you get the pictures so what's the matter?

DOA

is a part of the project

NO SATIS-FICTION

R.B. 1998

BILD(ER)-GESCHICHTEN

Dietmar Pokoyski:
„H"-Einbuchstabengedicht

BILD(ER)-GESCHICHTEN *DIETMAR POKOYSKI*

Dietmar Pokoyski:
"A"-Einbuchstabengedicht

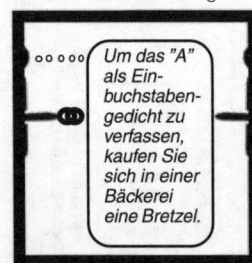

Um das "A" als Einbuchstabengedicht zu verfassen, kaufen Sie sich in einer Bäckerei eine Bretzel.

Fordern Sie in dem Laden eine Person Ihrer Wahl zum Bretzelbrechen...

...auf! Stellen Sie sich vis-a-vis gegenüber, packen Sie beide jeweils die Bretzel...

...mit dem Zeigefinger. Dann stecken Sie die Köpfe...

... soweit vor, bis sie sich berühren...

...und das „A" bilden!

(Auszüge aus 5 GIF-Animationen zum

DIETMAR POKOYSKI   **BILD(ER)-GESCHICHTEN**

Dietmar Pokoyski:
„y"-Einbuchstabengedicht

In einer Tabakhandlung Ihrer Wahl rauchen Sie stehend zur Probe eine Pfeife.	Im demjenigen Moment, in dem der erste Rauch...
...aus dem Pfeifenkopf hochzieht,...	...während das Gerät in Ihrem Mund...
...steckt, bildet sich...	...das Einbuchstabengedicht „y"

Internet-Projekt „URBAN Ro/uT(ES) EVERYWHERE, 1996)

BILD(ER)-GESCHICHTEN

HARALD 'SACK' ZIEGLER

HARALD 'SACK' ZIEGLER   **BILD(ER)-GESCHICHTEN**

BILD(ER)-GESCHICHTEN *R. J. Kirsch*

R. J. Kirsch

im konjunktiv der dinge

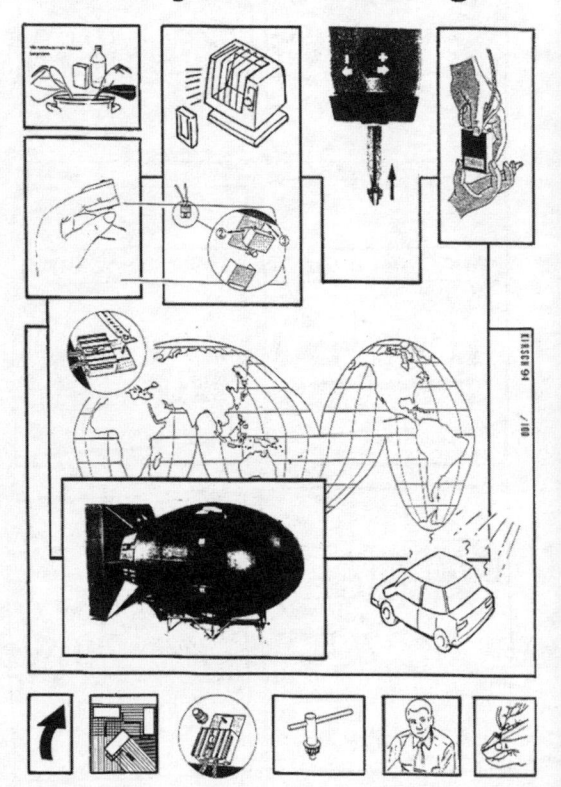

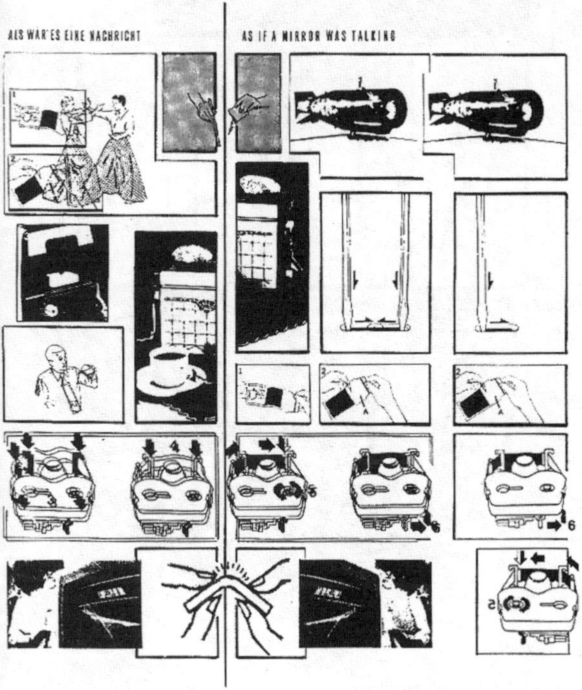

R. J. Kirsch

BILD(ER)-GESCHICHTEN

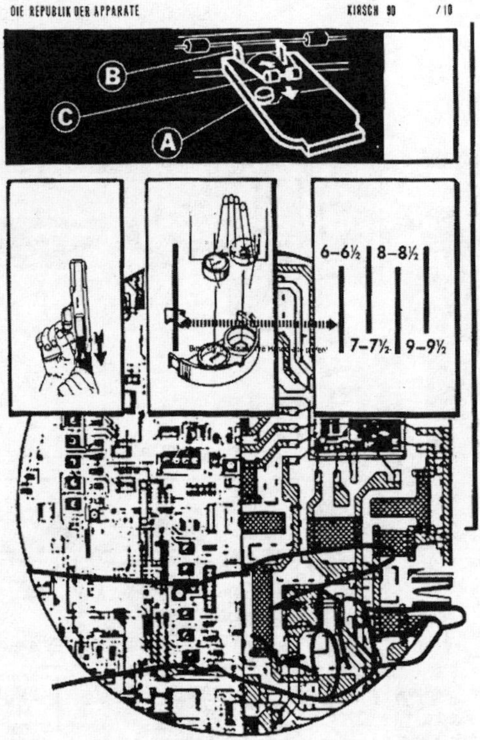

BILD(ER)-GESCHICHTEN *R. J. Kirsch*

R. J. KIRSCH   BILD(ER)-GESCHICHTEN

HOW TO USE THE WORLD

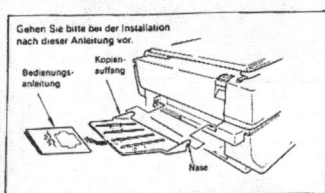

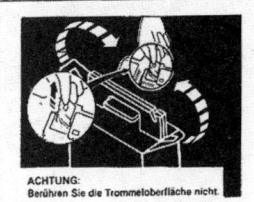

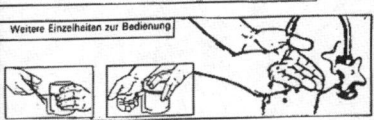

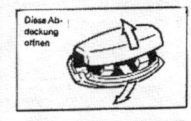

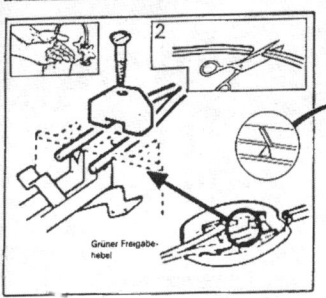

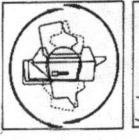

BILD(ER)-GESCHICHTEN

R. J. KIRSCH

HOW TO USE THE WORLD

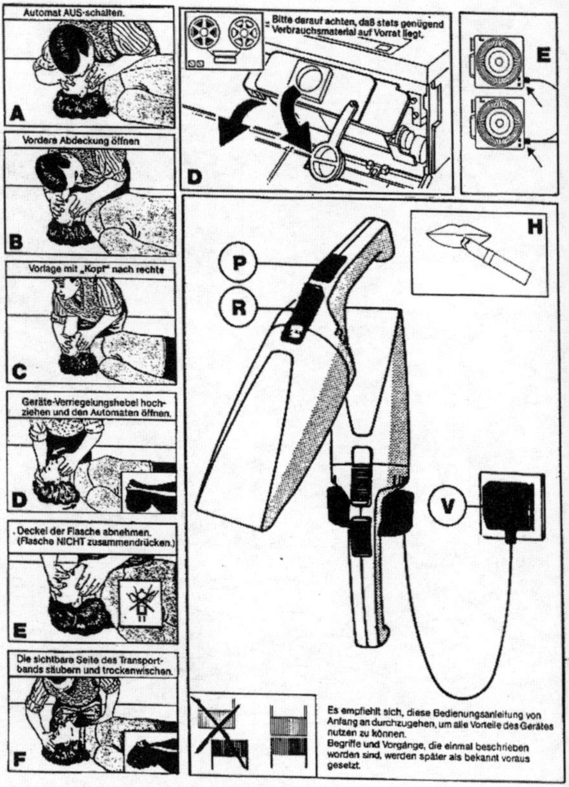

R. J. Kirsch **BILD(ER)-GESCHICHTEN**

HOW TO USE THE WORLD

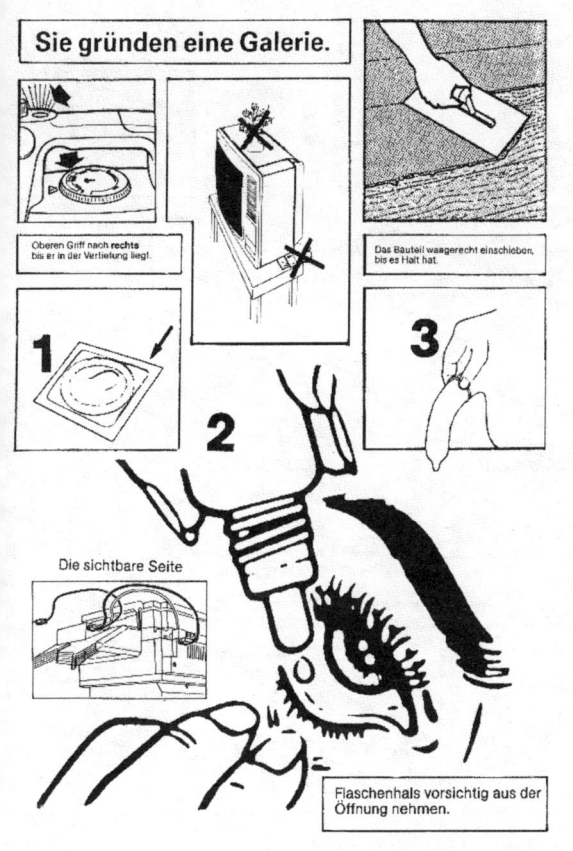

Sie gründen eine Galerie.

Oberen Griff nach **rechts** bis er in der Vertiefung liegt.

Das Bauteil waagerecht einschieben, bis es Halt hat.

1

2

3

Die sichtbare Seite

Flaschenhals vorsichtig aus der Öffnung nehmen.

ROLF J KIRSCH 1989

● Kopien wie üblich erstellen.

HOW TO USE THE WORLD

Handhabung

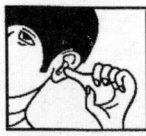

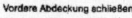

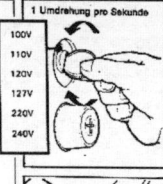

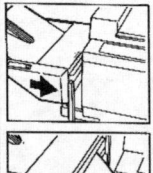

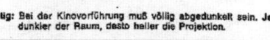

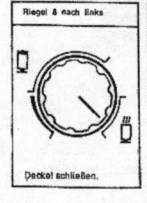

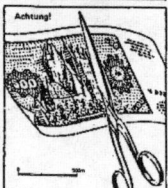

Deckel öffnen

ACHTUNG
Dieser Bereich kann heiß sein.

Vordere Abdeckung schließen.

1 Umdrehung pro Sekunde

100V
110V
120V
127V
220V
240V

Wichtig: Bei der Kinovorführung muß völlig abgedunkelt sein. Je dunkler der Raum, desto heller die Projektion.

Riegel 8 nach links

Deckel schließen.

Man gehe mit einiger Vorsicht zu Werke

Achtung!

ROLF J KIRSCH 1989

● Kopien wie üblich erstellen.

BILD/
(KUNST)

diese Seite und nächste Seiten: 4 Sprühschablonen von Marcus Krips

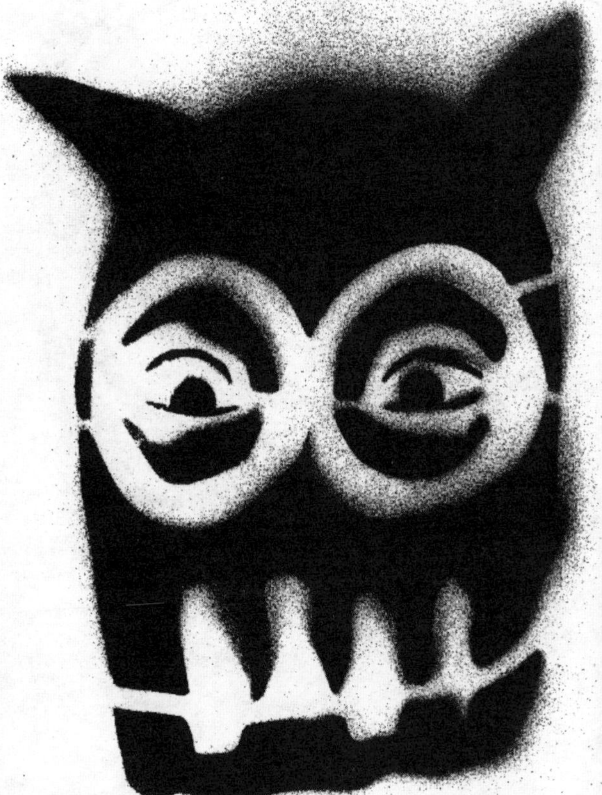

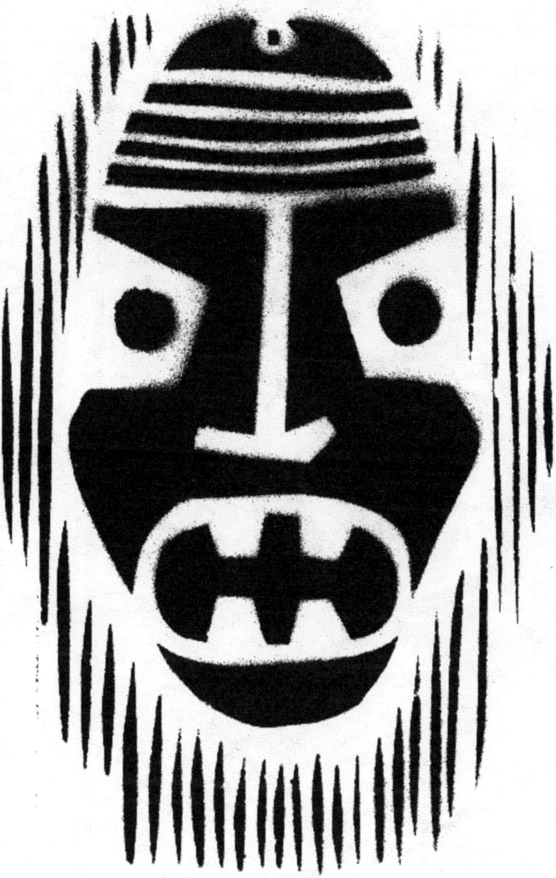

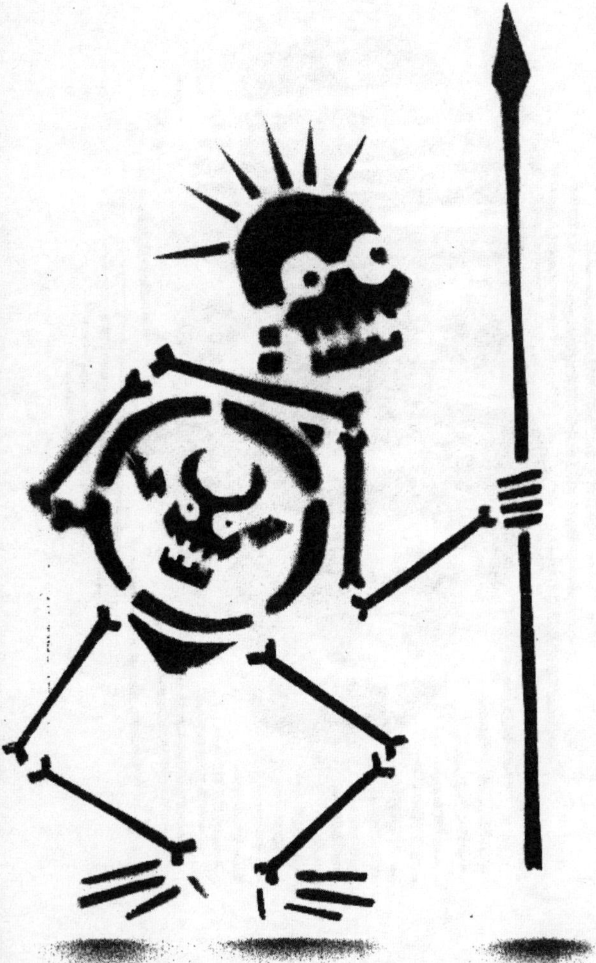

Parzival: Pissecken 1, 5, 3, 7:
(von links oben nach rechts unt.) Ur-Pissecke Schildergasse/
Burghöfchen, Finanzamt Köln-Ost, Siegesstraße, CDU-Verwaltung, Pipinstraße, Yachthafen, Wasserschutzpolizei am Rheinufer

Parzival: Pissecke 2:
Haupteingang Rathaus, rechte Frontseite, Rathausplatz

*Parzival: Pissecke 6:
Rückseite Stadtverwaltung, Brückenstraße*

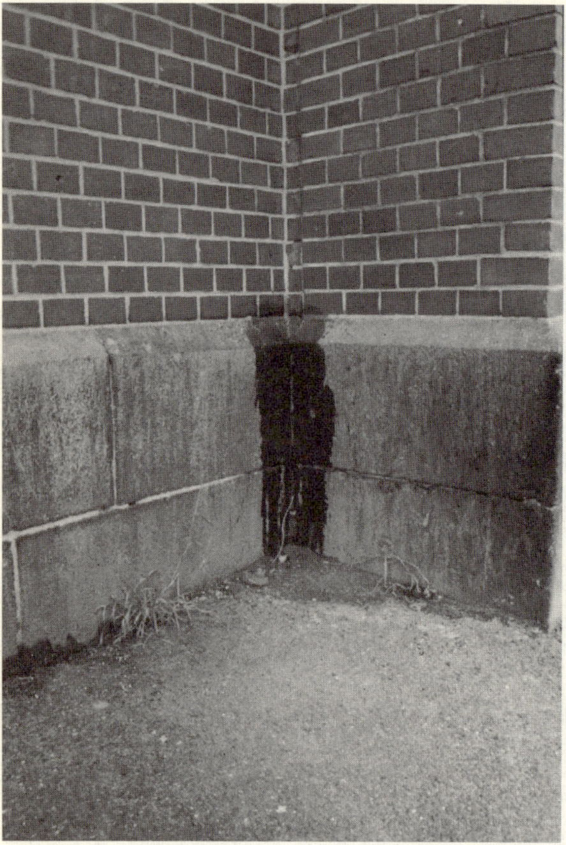

Parzival: Pissecke 4:
Rückseite Deutsche Bank, An den Dominikanern

*Parzival: Pissecke 8:
Polizeipräsidium, Waidmarkt*

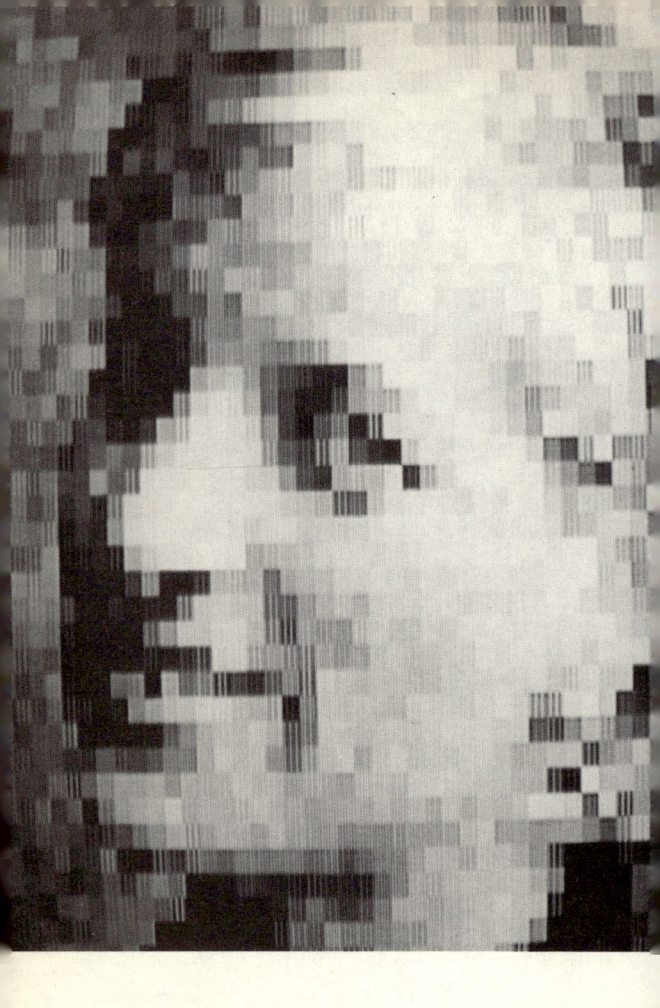

Daniele Buetti: „Diana digital" (1998/diese u. nächste Seite/n)

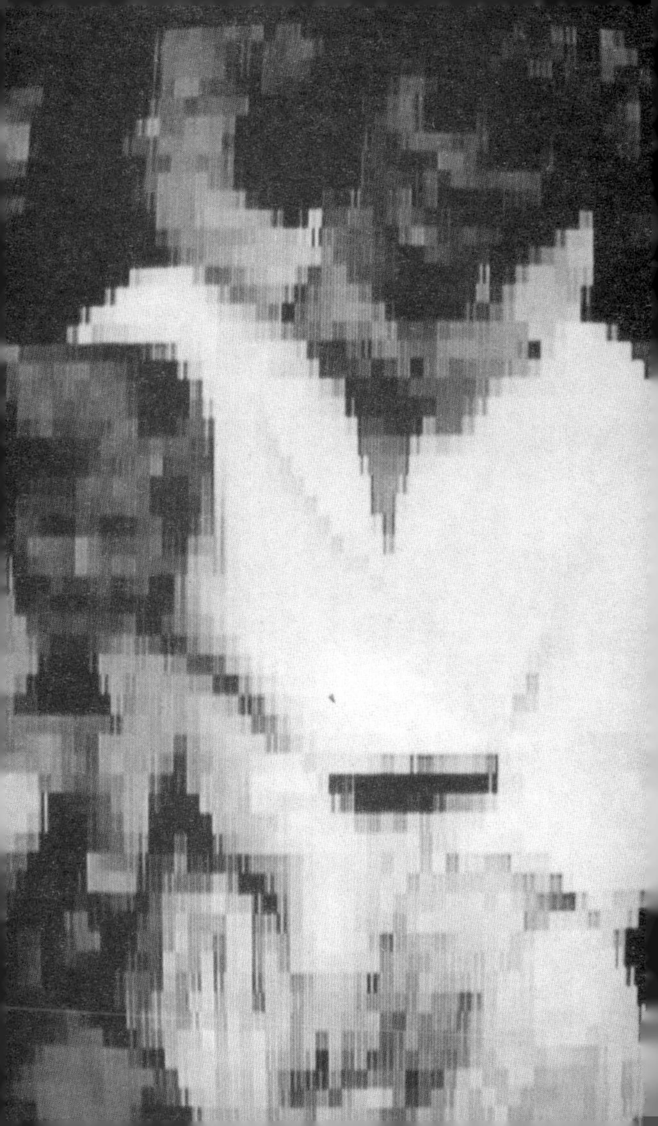

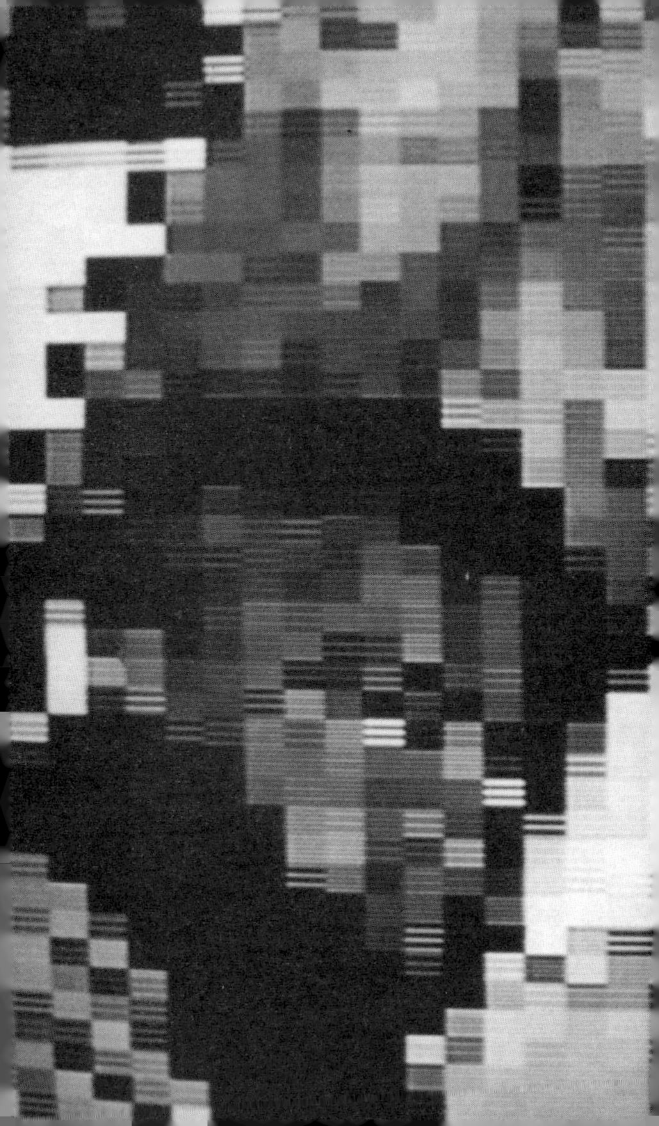

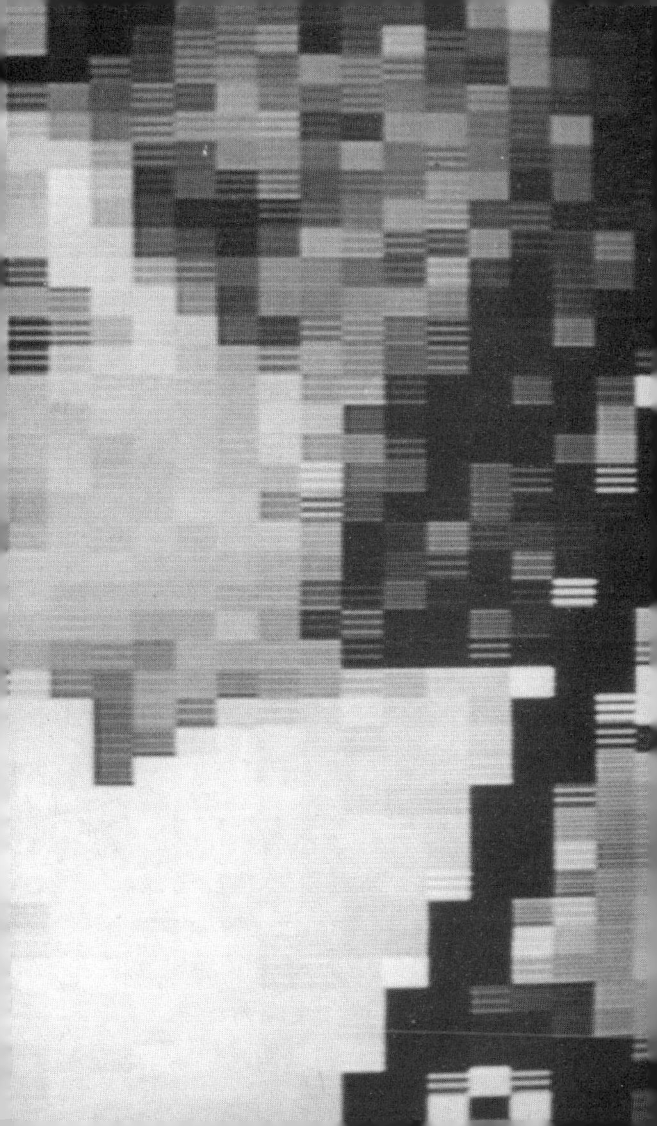

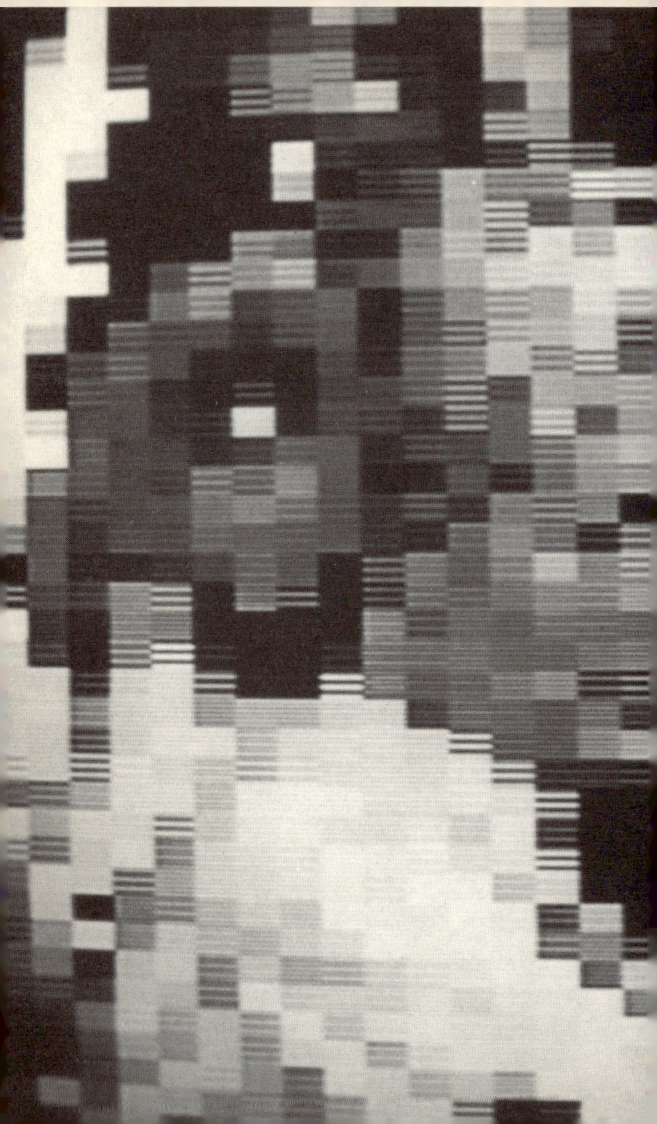

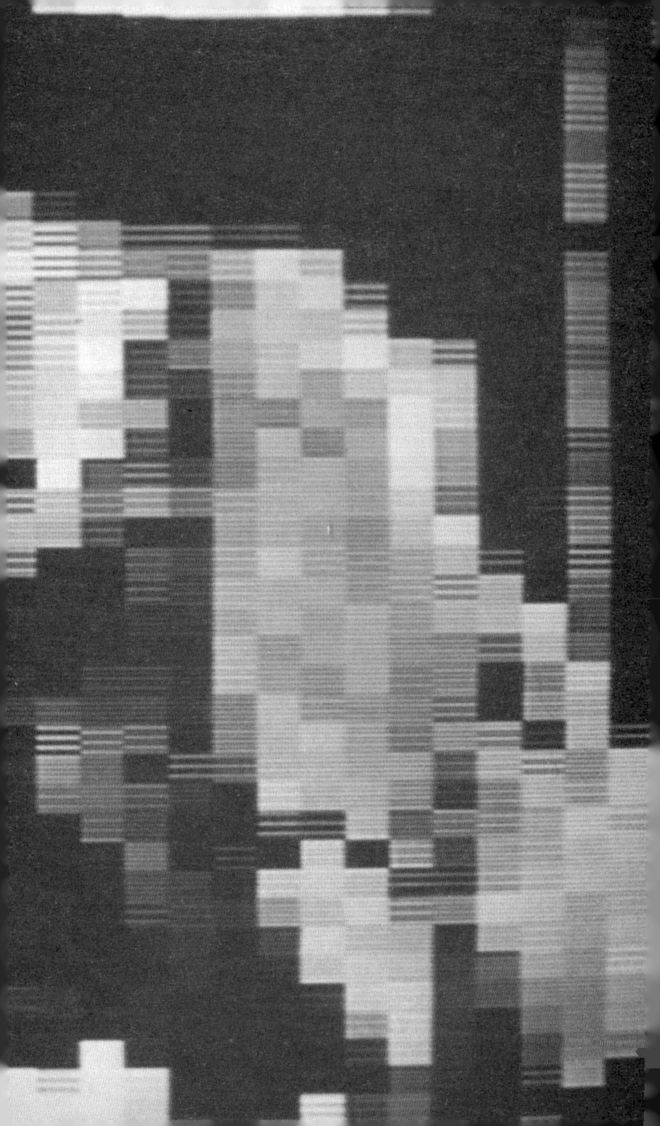

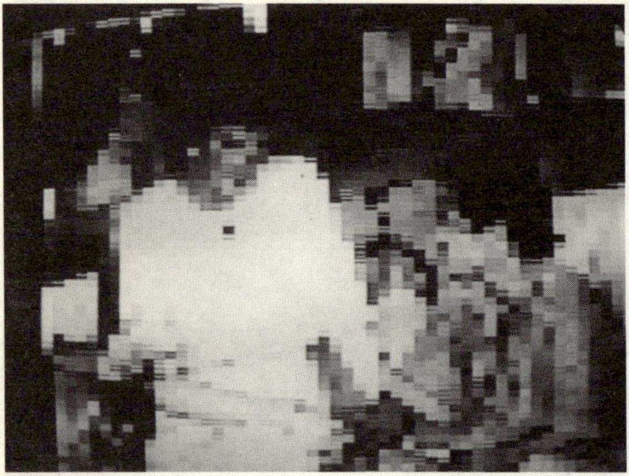

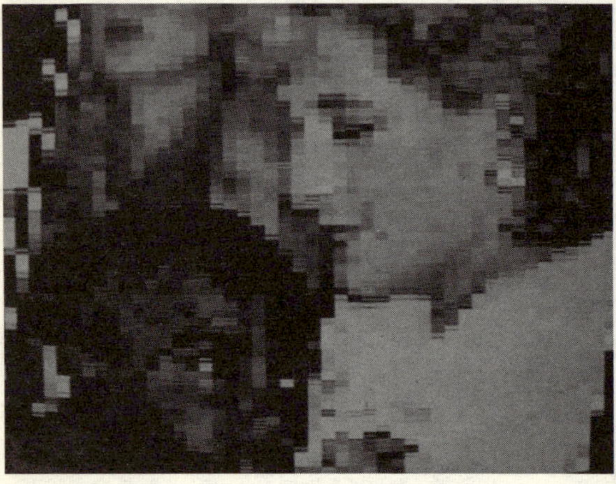

diese und nächste Seite/n: „Autostopp" von Anja Ibsch

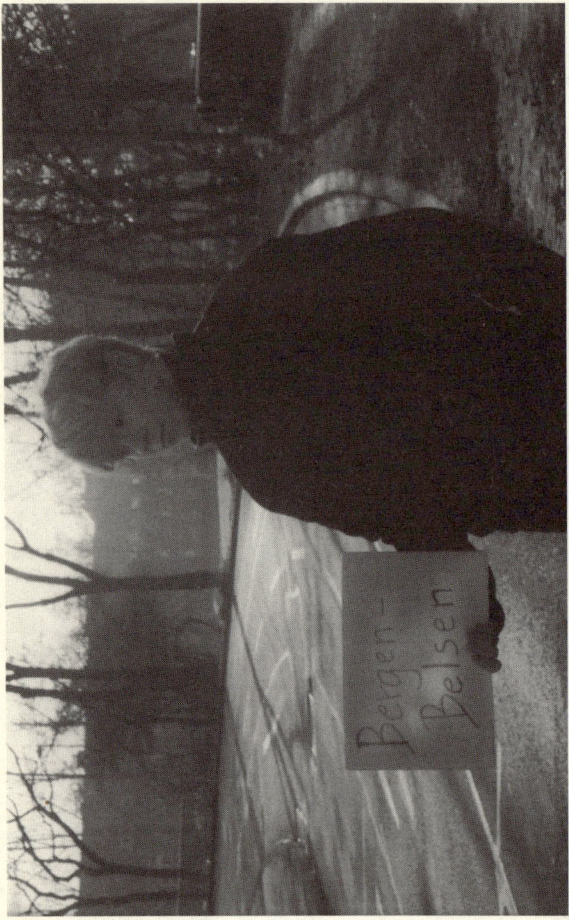
Bergen-
Belsen

205

Treblinka

MATERIALIEN
& DOKUMENTE

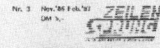

Pre-KRASH-Publikationen
Zeilensprung 1-7, 1986-89

Pre-KRASH: Jörn Loges (unt., oben l. m. Enno Stahl) u. Csaba Manfai. KRASH-Verlagsgründung im Dezember 1988 in der Ultimate Akademie (r.) unt.: Csaba Manfai m. Anke Stahl

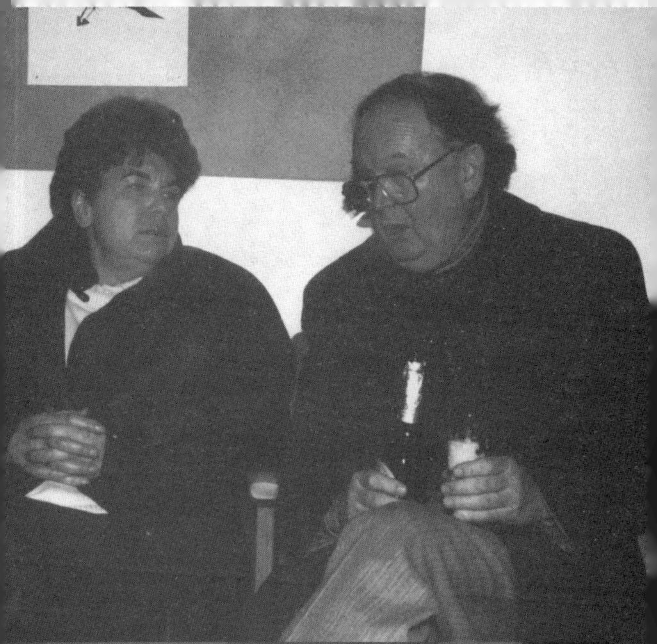
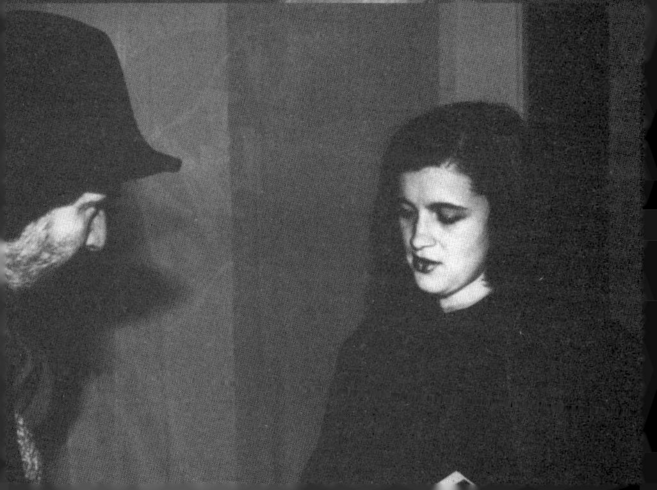

MATERIALIEN 1989

BAD LANGUAGE SHOW

Poetry/Performance von & mit

INGEBORG BROSKA
HANS-JÖRG TAUCHERT:
kontaktcafe
GEBRÜDER KUNST:
aktion auf der kranken kugel
AL HANSEN:
good language
MARKUS KRIPS:
sony so nie
JÖRN LOGES:
walk through d.
DIETMAR POKOYSKI:
ich lese aus meinem text ich lese
ENNO STAHL:
LAUT!gedichte

köln:ultimate academy
Mozartstr.60

6.-8.10. 21:00

1989 **MATERIALIEN**

*BAD-LANGUAGE-SHOW
I & II im Mai und Oktober
´89 in der Ultimate
Akademie: Norbert Hummelt
u. Marcel Beyer (l. unt.)/
Enno Stahls Performance
„Pathos O-weh" (unt.)*

MATERIALIEN

Die ersten vier (vergriffenen!) Publikationen (1988/90) aus der Gossenheft-Reihe: drei „Weigonis" und die Sex-Anthologie „Quarktaschen & Pißstengel"

Erich Wilker (1988) bei der Vorstellung seines KRASH-Buches „100 plus 1 Texte" anläßlich einer Ausstellungseröffnung

MATERIALIEN 1989

oben: KRASH-Loseblatt von Enno Stahl (1989)

rechts: Reprint aus der ersten Ausgabe der Reihe „XEROOX BOOX", „Die Dose - 53 Einsatzgedichte" mit Texten des Wieners Klaus Sinowatz und Illustrationen von Dietmar Pokoyski

[9] Die Kaffeemaschine

DIE NEUE STRUKTUR UNSERER KULTUR WIRD SEIN DASS DIE OBERFLÄCHE LANGE GLEICH BLEIBT

89:

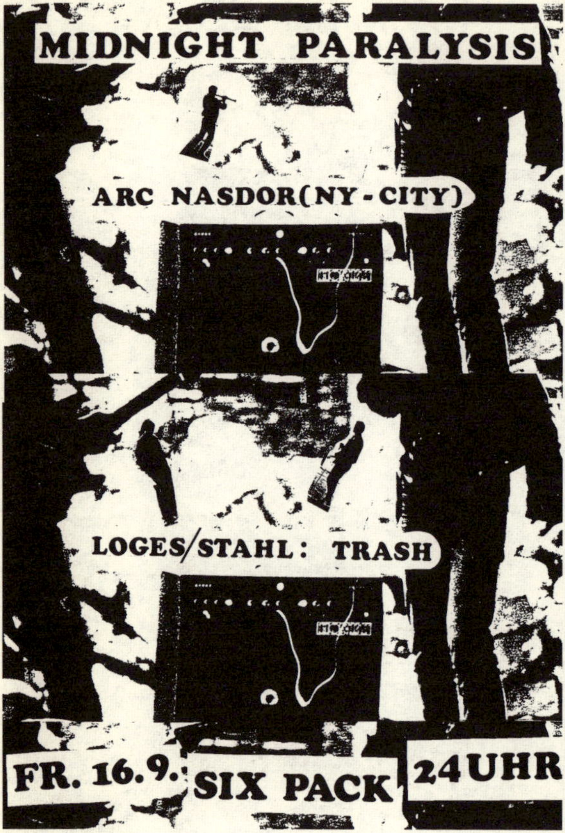

MATERIALIEN *1989*

Poster zu einer schnell auf die Beine gestellten KRASH-Lesung während des Besuchs von Marc Nasdor aus New York in Köln

Poster zu einem KRASH-Gastspiel in der VHS Wolfsburg

MATERIALIEN *1990*

KRASH VERLAG zeigt:

N-N%N

N - N O O N . 1 ENVIRONMENT/MANIfeStatION

präsentiert von KRASH-arts in Koop. mit 68elf
mit Matthias Schamp, Hans-Jörg Tauchert, Jo Zimmermann, Parzival, Anke Stahl, Dietmar Pokoyski, Enno Stahl, Marcus Krips, Jörn Loges, Radan

FR. SA. 19/20. OKT. 21:00 — 68ELF
Köln, Bismarckstr. 68

1990 — MATERIALIEN

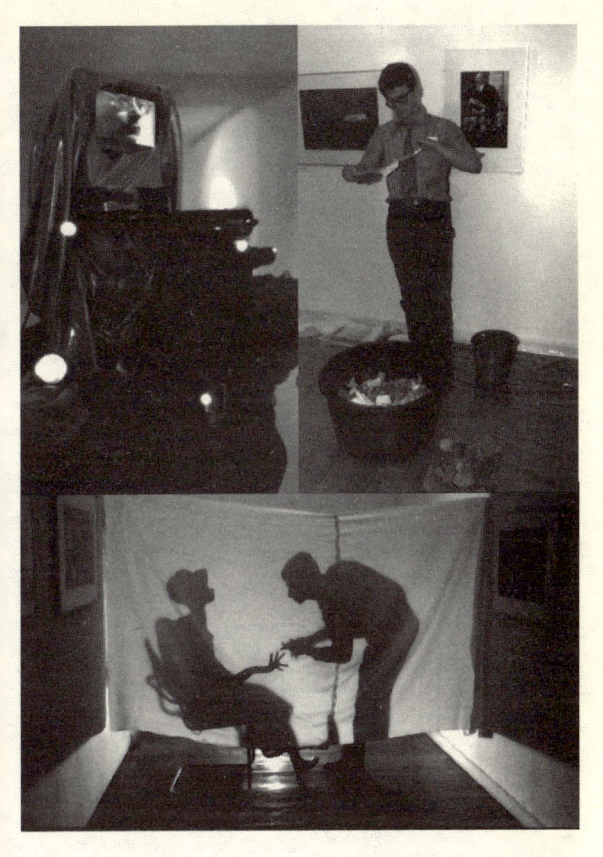

„N-NOON" (1990) in der Galerie 68elf in Köln, u.a. m. Radan (oben links), Matthias Schamp (oben rechts) und Jo Zimmermann (unten)

MATERIALIEN 1990

Während „N-NOON" die Vorstellung der ersten visuellen KRASH-Edition „KRASH-Kunst-Kartons" in der Kölner Galerie 68elf u.a. mit Arbeiten von Jo Zimmermann (l.) und Hans-Jörg Tauchert: DDR-Erinnerungspaket (Abb. unt. u. Inventar Abb. r. S.)

1990 MATERIALIEN

DDR-FAHNE MIT ANLEITUNG ZUM GEDENKAKT (AUS: DDR-ERINNERUNGPAKET)

Anleitung zum Gedenkakt

An wichtigen Gedenktagen nehme man die DDR Fahne und halte sie stehend, kurze Zeit mit beiden Händen in den Wind.
In Frage kommen folgende Gedenktage:

15. Januar Karl Liebknecht und Rosa Luxenburg ermordet
21. Januar Lenin gestorben
14. März Karl Marx gestorben
1. Mai Feiertag der Arbeiter
8. Mai Tag der Befreiung vom Hitlerfaschismus
5. August Friedrich Engels gestorben
7. August Wilhelm Liebknecht gestorben
18. August Ernst Thälmann ermordet (KZ Buchenwald)
7. September Wilhelm Pieck gestorben
7. Oktober Nationalfeiertag der DDR (1949 Gründung)
7. November Revolution in Rußland

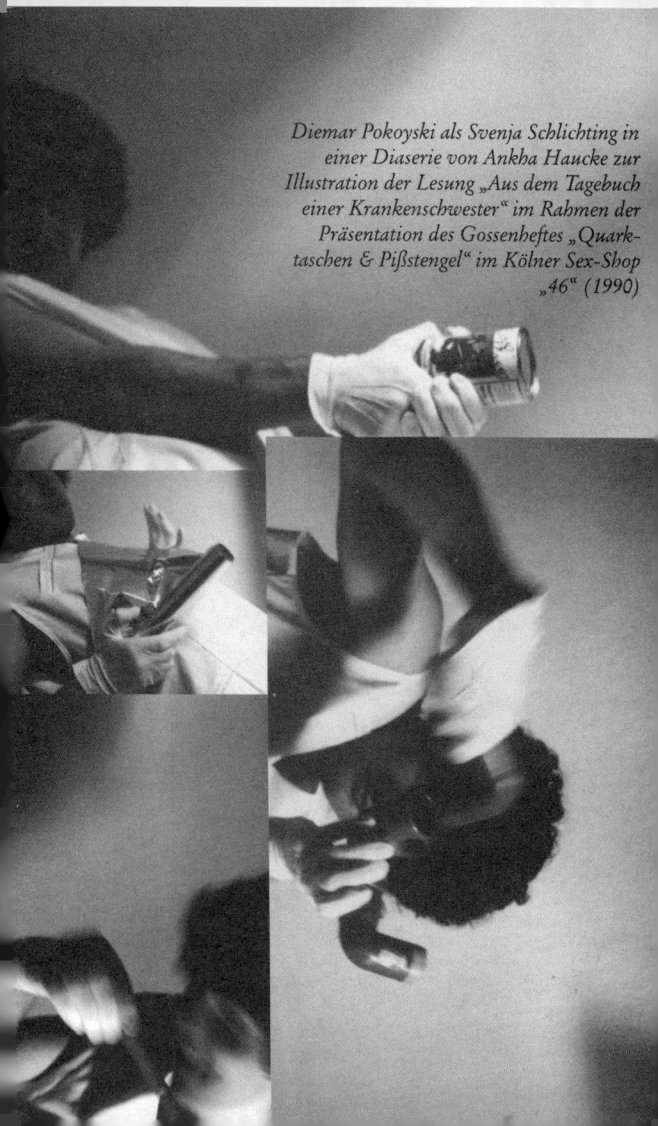

Diemar Pokoyski als Svenja Schlichting in einer Diaserie von Ankha Haucke zur Illustration der Lesung „Aus dem Tagebuch einer Krankenschwester" im Rahmen der Präsentation des Gossenheftes „Quarktaschen & Pißstengel" im Kölner Sex-Shop „46" (1990)

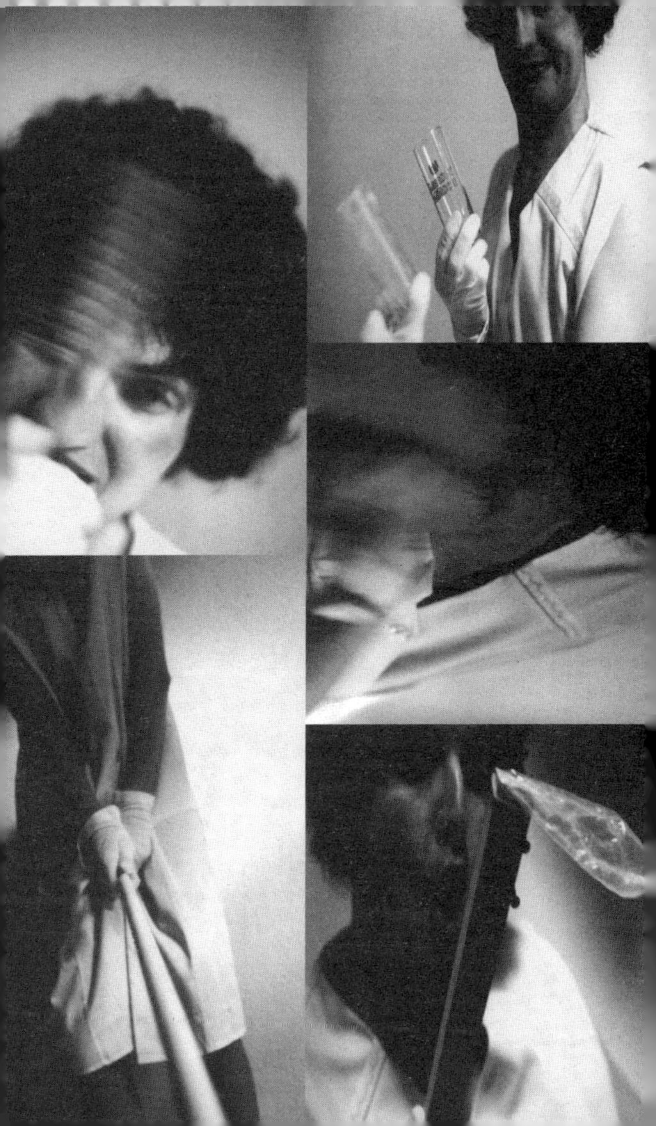

5.11. - 13.12.92 Fletch Bizzel, Dortmund

Einladung zur „KRASH-Multiple-Show" im Dortmunder Theater Fletch Bizzel (1992)

KRASH VERLAG

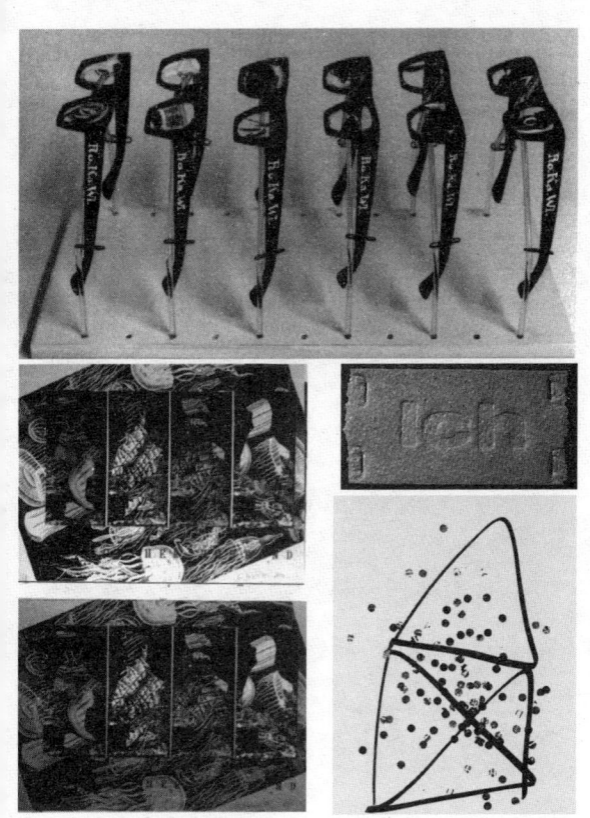

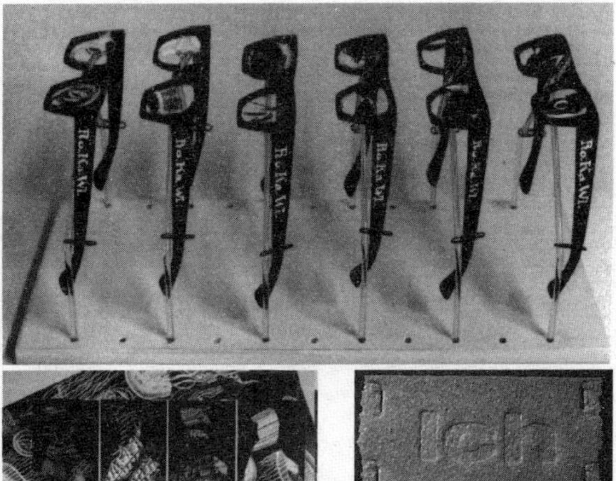

Die „KRASH-Multiple-Show", 2. Edition, wurde 1991 in der Ultimate Akademie in Köln erstmals präsentiert. oben: RO.KA.WI.: oT. bemalte PVC-Brillen. 18 Ex. r. mit.: Parzival: „Ich". Stempeldruck in Styropor auf Holz. 50 Ex. l. unt.: Yola Berbesz: „Metamorpher Zustand". 2-tl. Farbkopie auf Kt. 30 Ex. unt. r.: Mutthias Schamp: „Konfettitext". 100 Ex.

MATERIALIEN 1991

KRASH-Multiple von Ruth Jäger (Toner auf Polaroid und Papier)

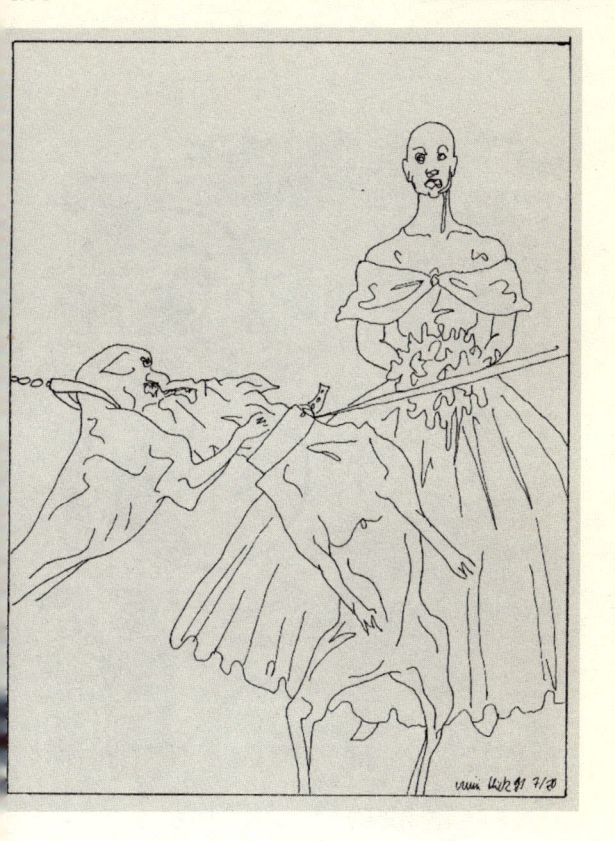

KRASH-Multiple von Nini Flick (o.T., Tuschezeichnung. 20 Ex.)

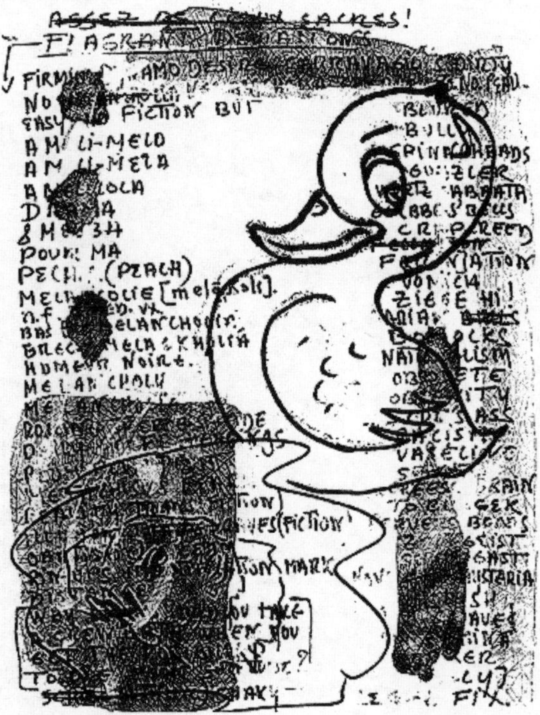

MATERIALIEN 1991

KRASH-Multiple von Roland Bergère: „Flagrant Deviations", 2. teilig, Tusche, Kaffee auf Papier und Pergament. 30 Ex.

FLAGRANT DEVIATIONS

FDD.C'S DIRTY FICTION BUT NO-NEMANCHOLIA METAPHYSICAL ~~NEMRAT~~ ~~DIRTY~~ CHERIE. NO. NO-PEAU EASY. NO NO-NEMALCHOLIA

A MELI-MELO
A MELI-MELA
A MELI-LOLA
DRAMA
& MELBA
POUR MA PECHE
PEACH.
LET'S PREACH
THE PEACH
ACTING FOR THE
DAILY SELFBEHEADINGS.

ACTING FOR THE
ROWING TREPPE SUICIDE
LOOKING FOR THE VOLCAN-
OLOGIST
BECAUSE OF THE REALITY
TRANSFICTION & BECAU
SE OF THE ILLUSION
TRAVES FICTION
BECAUSE OF UP & DOWN
BUT BEING DEBILITY
OR ARTISTIC SHAKE
BRUTAL IS STOPPED
SADICALLY SUSPENDED
BECAUSE & TELLN
PLOTTING STINKNOIS
SALAMUELS . SALAM
ALWIK . PAIS SUR TOI
SALAMELELK MILK!
SALAMELELK MILK!
& THE HOUSERS SHITSLOOPS
PROOLFE-NATION. PROPBAN
DA SALIVA ZAP JUNKIES
TANTALIZING SCENES
FEMALE FACSIMILE & DAN
ULE MALE) NETWORKS
ANGELUS A TROPHY SYMBOLS
A DEAL ABOUT DEATH &
GLORY SORDID SHEGITS 0-
CULATION MISTAKES CRAP
CREED FEUILLETON VOUCH
~~ENCUHING~~ SAVE & PLUT AR
WILKOUNS. UP DOWN UP DOWN
UP DOWN. UP DOWN UP DOWN
NATIONALISM IS AN OBSOLETE
OBSCENITY RACIAL PATHEOIS
SABER VANEURS USED BY POWERS
BORN BYGGERING WHEELS
AGAINS. NOTHING LESS BUT
POPULI LOMICA A NOVO SCATO
HYSTERIA L DOMINA KKAVUS
VIRUS. O YOU LITTLE PECES
FACES CHICKENS CUNTS CRETIN
COCKS, YOU PIGFUCKING POSHY
PLONKS, STOP YOU RATTY
MAGICAL CUCURBIT IN YOU
NAPHOLE & GET A HELL
TRASHY TRIPTICUS......

RIBALD RYTHM
PLUM PLUM PLUM
FOR THE DESULTORY
SATURATION
METAPHYSIC FEARS
REALITY TRANSFICTION
ILLUSION TRAVESFICTION
PLUM PLUM PLUM
FALLING HEADS
UP DOWN UP DOWN
DOWN UP & DOWN
A DEAL ABOUT GLORY
A DEAL ABOUT PICTURES
A DEAL ABOUT GLORY
& PICTURES. A DEATH
ABOUT DIRTY NO-NEMAN
CHOLIA . PLUM PLUM
DUM . LET'S GO TO
THE BAD NEW DIARY
PARTY, THE AUDIENCE
DARLIN' & JUMPING IN
THE JOLLY CAM & THE
TERROUS DYING BODY
IS SLOWLY FILLED WITH
NEON-NAZIOUS & CHINA
MIAMINCIA LIT TASTES
LIKE THE ALMAMEDIA
MILK. PERFECT LEGAL
FIX. PLUM PLUM PLUM
RUSHING MIND WITH SHIT-
POBRE SMELLIN' POTIBLE
POSHY POO CHIEFS PIGS
SHOWS. HARLOT/TRUMPH PETS
TUTTI. A COSY & BUTTERY
LOWER-STANDARD DEATH
BOTTOM BUM UM BUM
FALLING-HEADS . N.N. 608.
BELL BELLS. N.N. NAUSEOU
NOSTALGIA AYLANDER
SAFARI. INVITATIONS
SHOULD BLAST THE PERVY
BLURRED SPINAL HEAD LIVE
DUMOUR SWEETS DURING
THEIR GUTZIEST GUMOVULAR
WORTH SABOTAGE ZEITGEIST
ZEITGEIST SCHEISSE GAST
FLESH FLASH FURIA GLORIA
SOILED I FLASHED TO A
FOSSIL I20 FETISH BURPING
SLAVES CAN THEY SUB-DOMINA
TOR HER TO WHIP & ENVOY
THEIR FEARS & EXACERBATE
THEIR COWARDICE ... PLUM
PLUM PLUM . ~~SAT~~ A PLUM
PLUM PLUM......

ON THE DEAD LINE'S NO-NAME.
HORIZON. ON THE NO-NAME
LIVE DEAD HORIZON. FDDC'S
NO-NEMANCHOLIA ELEGY
FOR NOBODY-CAUSE NOBO
DY HAS NONAME - NO-NA
ME IS EVERY-BODY
DAILY SELFBEHEADINGS
ARE NO NAME . ROWING
TREPPE SUICIDE IS NO
NAME . METAPHYSIC
FEARS ARE NO-NAME
DESULTORY SATURATION
IS NO-NAME - METAPHY
SIC FEARS ARE NO-NAME
REALITY TRANS. IS NO-NAME
ILLUSION I TRAV. IS NO NAME
FDDC. & NO-NAME . NOBO-
DY'S NAME BUT WHERE?
IS THE VOLCANEOLOGIST
ON THE DEADLINE NO-NA
ME HORIZON. WHERE
GLORY DEAL IS NO-NAME
PICTURE DEAL IS NO-NAME
NO NAME IS AT FDDC'S
NO-NAME . C AND NEW DIRTY
NO-NAME. PARTY'S NO-NAME SALA-
MALEY ARE NO-NAME HORTE
SHIT SCOOPS PROLIFERA
TION IS NO-NAME. PROPA
GANDA SALIVA IS NO-NAME
NE. N.N. NAUSEOUS NOSTAL
GIA IS NO-NAME. AUSLAN
DER-SA FARA-INVITATION
ARE NO-NO-NAME. SORDID
SHEETS NATIONAL STIC
COPULATION MISTAKES
ARE NO-NAME GUTTLER
GLAMOUROUS WURTZ
SABBATIANS NO NAME
ZEITGCLIST IS NO-NA
ME. DOMINA & SKRAVUS
VIRUS IS NO-NAME.
FLESH FLASH FURIA
IS NO- NAME FOSSILI-
ZED FETISH IS NO-
NAME. ON THE DEAD
LINE'S DIRTY NEMA-
~~CHO~~ CHOLIA CHERIE'S
FLAGRANT DEVIATIONS.
YOU ARE NO-NAME
I AM NO NAME
NOBODY HAS NO-NAME
NONAME IS EVERY BODY.

MATERIALIEN

KRASH-Multiples von Pietro Pellini (links Cover und oben geöffnet): „Die Lemminge und der unsichtbare Krieg" (Pappbox mit Objekt und Text, 50 Ex.) und (unten) Endre Tót: „If you read..." (Kopie, 10 Ex.)

If you read the right side I´ll love you   **If you read the left side I´ll hate you**
(Endre Tót)

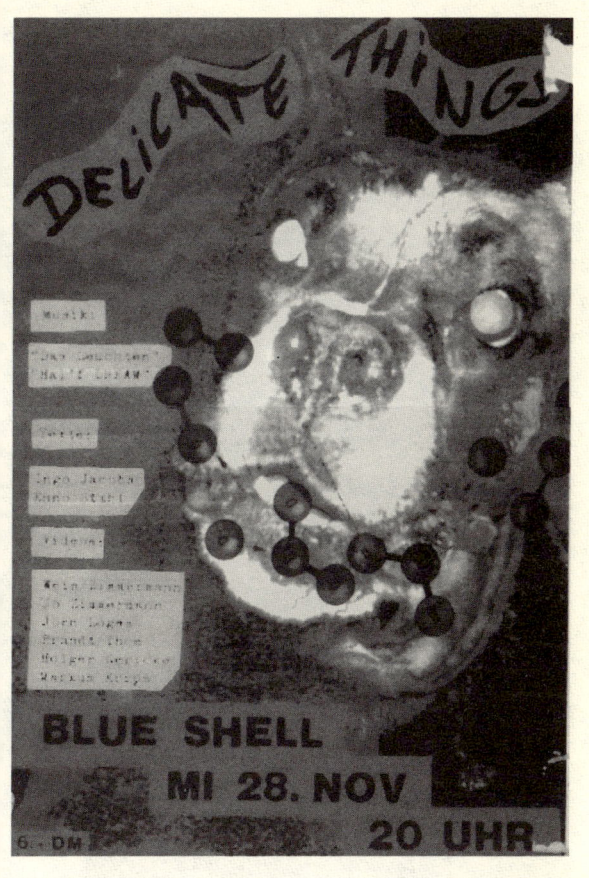

Poster zu „Delicate Things" (1991), mixed-media-Aktionen mit Video, organisiert von Jörn Loges im Kölner Blue Shell

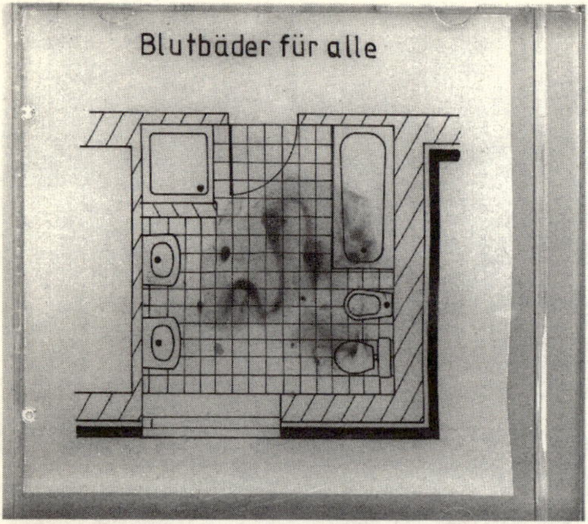

MATERIALIEN 1993

„krashkompakt", die 3. visuelle Edition mit gestalteten CD-Snap-Boxen (1993) Anja Ibsch: Blutbäder für alle, Kopie u. Blut auf Pergament in CD-Box (o.) Marcus Krips: o.T., Kopie, Scherenschnitt u. div. Kleinteile in CD-Box

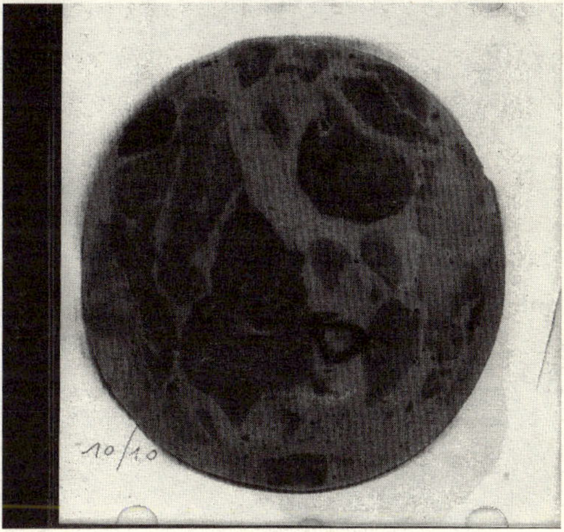

MATERIALIEN

Nini Flick: o.T., Daumenkino, Tuscheminiaturen in bemalter CD-Box. 3 Motive à 3 Ex. (o.)
Daniele Buetti: Wurst-Music. eingeschweißte Wurstscheibe mit Booklet

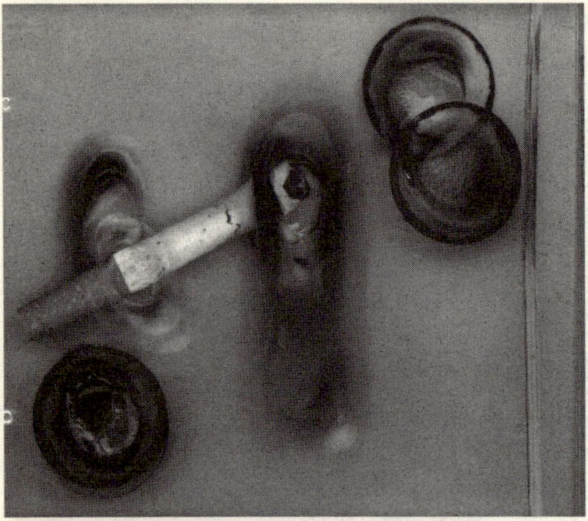

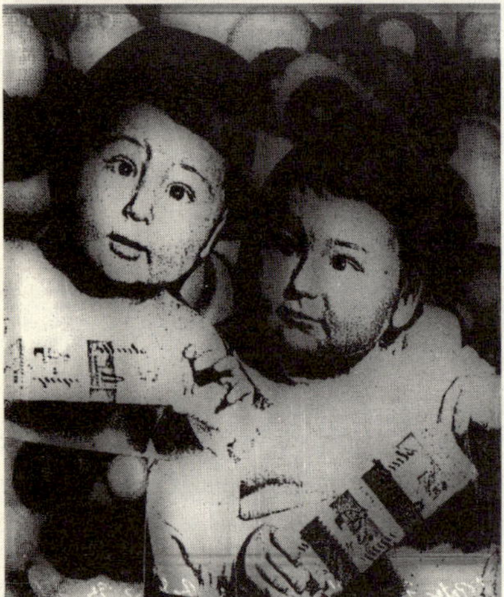

MATERIALIEN 1993

Ro.Ka.Wi: o.T. Zigarettenstummel in CD-Box. 3 unikale Motive (l. o.) Yola Berbesz: Monster Babies. (Peter Farkas. mehrfarb. Kopie auf Folie in CD-Box (l. unt.) rechte S.: Boris Nieslony (l.o.)/r.o.: Jo Zimmermann/ Parzival). R. J. Kirsch: Arizona. Computergrafiken auf Disk m. Booklet in CD-Box (mit. l.) Dietmar Pokoyski; Wax Music. Wachsscheibe in CD-Boy (mit. r.) Pietro Pellini: The Liberty of Communication (Foto u. Computer-Grafik m. Kabel in CD-Box (l. unt.) Roland Bergère: Six pochettes sans surprise. Text auf Pergament m. Leim

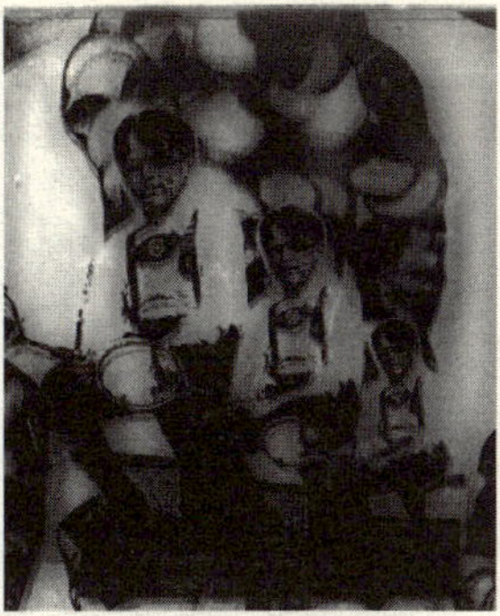

MATERIALIEN

1993

ARIZONA

THE LIBERTY OF COMMUNICATION

POKOYSKI WAX MUSIC

MATERIALIEN 1993

KRASH live im Bücherherbst-Spiegelzelt, Köln/Neumarkt (1993) m. Enno Stahl (l.), Frank Willmann (mit.) u. Jörn Luther (Abb. diese. S. o.), Enno Stahl: „Ich zersäge meine Bücher, weil das besser für sie ist als mancher Leser". Performance (r. S. u. diese S. unt.)

*nächste Doppelseite: Teilnehmer Tobias Gohlis mit einem
Selbsterfahrungsbericht über die bestbesuchte Kölner Literatur-
veranstaltung des Jahres 1993, die „1. Deutschen Literaturmeisterschaft" des KRASH-Verlags (in: Süddeutsche Zeitung,
18.12.93)*

TO[...]

Buttertört[...]

Ein Selbsterfahrungsbericht von der [...]

Für alles gibt es einen Literaturpreis: Das Bettgeflüster dritter Schriftstellertöchter, das zweite Buch, die hermetische Öde, der artistische Petrarkismus und auch das Prosalob Oer-Erkenschwiks – nichts Schriftliches bleibt auf Dauer ohne Trophäe. So hypertroph wirkt das Preisgewucher, daß so mancher Literaturpapstdarsteller vor der monphysischen Warte fester monatlicher Gehaltszahlungen aus lauthals und tränenvoll die Übersättigung der Literaturszene zu bejammern pflegt. Als Ursache für den ihren Schlaf raubende niedrige Niveau deutscher Reim- und Zeilenkunst haben die *doctores* den Wohlstandsspeck ausgemacht: Der deutsche Schriftsteller, materiell verwöhnt und geistig verfettet, diagnostizieren sie, reißt die Latte schon bei provinziellen 1,90. Vergebens spähen sie von der Turmhöhe des westdeutschen Feuilletons nach dem Ausnahmeathleten, der Deutschland auch auf dem Felde der Literatur auf Weltrangplätze zu wuchten vermag.

Damit ist jetzt ein für allemal Schluß. Habemus papam! Jetzt ist raus, wer der Champ ist. Am 10. Dezember 1993 wurde in Köln am Rhein die „erste deutsche Literaturmeister" gekürt An diesem ungeratenen Wintertag wurde deutsche Literaturgeschichte geschrieben – und ich schäme mich nicht: Ich bin dabeigewesen.

Denn am Ort der Endausscheidung, in der weißgetünchten Fabrikhalle der ehemaligen Rhenania-Werft, gab es nicht das übliche Gemauschel hinter den Kulissen und keine Geheimabsprachen. Jeder faule Trick war offenbar, geschehen wurde die Tarnung, und der Konkurrenzkampf um den Meistertitel fand dort statt, wo das pure Talent zählt: im Boxring. Dem gnadenlosen Licht dieser 500-Watt-Strahler blieb nichts verborgen. Ein Autor, der sich hinter seinem Buch versteckt hätte, wäre als Versager im drei Stockwerke tiefer vorbeischwimmenden Rhein ersäuft worden. Einem Juror, der mehr als 30 Sekunden Bedenkzeit benötigte, hätte Eier- und Tomatenhagel gedroht. Die Entscheidung über den stärksten deutschen Dichter, den Champ der Feder und des Vortrags, wurde in Jetztzeit und im Originalmaßstab vor eins zu eins getroffen. An diesem Abend war die Literatur Leben.

Das Finale um die deutsche Literaturmeisterschaft mußte nicht nach Geschlechtern getrennt durchgeführt werden. Nur zwei Frauen, Petra Schmidt aus Berlin und Beate Rönig aus Köln – blond die eine, dunkel die andere –, hatten die Vorrundenkämpfe erfolgreich überstanden. Die Jury aus fünf älteren Herren gewährleistete vollständige Chancengleichheit, jedenfalls der Geschlechter. Anders verhielt es sich mit der Herkunft. Die Jury war ausschließlich mit Kölnern besetzt, eine empörende Benachteiligung von Autoren, die, wie Frank Willmann, Roland Oelfke und Jochen Schramm aus Berlin oder wie ich aus Hamburg angereist waren. Denn im Unterschied zur Hamburger Literaturkritik, die nur das für deutsche Dichtung hält, was in dem Alpenländern zusammengeschrieben wird, sind kölsche Kritiker berserkerhafte Lokalpatrioten. Sie begnügen sich ganz und gar nicht damit, daß die Knochen der Heiligen Drei Könige im Dom aufbewahrt werden, nein, sie bestehen darauf, auch noch den deutschen Literaturmeister in den Mauern des heiligen Köln zu wissen.

Doch das war voraussehbar gewesen. Wir Auswärtigen hatten deshalb einen nicht unbeträchtlichen Teil des Startgeldes für die Anmietung einer schlagfertigen Claque verausgabt. Doch, um es vorwegzunehmen, wir scheiterten an dem Umstand, daß einer der Sponsoren der Literaturmeisterschaft die Firma Gardel-Kölsch war: Ihrem obergärigen Karnevalsgebräu waren unsere hochbezahlten Claqueure fitnessmäßig nicht gewachsen.

Die Kampfregeln waren hart, aber fair.

FRISCHGEWASCHEN: *Die Literatur lebt – und des Bücherm[...]*

Noch nie wurde ein deutscher Literaturmeister so objektiv ermittelt. Jeder Finalisten hatte vom Erklettern des rings an genau vier Minuten Zeit Publikum und Jury für sich zu gewi Danach ertönte gnadenlos der Gon fünf Juroren, erhöht an der Haller wand aufgereiht, bewerteten die ert te Leistung wie im Eiskunstlauf m Note (für den literarischen Schw keitsgrad) und B-Note (Darbietung Nachweis der literarischen Urheber wurde nicht verlangt, und Doping trollen hätten vernachlässigenswert

im Boxring

...schen Literaturmeisterschaft in Köln

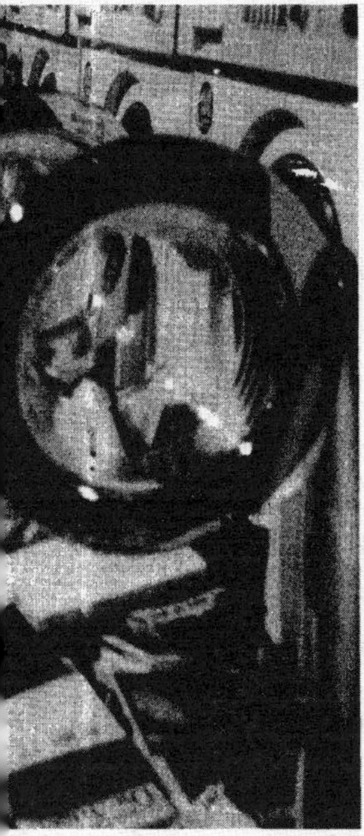

Ende Photo: Glaser

...trationen von Adrenalin und Alt-Blut erbracht. Die drei Autoren ... besten Wertungen kamen in die ...drunde. Ihnen winkte, verlockend ...erwerflich glitzernd, je ein sil-...okal für den ersten, zweiten und ... Platz, über den das Publikum in ...er Abstimmung zu entscheiden ...

...ampf war gnadenlos. Enno Stahl, ...okalmatador und als Mitarbeiter ...anstaltenden Krash-Verlags auch ... Erfinder der deutschen Litera-...terschaft, eröffnete mit einer sati-... ten Publikumsbeschimpfung von unmittelbarster politischer Aktualität. Seine Abschweifung zum Thema Pflegeversicherung („Hoffentlich kratzt ihr bald ab, ihr alten Säcke!") wurde von den anwesenden Senioren emphatisch begrüßt. Jens Neumann (Mainz), mit sturmgeenter Dauermatte sofort als Vertreter eines Jungen Sexuellen Realismus identifizierbar, bekam für seine Novelle „Mein Penis im Erdnußbuttertörtchen" durchschnittlich nur miese 4,2. Das frontal angegangene Publikum ächzte entnervt. Beate Ronig (Köln) erzielte mit den zoo-poetischen dem Lido höhere Wertungen und bekam die Ehrengabe der Schwulengruppe „Buschwindröschen" außer Konkurrenz überreicht.

Und Uralt-Untergrundpoet Hadayatullah Hübsch? Das Leitfossil der deutschen Slam Poetry seit den röhrenden Sechzigern fesselte mit einer wunderschön ondulierten schwarzen Persianerkappe auf dem pyramidalen Kanzkopf die Publikumsgunst. In einer bodenlos opportunistischen Adaption der lokalen Karnevalsbräuche schleuderte der Frankfurter beschriftete Zettel zusammengeknüllt wie Strüßche und Kamelle unter die begeistert kreischenden Jecken: „Da habt ihr ein Gedicht, das ihr nicht interpretieren müßt! Und noch eins!" Ein gekonnter Tiefschlag gegen die edelste Gattung der Literatur: Meine mit Startnummer 5 ausgeloste, an Hübsch anschließende, alle Klippen germanischen Sprachraums ansteuernde Darbietung absolut uninterpretierbarer Gedichtkunst konnte nur eine Minderheit echter Kenner zu dezentem Jubel animieren. Die beste Wertung – 4,6 – kam von den Juror, der die Hälfte der deutschen Literaturmeisterschaft wegen großen Garde-Kölsch-Konsums hinter der Tür mit der Aufschrift „Herren" verbrachte.

Der Rest des Abends ging für mich in einem immer dichter werdenden Kölsch- und Kunstnebel unter. Heraus ragten Jörn Luther (Weimar), der seine Stasi-Akte unter vehementem Einsatz einer Kindertröte zum besten gab und – schon wegen ihrer unglaublich langen Beine – Petra Schmidt. Etappensieger wurde jedoch Rolf Persch, begnadet fistelnder und kreischender, flötender und zischelnder Rheinufer-Ringelnatz, Kölner, klar doch. Auf der Mann mit der Goldkehle waren schon im Vorfeld hohe Wetten abgeschlossen worden. Zudem hatte ihm Dietmar Pokoyski von Krash, in kakaobraune Körperertüchtigungshosen gewandeter Finalmoderator, symbolträchtig das einzige Sponsoren-T-Shirt in gelber Farbe zugeschustert. „Dat is de Hammer" und: „Dä het de Doochblick!" tönte es aus Perschs Fankurve. Die Jury verstieg sich zu exorbitanten 6,4-Wertungen.

In der Pause, die die Jury für ihre Rechenkunststücke benötigte, trugen Gerd John, deutscher Boxmeister im Papiergewicht 1956 und 1957, und Fliegengewichtler Juror Gerd Uhlenbruck, im Hauptberuf Immunbiologe und bereits zweimal als Nobelpreiskandidat gesetzt, im Ring einen Schaukampf aus.

So wardie Stimmung auf dem Siedepunkt, als die drei letzten Kandidaten in den Ring stiegen. Enno Stahl (3. Platz), Hadayatullah Hübsch (2. Platz) und Rolf Persch (schließlich erster deutscher Literaturmeister) gaben ihr Letztes. Enno begründete den Untergang Deutschlands, Hadayatullah spuckte ein Stück Zahn, und Rolf war überwältigend schrill: Der Fitteste tönte den Sieg.

Wie jeder Sieg war auch dieser ein Resultat von Können und mentaler Vorbereitung. Drei Wochen hatte Persch nicht geschlafen. In der Nacht zuvor hatte ihn seine Geliebte verlassen. Sie wollte einen pflegeleichten Yuppie, nicht den deutschen Literaturmeister. Den hat jetzt die deutsche Literaturgeschichte.

241

MATERIALIEN 1994

Dietmar Pokoyski: Installation innerhalb der „LOST BOOK SHOW II" im Europäischen Kulturzentrum IGNIS, Köln, (1994)

MATERIALIEN

JESUS IN ST. PAULI

Jo Zimmermann: Weihnachtspostkarte

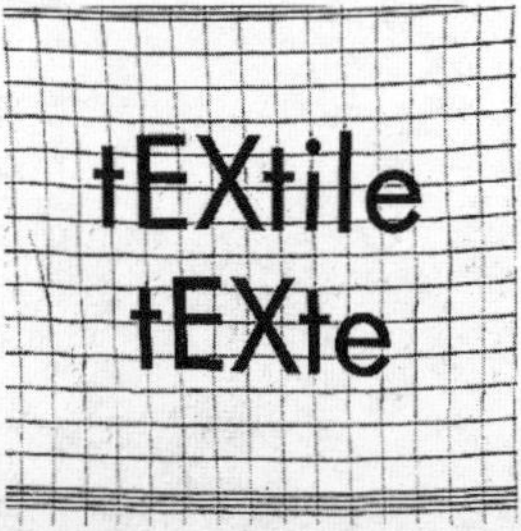

MATERIALIEN *1994*

„tEXtile tEXte": nach der Edition (1994/Katalog o. l.)) auch Basic der „1. literarischen Modenshow der Welt" während des „1. junger Autoren in Thüringen" in der Weimarer ACC-Galerie mit Jo Zimmermann (oben mit. bedruckte Unterhose von Enno Stahl aus der Serie „Für ein italienisches Wochenende" u. übern. S. unt. r.), Harald „Sack" Ziegler (Musik m.. Barbiepuppe/nächste S.), D. Pokoyski und Jule aus Weimar (übernächste S. o.)

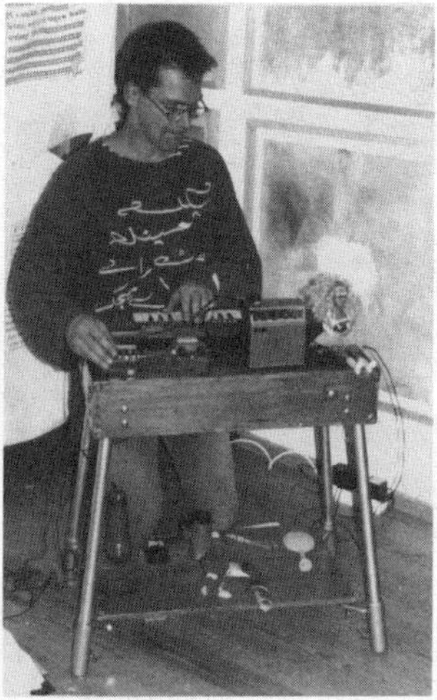

MATERIALIEN

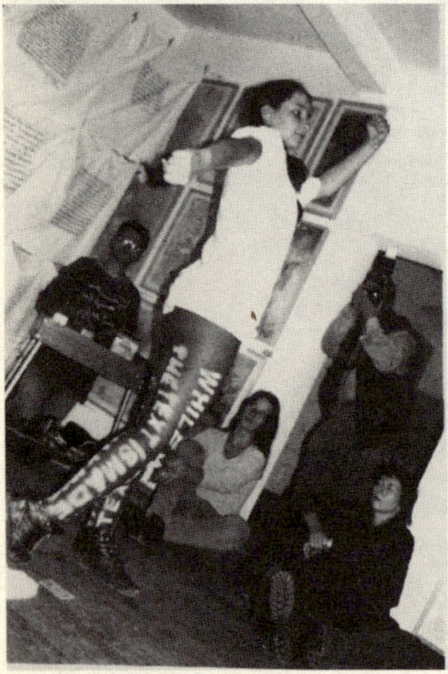

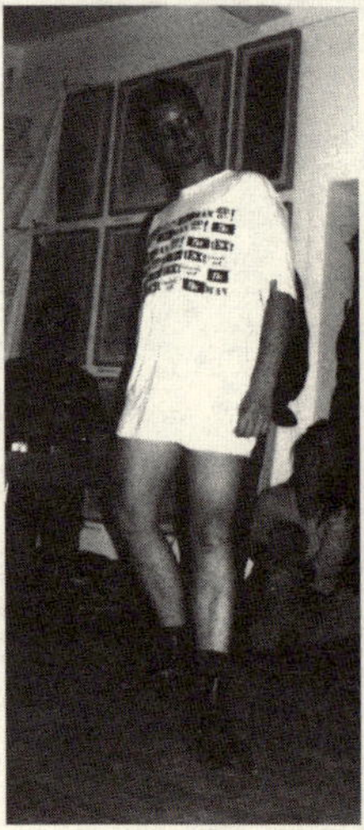

MATERIALIEN

1994

1994   **MATERIALIEN**

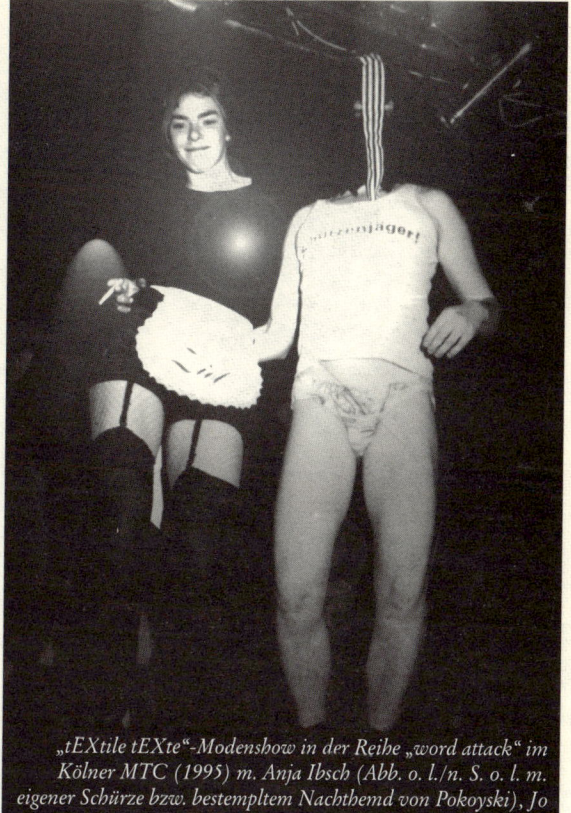

„tEXtile tEXte"-Modenshow in der Reihe „word attack" im Kölner MTC (1995) m. Anja Ibsch (Abb. o. l./n. S. o. l. m. eigener Schürze bzw. bestempltem Nachthemd von Pokoyski), Jo Zimmermann (unt. r./n. S. r. in Kleidung von Ibsch bzw. Siebdruck-Unterhose von R. Aring), Claudia Kühn (r. S. l.), Dietmar Pokoyski, Harald „Sack" Ziegler u. Peter Wolf (hier alle ohne Abb.)

247

MATERIALIEN *1994*

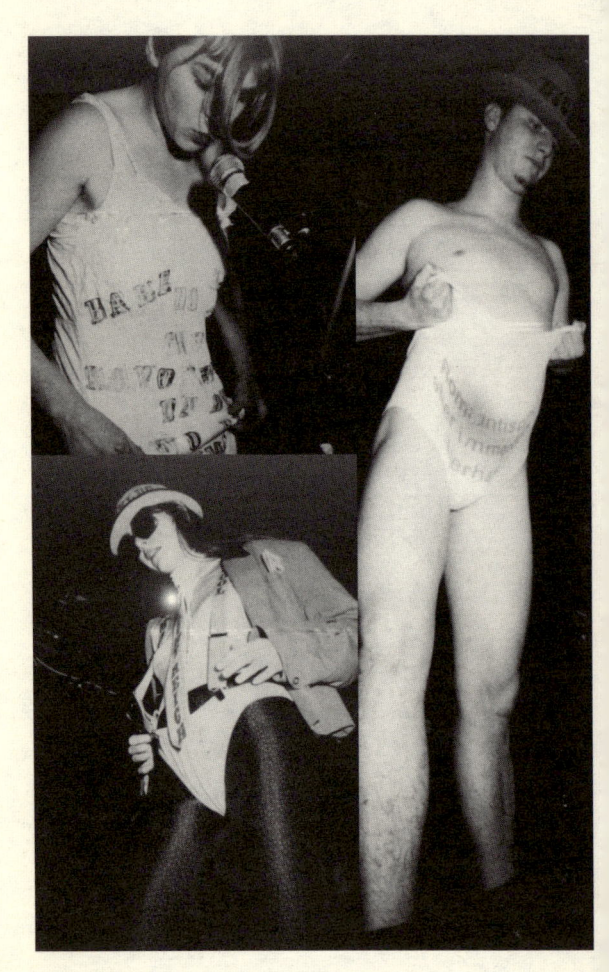

1995 **MATERIALIEN**

URBAN Ro/uT(ES)-Führung mit Dietmar Pokoyski durch Erfurt mit Tafelhalter Frank Willmann (o.) sowie Nicolai Alban Herbst, Tobias Gohlis und Yoko Tawada (unt. v. l. n. r.)

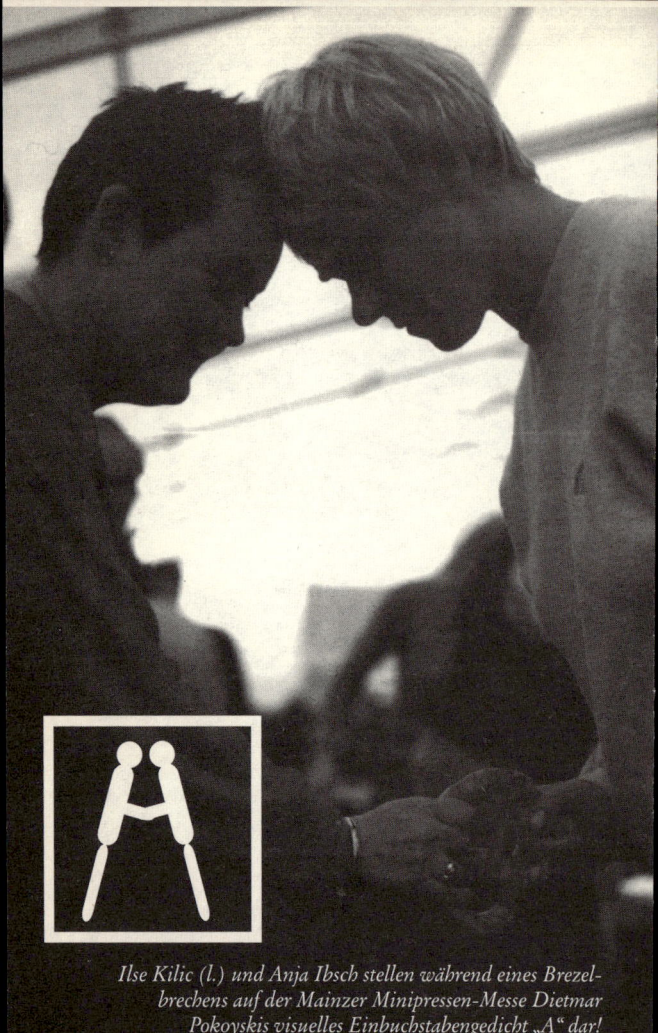

Ilse Kilic (l.) und Anja Ibsch stellen während eines Brezelbrechens auf der Mainzer Minipressen-Messe Dietmar Pokoyskis visuelles Einbuchstabengedicht „A" dar!

MATERIALIEN

URBAN Ro/uT(ES)
Die Stadt als Buch

von Dietmar Pokoyski

Die Stadt:

Jede Straße ist ein Gedicht! Jedes Haus, Auto, Schild, der Abfall & die Leute, die ihn verursachen: überall Codes, um Instant Literatur zu schreiben!
Nach den "potenzgefaketen" Faltplänen für die Stadträume Köln und Erfurt nun die neu-primäversion URBAN Ro/uT(ES) EVERYWHERE für alle westl. Städter weltweit!

EVERYWHERE

URBAN Ro/uT(ES) EVERYWHERE - 1 Lit.-B-Gehung Folge 2/Gedicht 1-12

Zur Realisation der Instant-Gedichte lege in einem beliebigen Teil deiner Stadt eine Route fest, auf der Du — wenn Du sie abläufst

- 1 Metzger,
- 1 Ampel,
- 1 Copy-Shop,
- 1 Supermarkt,
- 1 Fitness-Studio

sowie ein Café

passierst. Bevor Du die weiteren Anweisungen folgst, benenne die Straßen des gewählten urbanen Raumes um: Die Beethoven-, Mozart-, Händelstraßen sollen ab sofort John-Cage-Str. heißen oder nach Deinem/Deiner Lieblingskomponisten(in)-Band sie benannt werden. Straßen, die in Richtung der vordeutschen Braunkohlengebiete weisen, Otzenrather Str. heißen, Straßen in Bankenvierteln in den neuen deutschen Bundesländern etwa

Begrünungsgelderinvestorenwohngegent, etc. Erstelle neue Stadtplan! Lasse Schilder mit unbenutzten Namen prägen! Tausche diese gegen die alten Straßenschilder aus!

Dietmar Pokoyskis „URBAN Ro/uT(ES) -EVERYWHERE" im Internet unter www.artgate.de/projekte/urban_routes/

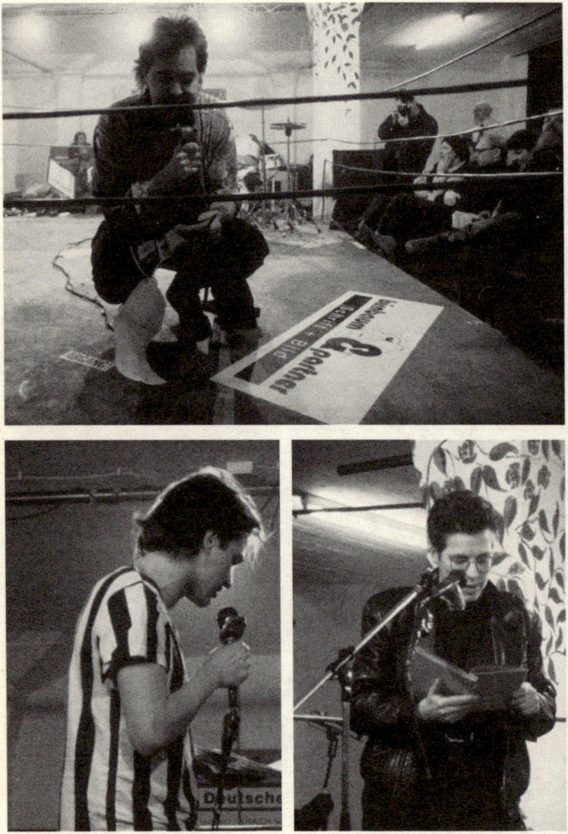

MATERIALIEN

diese u. n. S.: „Dichter in den Ring - die 2. Deutsche Literaturmeisterschaft" im Kölner Rhenania (1995) m. Kersten Flenter (o.). Jörg A. Dahlmeyer (unt. l.) u. Claudia Pütz (unt. r.) sowie Vizemeister Bert Papnfuß (r. S.)

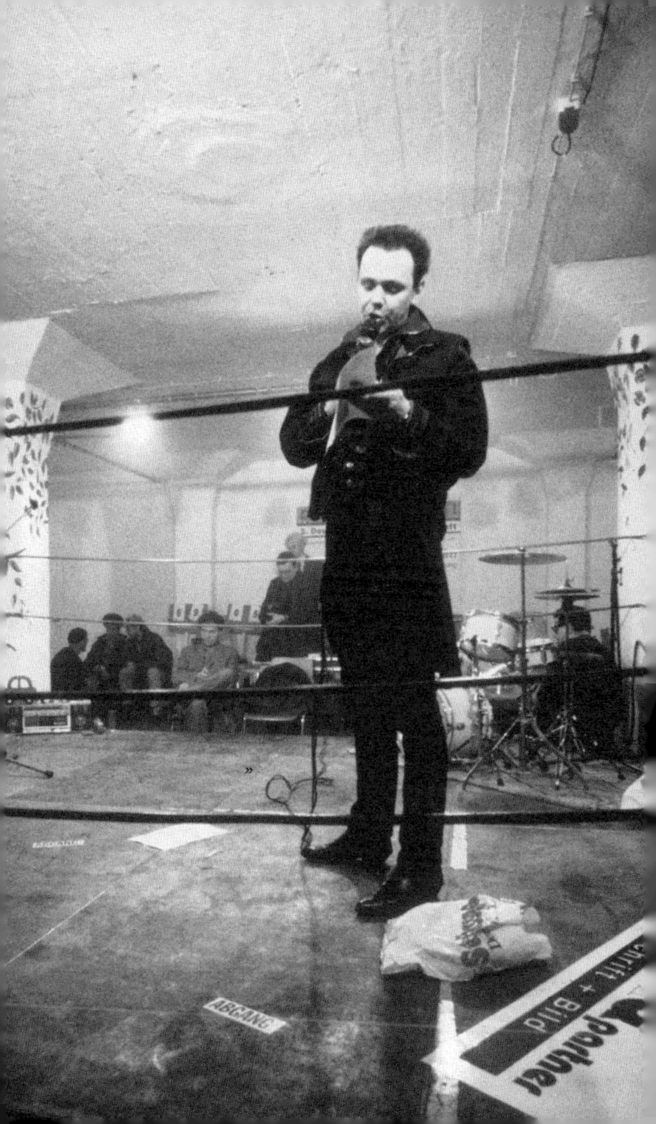
ABGANG
partner

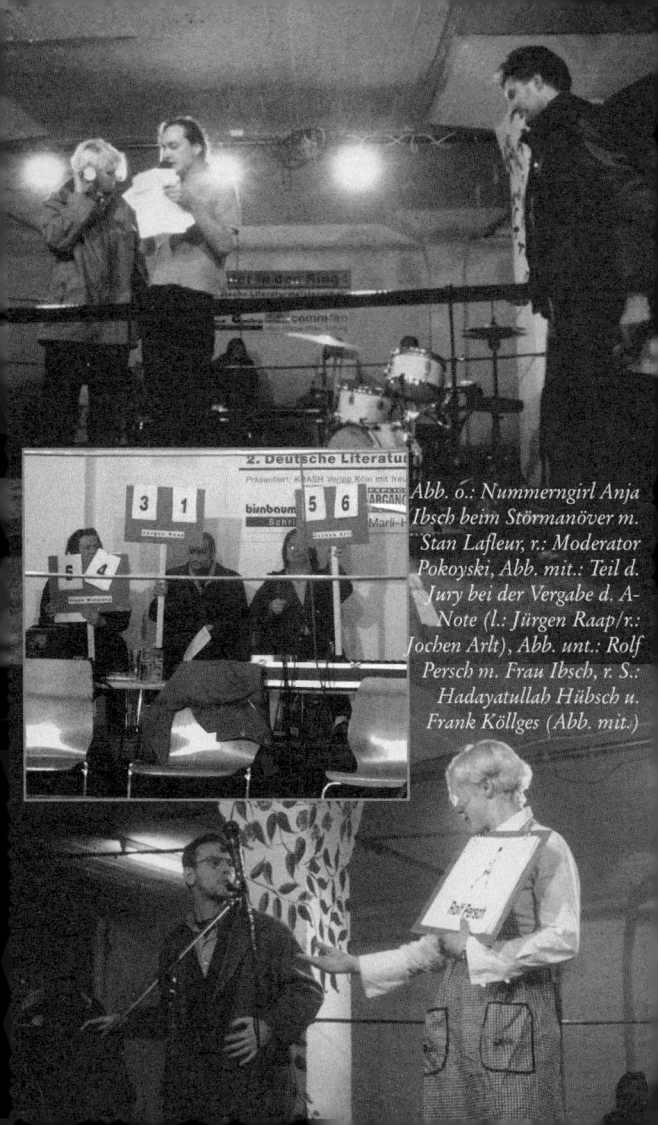

Abb. o.: Nummerngirl Anja Ibsch beim Störmanöver m. Stan Lafleur, r.: Moderator Pokoyski, Abb. mit.: Teil d. Jury bei der Vergabe d. A-Note (l.: Jürgen Raap/r.: Jochen Arlt), Abb. unt.: Rolf Persch m. Frau Ibsch, r. S.: Hadayatullah Hübsch u. Frank Köllges (Abb. mit.)

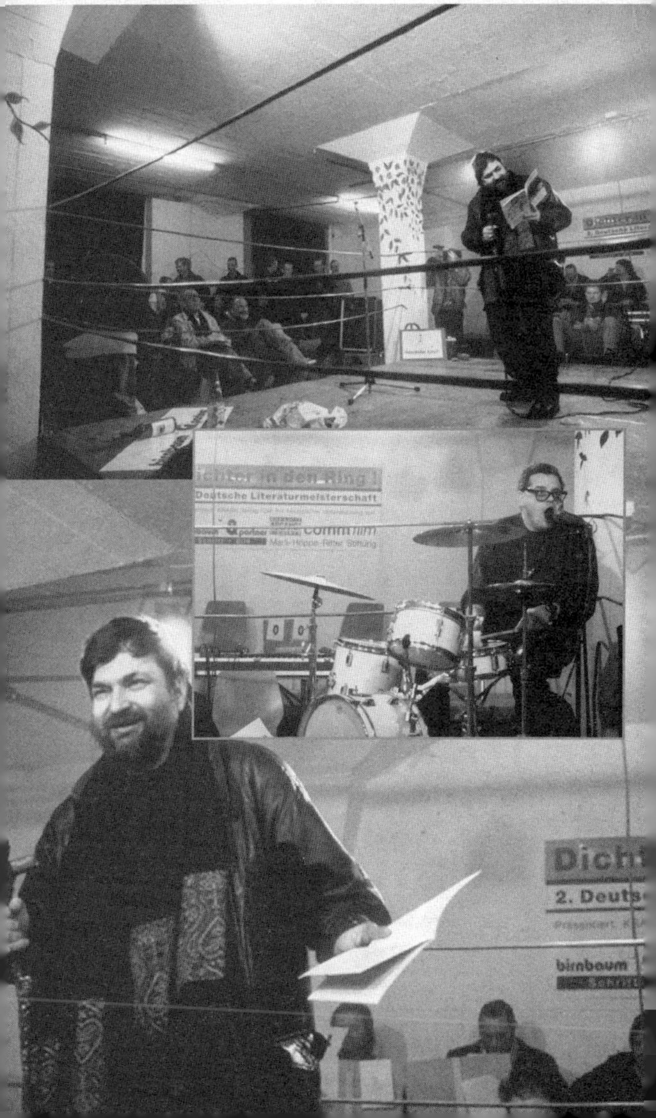
Deutsche Literaturmeisterschaft
birnbaum

„Dichter in den Ring": Der 2. Deutsche Literaturmeister hieß 1995 Hadayatullah Hübsch (Frankfurt/M.), der 2. von 1993 Am Schlagzeug: Frank Köllges

MATERIALIEN

brüsseler platz 10a-musik

frank dommert.schallplatten

amalgam: worte+töne

stan lafleur.texte

dietmar pokoyski.aktion

enno stahl.texte

31.8. u. 1.9.
ew. 16-21 Uhr
commfilm-
atelier
sülzburgstr. 21

chlammpeitziger.musik

eine koop von a-musik, krash+commfilm
info: 1/fax - 0221/243805

Flyer zu „amalgam" - KRASH meets a-Musik im commfilm-Studio in Köln-Sülz

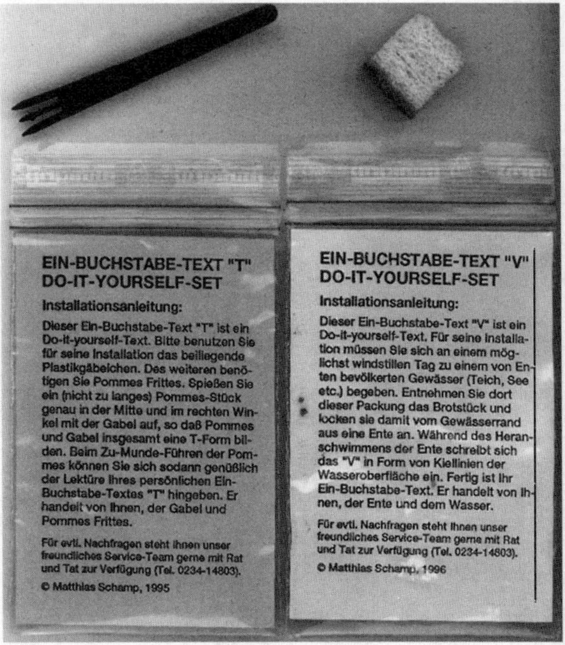

MATERIALIEN 1997

**EIN-BUCHSTABE-TEXT "T"
DO-IT-YOURSELF-SET**

Installationsanleitung:

Dieser Ein-Buchstabe-Text "T" ist ein Do-it-yourself-Text. Bitte benutzen Sie für seine Installation das beiliegende Plastikgäbelchen. Des weiteren benötigen Sie Pommes Frittes. Spießen Sie ein (nicht zu langes) Pommes-Stück genau in der Mitte und im rechten Winkel mit der Gabel auf, so daß Pommes und Gabel insgesamt eine T-Form bilden. Beim Zu-Munde-Führen der Pommes können Sie sich sodann genüßlich der Lektüre Ihres persönlichen Ein-Buchstabe-Textes "T" hingeben. Er handelt von Ihnen, der Gabel und Pommes Frittes.

Für evtl. Nachfragen steht Ihnen unser freundliches Service-Team gerne mit Rat und Tat zur Verfügung (Tel. 0234-14803).

© Matthias Schamp, 1995

**EIN-BUCHSTABE-TEXT "V"
DO-IT-YOURSELF-SET**

Installationsanleitung:

Dieser Ein-Buchstabe-Text "V" ist ein Do-it-yourself-Text. Für seine Installation müssen Sie sich an einem möglichst windstillen Tag zu einem von Enten bevölkerten Gewässer (Teich, See etc.) begeben. Entnehmen Sie dort dieser Packung das Brotstück und locken sie damit vom Gewässerrand aus eine Ente an. Während des Heranschwimmens der Ente schreibt sich das "V" in Form von Kiellinien der Wasseroberfläche ein. Fertig ist Ihr Ein-Buchstabe-Text. Er handelt von Ihnen, der Ente und dem Wasser.

Für evtl. Nachfragen steht Ihnen unser freundliches Service-Team gerne mit Rat und Tat zur Verfügung (Tel. 0234-14803).

© Matthias Schamp, 1996

Fortsetzung der „KRASH-Kunst-Kartons": Matthias Schamp: Sixpack - Kontexttexte. 6 Kleinteile m. Aktionsanweisungen in Tüten (Abb. l.) und 3 kybernetische Kartonromane von Claudia Pütz (hier ohne Abb., s. S.129ff.) r.S.:Minipressen-Messe in Mainz m. Anja Ibsch (l.) am PIPS-Stand von Claudia Pütz (o.) und Enno Stahl mit Karen Duve (unt.)

MATERIALIEN

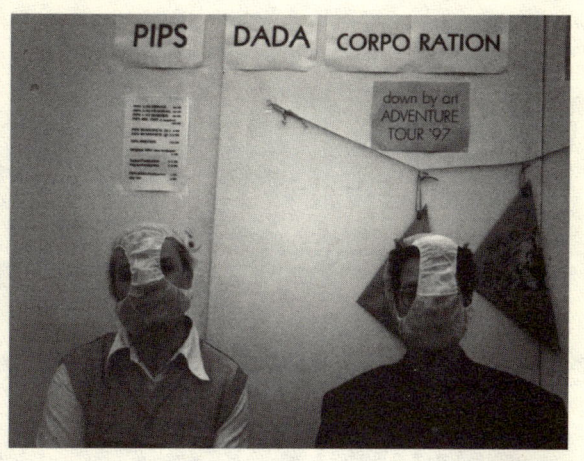

| Bäcker Becker S. 17 # Upländer Bauermolkerei S. 18 # Biobauer Jacobi S. 18 | Buchhandlung Lometsch S.16 # Biometzger Gröschner S. 6 # Markthalle mit: | Fisch Apel S.8 # Schmanddibben S. 7 # Fettnäpfchen S.6 # Metzger Schelihas S. 8 | *Kaufleute "Untere Königstr."* m. Mode Apel • Herrenmode Burghoff S. 14 | Haushaltswaren Thomas S 13 # Tabak/Zeitungen Rocholl # S. 11 | Sanitätshaus Fischöder S. 13 # Einhorn-Apotheke S. 13 # DER Reisebüro S. 12 |

Der Einzelhändler und sein Eigentum

DIE 1. KUNDENZEITSCHRIFT über Einzelhandel & Individualismus!
* während der documenta X gratis! sonst DM 5.- ISBN 9-327 452-98-X

JETZT AUCH MIT KUNST HALB & HALB

20 SEITEN K... ZUM MITNEHME...

nicht weniger als vor 100 jahren ist kunst heute funktion 1 definierten rahmens, der neben kunstinternen, also aesthetischen fragen auch rein zeit-/raeumlichen pointiert ist. kunst findet statt: an orten, die 1 geeigneten erwartungs- + ereignishorizont vorgeben (galerien, museen, kataloge). nirgendwo wird diese vollends zentralistische orientierung so deutlich wie bei der DOCUMENTA

DEZENTRISCHE KUNSTAKTIONEN

für Linkshänder   *für Rechtshänder*

Nicht nur, dass her weltkunst in einigen wenigen gebauden zusammengepfercht wird, diese leistungsshow wird zudem nur alle 5 jahre organisiert so, wie sich bei vorancatzungen dieser groessenordnung unterlegt die besetzung der kunstoberhaut 1 rigiden auswahl nur wer dazu eingeladen wird, stellt etwas dar, besitzt wirklich internationales renomée. 1 solches gueleallein belegt schon zu genuege den warencharakter dieser kunst olympiade - um so mehr der giganotmus, welcher der 5-jahres-turnus noch unterstreicht.

nun stoesst die DOCUMENTA unstreitbar auf sehr grosse publikumsresonanz - das wird bei ihrer 10. ausgabe, der letzten im diesen jahrtausend, nicht anders sein. dennoch darf das nicht darueber hinwegtaeuschen, dass sich kunst inzwischen wieder in 1 vollstaendig gesellschaftlicher isolation hineinbegibt hat. es moegen noch so viele rezipienten sich (sicherheit dahoer) interessieren, ihre neugier betrifft nur mehr 1 geronnenes artefakt - beziehungslos + ausdrucksarm in bezug za zeit + gesellschaft.

de zeitgenoessische kunst, praesentiert an den orten, die ihr zugewiesen werden, isoliert damit so etwas wie die historisierung ihrer selbst. der kontakt mit ihr ist ambivalent, es geschieht wie unter vitrinen, das heisst, ganz unabhaengig von der qualitaet der einzelnen arbeit, es macht keinen unterschied, ob sie nun existiert oder nicht. ihre raeumliche begrenzung deuutet sie jedoch ausstellung, die pseudo-auratische nimbus hingegen, welcher ihr als opposit 1 bedeutenden kunstwillen anhaftet, neutralisiert noch den letzten übriggebliebenen wert bzw. verkehrt etwaige wirkkraftte in 1 gegenteil.

ueberdies ist das konzept des unikalen werks im zeitalter seiner kontinuierlich machbarkeit ohnehin nicht mehr relevant, der nimbus als "schoepfer" statt als "produzent" ist 1 ueberkommene stellung.

7000 SCHIRM

chemsystem des modernen gesellschaftswerkes - als zeichen 0 zeichen: zeitlich + raum dezentrisch.

(Fortsetzung auf S. 4)

dieser inhaltsleere entgegen wirken, glaubt nur 1 konsequente ausweichen ins umfassende

KOCHKUNST - KUNSTKOCHEN

jede Menge **Rezepte**

IN DIESER AUSGABE

guided-tour-plan:
So kriegen Sie alles in den Griff S. 2
einzelhandel und individualismus S. 4
Stochern im Nebel:
Die Wahrheit über die documenta S. 5
fundamentalistische kueche S. 6
7000 Schirme S.9 • Allgemeines Hängerecht S. 10
Last Minute Art S. 12
tExtile tExte S. 14 • Kofkissen-Kurzkrimis S. 16
Brotlose Kunst S. 17 • Kunst kurz vorm Käse S. 18
Gedichte selber schreiben S. 19
Dumpf im allgemeinen Geistessumpf S. 20

RUBRIKEN
Die Seite der jungen Literatur S. 22 • Horoskop S. 19
Witze S. 23 • Leserbriefe 9/00 • Impressum S. 23

neu! Die Kunst zum Kaufen

Der Einzelhändler und sein Eigentum

Aring. Ibsch. Pokoyski. Stahl

neu!
Die Kunst zum Kaufen

Kundenzeitschrift (links Cover) und Postkarte zum documenta-X-off-Projekt (1997) „Der Einzelhändler & sein Eigentum" von Aring/Ibsch/Pokoyski/Stahl

MATERIALIEN *1997*

Aktionen und Präsentationen in und um Kassel aus „Der Einzelhändler & sein Eigentum" von Aring/Ibsch/Pokoyski/Stahl: linke S. o. u. mit. Marktstand in der Kasseler Innenstadt. l. S. unt.: Rainer Aring: „Selbstportrait als quirliger Künstler", Objekt. diese S. o.: Enno Stahl: Kulturtasche, Objekt. unt.: Rainer Aring: „Von diesem Künstler können Sie sich eine Scheibe abschneiden, Objekt. alle Objekte zur Präsentation in einem Kasseler Haushaltswarenladen. Weitere Exponate: s. KRASH-Programm!

MATERIALIEN

KRASH VERLAG — Lützowstr. 23, D-50674 Köln, Fon 0221-246321, Fon 2403910

VERLAG IL — Rothenauplatz 35, D-50674 Köln, Fon 0221-245115, Fax 2404422

präsentieren

HOHE Literatur

Einhörerlesungen
auf einer 6 m hohen Hebebühne
während des Kölner Bücherherbstes
vom 4.-7. Sept. 1997, 11-20.30 Uhr
am gemeinsamen Stand von KRASH/IL
mit freundlicher Unterstützung von
Gardemann Arbeitsbühnen GmbH und Birnbaum & Partner

Die beiden Kölner Literatur- und Kunstverlage KRASH und IL, bekannt durch Ihre Art ungewöhnlicher Literaturpräsentationen (z.B. Sexshop-Lesung „Quarktaschen & Pißstengel", Die 1. literarische Modenshow der Welt, „Dichter in den Ring" - Deutsche Literaturmeisterschaften, Eßbare Literatur, etc.), freuen sich, nach mehr einem Jahrzehnt Arbeit in den Niederungen der Sub- und Trivialkultur endlich „Hohe Literatur" präsentieren zu können.

Alle Besucher des Kölner Bücherherbstes sind zwischen dem 4. und 7.9. (jew. während der Öffnungszeiten des Ausstellungszeltes) dazu eingeladen, Lesungen und Lit.-Aktionen von ca. 20 Autoren/innen/Künstler/innen in ca. 6 Meter Höhe beizuwohnen. Unterstützt durch eine Scherenhebebühne der Firma Gardemann werden die Zuhörer für einen Moment lang der Ebene banaler Literaturpräsentation entfliehen. Weit über den Köpfen der dann wohl auf Haustiergröße geschrumpften Vertreter der Kölner Literatur- und Verlagsszene gelangen sie so zu einer Intimität mit Dichtern und Denkern, die in herkömmlichen (erfahrungsgemäß vom großen Publikumsandrang geprägten) Lesungen in Köln sonst kaum mehr möglich ist.

Daher - und aufgrund der mangelnden Erfahrung der beiden Verlage mit dem Interesse an „Hoher Literatur" (und nicht zuletzt ihrer möglicherweise aufwühlenden seelischen Wirkung) - wird die Besucherzahl pro Lesung jeweils auf eine(n) Zuhörer(in) beschränkt. 1 Autor nur für Sie allein! Wo gibt es denn so etwas nocheinmal???!!!!

Es lesen und agieren im stündlichen Wechsel: **Rainer Aring, Roland Bergère, Peter Farkas, Nini Flick, Anja Ibsch, Stan Lafleur, Boris Nieslony, Dietmar Pokoyski, Jürgen Raap, Enno Stahl** u.a.

Zuhörer-Anmeldungen am gemeinschaftlichen Verlagsstand!

Köln, im August '97
Fotos & Programminfos auf Anfrage!

„Wenn schon hoch, dann richtig": Peter Farkas´ (l. m. Ro.Ka.Wi.) Verlag IL und KRASH präsentieren auf dem Kölner Büchersommer 1997 „Hohe Literatur" auf Gardemann-Arbeitsbühnen,. Unvergessen: Anja Ibsch (r.) und Dietmar Pokoyski als Lady Di und Mutter Teresa

Gardemann

birnbaum & artner

KRAS

MATERIALIEN 1997

Anja Ibsch: "Blonde Literatur" verdampfen lassen in schwindenden Höhen

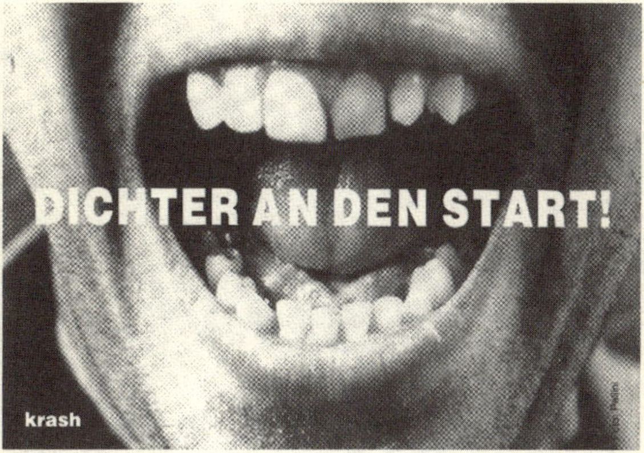

1997 **MATERIALIEN**

DICHTER AN DEN START!

krash

Nach „Dichter in den Ring" (1991/93) durfte Köln 1995 lediglich die „Rheinische Quallikation" (O-Ton Berti Vogts/Einladungskarte Abb. o.) für die Deutschen Literaturmeisterschaften in der Berliner Volksbühne im Prater (Abb. unt. u. n. S./unt.: Jan Off) im Underground austragen.

MATERIALIEN 1997

Die 3. deutsche Literaturmeisterschaft in der Volksbühne mit den Moderatoren und Animateuren Stahl, Willmann u. Ibsch (Abb. o. v.r.n.l.) unten: Die Jury m Burkhard Kleinert, Kuttner u. Lothar Trolle (v.l.n.r.).

MATERIALIEN

Roland Oelfke (o.) und die 3. des Finales, Sarah Marrs (unt.)

MATERIALIEN

Der 3. Deutsche Literaturmeister, Harry Hass

1997   **MATERIALIEN**

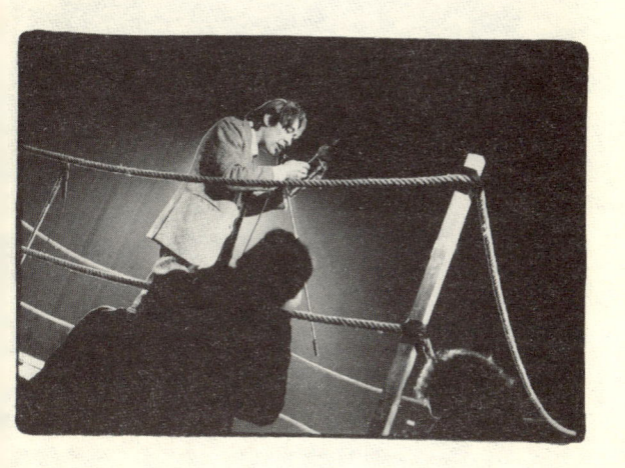

MATERIALIEN 1998

Enno Stahls Doktorparty in der Galerie Thor Zimmermann (1998). Während im Bernabeau-Stadion (Real-BVB) die (Tor-) Performance des Jahres lief, verschenkten Beate Ronig (l.) u. Anja Ibsch Gratulationsaktionen an den KRASH-Herausgeber.

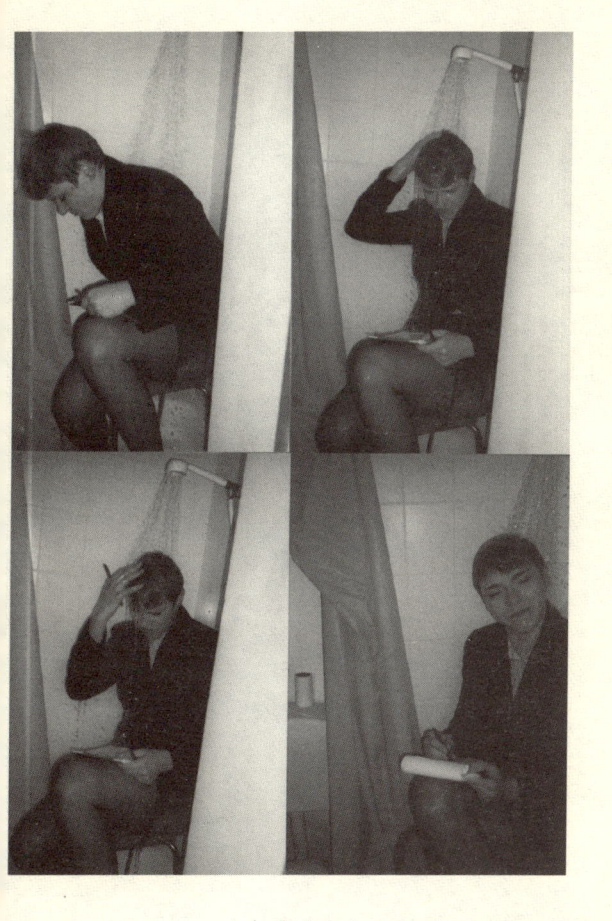

Anja Ibsch: „2 in 1: Duschen + Denken"

MATERIALIEN

"PEANUTS"

RHEINISCHE Fundmentalisten

"Peanuts" © 1998 Pokoyski

*Plakate zur Bundestagswahl-Kampagne der
Rheinischen Fundamentalisten*

MATERIALIEN   1998

Vom Rheinland aus!
Eine Initiative der Rheinischen Fundamentalisten

Unsere Aktionen zur Wahl: dem Parteiengeschwätz eine klare
(künstlerische) Position entgegenhalten!

1.8., 20 Uhr: offizielle Eröffnung des zentralen Kampagnenbüros der RHEINISCHEN FUNDAMENTALISTEN

kommunikativer Ort der Begegnung - Aufklärungscafé - Dokumentationsausstelung 'in progress½: die laufenden Aktionen sowie die sukzessive gedankliche Entwicklung ist jederzeit nachvollziehbar: wird zugänglich gemacht durch Material zu den laufenden Aktionen - Erzeugung von Transparenz und dauernder Überprüfbarkeit. Besucher/innen stets willkommen!!!!

9.8., 14 Uhr, Zoo-Köln: Wahl zum Oran-Utan des Jahres

Alle 5 Jahre die Bundestagswahl: Wahl auch des Bundeskanzlers und mittelbar der Minister: wir finden, es muß noch viel öfter gewählt werden, die Bevölkerung in zentrale Entscheidungsprozesse miteinbezogen werden - direkte Demokratie! Sozial-Wahl!
Daher fordern wir das Volk auf zur Wahl des Oran-Utan des Jahres '98. Wie bei der Bundeskanzlerwahl sind die Entscheidungskriterien: Leistung, Aussehen, Intelligenz und Charakter!!!

22.8., 14 Uhr, Domplatte: AUCH DU WIRST AR-BEITSLOS!

öffentlicher Arbeitslosen-Stammtisch mit Getränk und Plausch.
In Kooperation mit den Glücklichen Arbeitslosen (Berlin)

23.8., 14 Uhr: 1 Kölner Sozialneid-Tour

Es ist Sommer + in Köln gibt es diverse idyllische Plätzchen, ja ganze Stadtteile, in denen sich's gut sein + leben läßt! Leider sind diese zumeist einer winzigen Minderheit vorbehalten. Aber keine Angst vor Ausgrenzung: wir kommen Euch besuchen! Um zu schauen wie Ihr lebt!! Radtour nach Marienburg, Hahnwald oder Deckstein

30.8., 20 Uhr: Wirklichkeitsfernsehen

Das Retortenfernsehen heute hat sich so weit von dem Menschen und seinen Bedingungen entfernt wie noch nie - um einen Direktkontakt zum Publikum wiederherzustellen organisieren wir ein Wohnzimmer-TV mit lebenden Darstellern: Privatvorstellungen möglich (August/September). Am 30.8. findet ein repräsentativer FERNSEHABEND statt, mit u.a.: **Ingo Gräbner, Rudi Hoffmann, Anja Ibsch, stan lafleur, Parzival, Beate Ronig, Enno Stahl, Hans-Jörg Tauchert** und **Dietmar Pokoyski** als Fernsehkoch!!! In Kooperation mit dem Atelier Sömmering und Hans-Jörg Tauchert. **ATELIER SÖMMERING**

6.9., 20 Uhr: NEU! Ulrich Bogislav versteigert seine Stimme zur Wahl '98!!

ausserdem: DASEINSTOMBOLA: zieht Gut-Lose für Eure Karma-Bank! Abend mit buntem Programm: Information, Performance, Aktion (u.a. mit: Anja Ibsch, Parzival, Beate Ronig, Enno Stahl, Hans-Jörg Tauchert) KAMPAGNENBÜRO

9.9., 20 Uhr: Den Parteien zur Qual!

Agitationsabend der RHEINISCHEN FUNDAMENTALISTEN mit Lesung, Performance und Beeinflussung, u.a. von: stan lafleur, Rolf Persch, Beate Ronig, Ulrich Bogislav, Enno Stahl. GASTSTÄTTE „L",

18.9., 21 Uhr: DIE GROSSE ARSCHLOCH-GALA - 1 Veranstaltung der RHEINISCHEN FUNDAMENTALISTEN zur Bundestagswahl 1998

Viele, viele Arschlöcher rennen in Deutschland herum, mehr denn je. Grund für uns, eine prima Revue zu organisieren, bei dem das Publikum per TED sein „Arschloch des Jahres `98" währen kann!! Verschiedene Kandidaten werden eingeladen!! Vorschläge für die Liste sind jederzeit möglich!! Vergiß den Oscar, vergiß den Felix - dies ist der Preis, der alle anderen überstrahlt!!!
Mit Schlagern, Hetztiraden, Musik und Performances von: Frank Köllges, stan llafleur, Philipp Schiemann, Parzival, Beate Ronig, Walter Stehling Moderation: Dietmar Pokoyski und Enno Stahl. UNDERGROUND

MATERIALIEN   1998

*Einladungspostkarte für die Wahlkampf-Kampagnen-Ausstellung
der Rheinischen Fundamentalisten in der Villa in Ochtrup (o.)
Stadtanzeiger-Artikel über Parzivals Pissecken (r./Fotos s. S. 191ff.)*

*** Kölner Stadt-Anzeiger – Nr. 143 – Mittwoch, 24. Juni 1998 –

Parzival und seine Ecken

CDU: Das ist Kunst?

Männer, wer mag es leugnen, sind Schweine. Was die Frauenbewegung schon immer wußte, davon können die Punkrocker „Die Ärzte" sogar ein Lied singen. Erfolgreich intonieren die Berliner Musiker alle verhaßten Seiten von uns „fiesen haarigen Biestern", die wir selbst im Ehebett, frei nach Luther, das Furzen und Rülpsen nicht lassen können. Einer hat sich jetzt geoutet.

„Vor einigen Jahren war ich in der Innenstadt unterwegs, stark angetrunken", schreibt der Kölner Künstler „Parzival" alias Frank Poersch. „Ich mußte dringend p.... überall Leute, Schildergasse. Hinter einem Kaufhaus in einer Seitenstraße fand ich eine gemauerte Ecke, die sich etwas vom Bürgersteig absetzte und eine kleine Möglichkeit der Deckung bot." Der Rest der kleinen Geschichte, die säuberlich niedergeschrieben, jetzt in der Ehrenfelder Bezirksvertretung die Runde machte, liegt auf der Hand.

„Parzival" bekennt sich dazu, in aller Öffentlichkeit uriniert zu haben, und das ist schlimm genug, erboste CDU-Mitglied Erika Frensemeyer. Der freie Künstler sieht das anders. Er hat aus seiner Not eine (Un)tugend gemacht und eine Foto-Dokumentation mit dem Titel „lieblingsort: kölner pissecken" erstellt. Geld aus dem bezirklichen Kulturetat soll dafür fließen, sie der Öffentlichkeit zugänglich zu machen. Eine Idee zum Runterspülen, wie die CDU findet. An mehreren „Pissecken" in Köln Fotos von den drei nächstgelegenen – mit Standortbeschreibung – aufhängen? Das soll Kunst sein?

Ja, meinen SPD sowie Grüne, und bewilligten gegen die Stimmen der CDU 1500 Mark, die jedoch nicht alleine die Kunst von „Parzival" fördern sollen. Dieser muß sich die Summe mit noch zwei anderen Künstlern teilen, die eigene Werke zu dem Projekt „Lieblingsort Köln" gestaltet haben. In Mülheim, Deutz, Ehrenfeld, der City sowie der Südstadt will Frank Poersch sein „Kunstwerk" demnächst in je vier Ecken realisieren.

Claus Urbanke

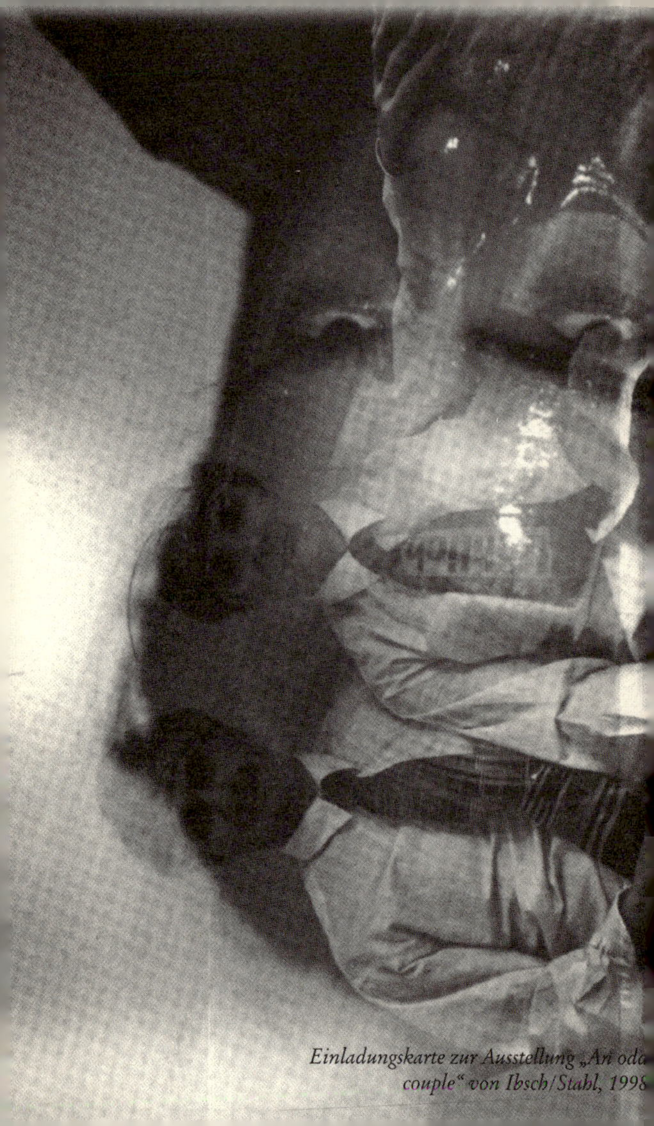

Einladungskarte zur Ausstellung „An oda couple" von Ibsch/Stahl, 1998

Autor & Leser
von Dietmar Pokoyski

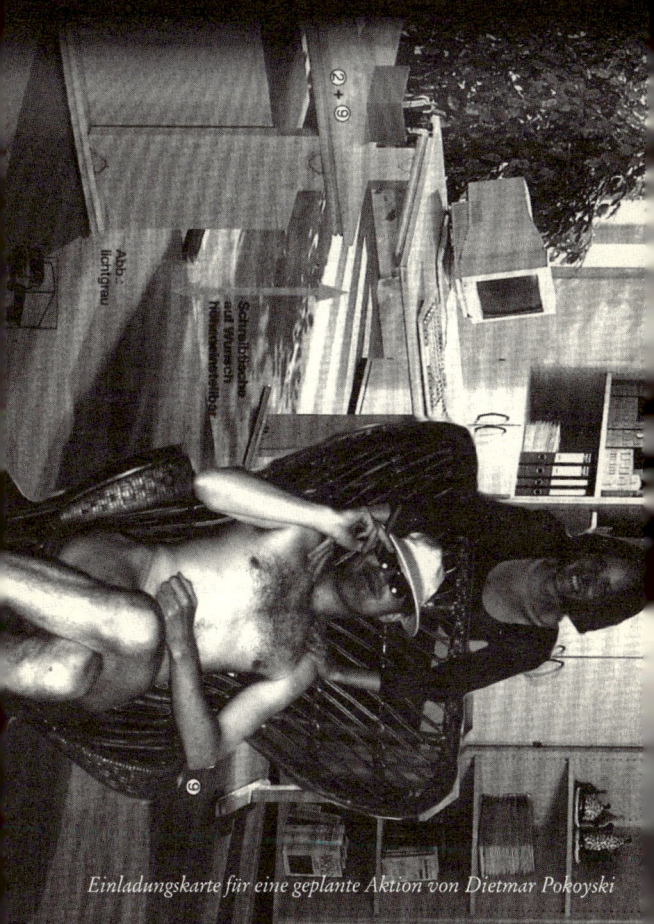

Einladungskarte für eine geplante Aktion von Dietmar Pokoyski

MATERIALIEN *PRESSESTIMMEN*

(PRESSE-)STIMMEN (in Auswahl)

über das Verlagsprogram (allgem.)

- „*Eine lebendige neue Literatur (...), Zeilensprung, Kölns neue Literaturzeitung...*" (**Kölnische Rundschau**, 5.5.86)
- „*...unkonventionelle Formen der Literatur...*" (**Kölner Stadtanzeiger**, 4.2.86)
- „*Zeilensprung - avancierte Literaturzeitschrift oder freches Szeneblatt...*" (**Flugasche** 23, 1987)
- „*Es gibt keinen Grund zum Pessimismus in der Literaturszene...*" (**WAZ** über Zeilensprung, 7.5.87)
- „*...internationale experimentelle Literatur...*" (**WAZ**, Feb. 89)
- „*Molotowcocktail - Die ersten Bücher des KRASH-Verlags*" (**Kölnische Rundschau**, 12.1.89)
- „*...bereiten mir Vergnügen...*" (**Ernst Jandl** über K.Sinos Einwortgedichte, 8.7.90)
- „*Steinharte Lektüre - mit den Weihen der gehobenen Kunst*" (**PRINZ** über Matthias Schamps Die unsichtbare Schwelle, 6/90)
- „*...müßte eigentlich ausgezeichnet werden, wenn wieder „Das schöne Buch" prämiert wird.*" (**TransAtlantik** über Die unsichtbare Schwelle)
- „*...weckt die Sehnsucht nach dem Buch...*" (**Kölner Stadtanzeiger** über Matthias Schamps Klopfzeichen, 17.4.91)
- „*Kleine Verleger - große Ideen....vom üblichen Literaturgeschehen entfernt...*" (**Marabo**, 12/92)
- „*...abseits des elitären Literaturbetriebes...*" (**Hallenser Zeitung**)
- „*Kritisch...*" (**FAZ** über Aktion Optimismusberechtigung, 2.1.93)
- „*Ein saubres Stück Kunst....*" (**ELLE** über Dietmar Pokoyskis Livre propre, 2/93)
- „*Enno Stahl bringt Ramsch, Kitsch und Wehmut unter eine Haube - Kurz und schmerzlos knallt Enno Stahl dem Publikum seinen TRASH vors Kölschglas.* (**WDR1**)
- „*Der Kölner Literatur-Provo Enno Stahl.../ Weigoni, der Sprachphönix, der mephistofelische Bedeutungstänzer...*" (**TAZ**)
- „*...Der Mann hat alles, was fünf Dutzend hochgelobten Krautschreibern fehlt. Er muß entdeckt werden, zumindest von einer Szene, die es satt*

284

PRESSESTIMMEN   **MATERIALIEN**

hat, sich an sich selbst zu vergnügen..." (**AZ**, Frankfurt, über Enno Stahls TRASH ME!)

- *"...kann dampfen eie ein frischer Hundehaufen..."* (**EXPRESS**, Köln, 12.4.92, über Enno Stahls TRASH ME!)
- *"...alle heben ihr Thema verfehlt nach Enno Stahls kleinem Feuilleton. Um Längen..."* (**Gießener Anzeiger**, 2.5.92, über Enno Stahls TRASH ME!)
- *"...ein Hörerlebnis, in dem beide Genres sich sinnvoll ergänzen..."* (**Rheinische Post**, 15.5.93, über Lingnaus/Rietzlers Cassette Der Gesang der Stadt)
- *"...als habe man auf diesen literarischen Stadtführer immer schon gewartet"* (**Kölner Stadtanzeiger**, 24..3.95, über Dietmar Pokoyskis URBAN Ro/uT(ES): Köln)
- *„Die Welt als Puzzlespiel - Literatur von morgen..."* (**Thüringische Landeszeitung**, 16.9.95, über Figuren & Capriccios)
- *"...Gegen Ereigniskonserven, Sinnkollaps und Perlweißzähne... Antiliteratur, billig und mit Jerry Cotton-Asthetik..."* (**TAZ**, 9./10.12.95)
- *"...für den gesunden Horror vor dem Einschlafen..."* (**Der Spiegel**)

über die Gossenheft-Reihe

über A.J. Weigonis Jaguar«

- »*Die Leute denken, es ist Jerry Cotton und meken dann, daß man ihnen Literatur angedreht hat.*« (**Aktuelle Stunde/WDR-Fernsehen**)
- »*Das Gossenheft ist eine neue Richtung in der Literatur.*« (**U. Janetzki/ Lit. Colloquium, Berlin**)
- »*...Wegbereiter einer neuen Literatur...*« (**Am Erker**)
- »*Der Genuß dieses ''Comic'' ist nicht beschreibbar, er liegt im Elementaren*« (**Impressum**)
- »*Weigoni (...) als Kultautor. Dieser Crimicomic unterstützt diesen Ruf ...*« (**D.L.R.**)

über A.J. Weigonis Monster

- »*Groschenromancier...*« (**Prinz**)
- »*...die Idee, Literatur ins Gossenheft zu locken, ist klasse...*« (**Coollibri**)

MATERIALIEN

PRESSESTIMMEN

- »*Seine Alltagsgeschichten sind Meisterstücke pointierter Erzählkunst mit mehreren Prisen schwarzen Humors. Weigoni provoziert, ohne in eitele Selbstbespiegelung zu verfallen...*« (**Mitteldeutsche Zeitung**)

über Quarktaschen & Pißstengel:

- »*Der Inhalt hält, was das brilliante Cover (...) verspricht: Jede Menge explosiver Texte (...) Geschichten, die der Alltag schreibt (...) Brilliant ...*« (**ZAP**)
- »*... in Schundheftaufmachung erscheinendes Independent-Produkt...*« (**TAZ**)
- »*...amüsant, zärtlich, reale Brutalität...*« (**OX, Hamburg**)

über Willmanns /Luthers über dem kaukasus lag dein blauer:

- »*Die äußere Aufmachung ist ein perfektes Täuschungsmanöver (...) eine (...) wüste Parodie auf die gängige Trivialliteratur - auf Thriller und Liebesschnulze, Schicksals-Moritat und Abenteuerroman(...) Kein Wunder, daß man schon bald den Eindruck nicht mehr loswurde, Steven Spielberg und die Jungs von 'Monty Python´s Flying Circus´ hätten hier bei einer hochprozentigen Runde ein gemeinsame Kino-Projekt ausgeheckt.*«(**Rheinische Post**)
- »*... Ein Hörspaß...*« (**Ruhr-Nachrichten**)
- »*...virtuoses Spiel mit Elementen der Trivialliteratur ...*« (**Westfälische Nachrichten**)
- »*...die beste Story, (die) ein Autor der Indie-Literaturscene zustande gebracht (hat)... Bei dem Tempo (...) bleibt einem oft die Luft weg...*« (**D.L.R.**)
- »*Ein bissig-witziger Schlüsselroman (...) treffend gezeichnet, in literarischer Manier, die mal an Umberto Eco, mal an Arno Schmidt erinnert...*« (**Rheinische Post**)
- »*...eine locker ironische Anti-Kunst-Haltung prägt die Methodik des Textes (...) eine Reise durch die Sprache, durch Dialekte, soziokulturelle Varietäten, wissenschaftlich-philosophische Zitation (...) ein irrwitziger Abenteuerroman, der keinen Vergleich mit ´Indiana Jones´ zu scheuen braucht.*« (**Impressum**)

über Kilic/Widhalm: irre trickOHs/dicke luft

- „*...ein Heft also, das man nicht nur von vorn und hinten, sondern ebenso kreuz und quer lesen kann...*" (**Scriptum, N 22, 1995**)

Pressestimmen **MATERIALIEN**

über Enno Stahls peweee rocks
- *„...äußerst lebendig und situationsbezogen..."* (**Kölner Stadtanzeiger**, 9.8.97)

über KRASH-Veranstaltungen (div.)

- *„Literatur, zeigemäß (...) Bad Language Show..."* (**Kölner Stadtanzeiger**, 6.6.89)
- *„Geschmacksnerv und Wahnsinn (...) wild und witzig, chaotisch aus Prinzip und mit einer Mischung aus Dilettantismus und Improvisation..."* (**Kölner Stadtanzeiger** über Bad Language Show II, 28.10.89)
- *„Literarische Entdeckung..."* (**Mitteldeutsche Zeitung**, 26.11.92, über eine KRASH-Lesung in Halle)
- *„...Es geht noch schräger: Bücher als reine Skulptur, eingebunden in eine Multi-Media-Show..."* (Südwest-3-Fernsehen, **SW-Journal**, über Dietmar Pokoyskis LOST BOOK SHOW, 21.5.93)
- *„In Nischen das Schöne suchen..."* (**Rhein Main Presse**, 22.5.93, über KRASH live)
- *„Erste Literarische Modenshow...Heute Weltpremiere..."* (**EXPRESS**, Köln, 18.1.95, über tEXtile tEXte)
- *„Fremdverkehr auf Köpfkissen..."* (**WAZ**, 7.9.95, über tEXtile tEXte)
- *„Wie man sich bettet, so liest man..."* (**NRZ**, 7.9.95, über tEXtile tEXte)
- *„Etwas wirklich Eigenes ist nicht dabei..."* (**Radio Bremen**, art& weise, 25.8.97, über Der Einzelhändler & sein Eigentum)

über die 1. Deutsche Literatur-Meisterschaft

- *„Lesen bis der Gong ertönt - Ring frei für die Literatur! ... Im Vordergrund steht die Parodie. Diese überkommene weihevolle Atmosphäre bei normalen Lesungen, alles muß still sein - das ist nichts mehr für Leute unter 35."* (**EXPRESS**, 29.11.93)
- *„Heute abend wird die deutsche Literaturgeschichte um einen Meister reicher sein."* (Mosaik, **WDR III**, 10.12.93)
- *„Eine großartige Idee, Literatur aus den geweihten Tempeln zu tragen..."* (**Radio RPR**, 10.12.93)

MATERIALIEN *PRESSESTIMMEN*

- *„Sprachakrobatik...das ist herrlich...das ist super...."* (**Aktuelle Stunde**, West-3, 11.12.93)
- *„Wer bisher um jede Literatur-Lesung einen großen Bogen gemacht hat, weil das ja alles viel zu brav, intellektuell oder langweilig ist, der hat gestern in Köln sein blaues literarisches Wunder erlebt."* (**Passage, Radio NRW**, 11.12.93)
- *„K.o. für Lyrik -... Letztendlich blieb kein Auge trocken, nachdem die Lachsalven in immer kürzeren Abständen über die Kandidaten hereinbrachen..."* (**Kölnische Rundschau**, 14.12.93)
- *„Alle Ehre machte der Kölner KRASH-Verlag seinem Namen..."* (**Kölner Stadtanzeiger**, 16.12.93)
- *„Am 10. Dezember 1993 wurde in Köln am Rhein der erste deutsche Literaturmeister gekürt! An diesem verregneten Wintertag wurde deutsche Literaturgeschichte geschrieben... Die Entscheidung über den stärksten deutschen Dichter, den Champ der Federn und des Vortrags, wurde in Jetztzeit und im Originalmaßstab von eins zu eins getroffen. An diesem Abend war die Literatur Leben."* (**Süddeutsche Zeitung**, 18./19.12.93)
- *„Dafür aber hatten die Medien heiß berichtet. Wenn auch oft genug mit Unverstand. Daß die Zeitungen bemängelten, die Qualität der Texte sei unter dem Strich gewesen, zeigte den ganzen Bierernst, mit dem sie diese Geschichte aufgegriffen hatten. Ja, wo es einen Preis gibt, da muß die Dichtung groß sein. Nicht lustig, nicht blödsinnig, sondern der Würde eines Preises angemessen."* (**Gegengift**, März-April 1994)
- *„Dichter in den Ring! - noch nie war es so schwer, deutscher Literaturmeister zu werden - angefeuert oder aber niedergebrüllt, ausgepfiffen von 1 fanatischen Publikum, das äußerst zahlreich den Boxring umlagerte..."* (**APEX** Nr. 19)

über die 2. Deutsche Literatur-Meisterschaft

- *„Diesmal lagen die Flaschen von Anfang an im Ring. Damit hatten die Veranstalter der 2. Deutschen Lit.meisterschaft geschickt auf das engagierte Gläserwerfen reagiert, mit dem kürzlich in Stuttgart ein WM-Boxkampf ausgeklungen war (...) Am Leib wurde niemand verletzt. Aber vielleicht an der Seele. Denn die zehn Titelanwärter sahen sich einem gnadenlosen Wettbewerb ausgesetzt"* (**Kölner Stadtanzeiger**, 18.12.95)

Pressestimmen **MATERIALIEN**

- *„Ein Spektakel mit viel Presse und noch mehr Kameras. Die Fans (...) bejubelten die Gladiatoren im Ring (...) Am Ende (...) waren alle happy."* (**EXPRESS**, 18.12.95)
- *„Lit., die in den Seelen hängen bleibt, Poesie, die aus der Deckung kommt (...) Die 2. Deutsche Lit.meisterschaft zielt auf die Makel einer allzu elitären Literaturwelt."* (**Kulturzeit**, 3SAT, 18.12.95)
- *„Ein Autor, der nicht kämpft, soll lieber Würstchen verkaufen, aber keine Poesie. Der Boxring ist der beste Ort für die Auseinandersetzung zweier Schriftsteller (...) Die Kraft der Poesie geht hier einher mit der Stille des Vortrags. Bravo! Nur so kann man Deutscher Lit.meister werden (...) Auch dem Publikum gebührt ein Preis für zahlreiche Anwesenheit."* (Aktuelle Stunde, **Kölner Fenster, West 3**, 18.12.95)
- *„...schlußendlich geht auch hier Kunst vor Sympathie..."* (**dpa**)
- *„...2 Stunden lang jandelten, tröteten, schrien die Live-Literaten, was ihre körperliche und geistige Fitness hergab..."* (**WDR EINS live**)
- *„...entusiastisch und emotionsgeladen"* (**Deutsche Welle**)
- *„...Warum also auch nicht mal ein sportlicher Wettbewerb für Schriftsteller...und dort geht´s dann wirklich um einiges..."* (**Hessischer Rundfunk**)
- *„Mit der 2. Auflage hat sich die Deutsche Literaturmeisterschaft endgültig durchgesetzt."* (**MDR**)
- *„...Kameras umzingelten den Boxring, Teams drängten immer wieder durchs Publikum (...) beachtlicher Medienauftrieb (...) Hat Spaß gemacht und war (...) kultig.* (**Kölner Illustrierte**, 2/96)
- *„...zehn Dichter aus Deutschland waren in einem Boxring angetreten, ein Gong beendete ihre siebenminütigen Vorträge (...) Die A-Wertung galt der Textqualität, die B-Note der Präsentation...* (**Tagesspiegel**, Berlin)
- *„...eine Zuhörerin meint angeödet zu ihrem Begleiter: 'Lauter quengelnde Buben hier.' Womit sie prinzipiell unrecht hat."* (**Bergischer Anzeiger**)
- *„...mit 20-431 Stimmen, so der Ringrichter, wurde Hübsch neuer Deutscher Literaturmeister."* (**Deutschlandfunk**)
- *„... Mit Band , Pausengong und Ringrichter. Statt mit Boxhandschuhen traten die Kämpfer allerdings mit Mikrophonen gegeneinander an."* (**WDR 5, Köln**)
- außerdem gab es Berichte in NDR(Fernsehen) aktuell,

radiosputnik, Frankfurter Rundschau, Stadt-Revue/Köln, Prinz u.a.

über die 3. Deutsche Literatur-Meisterschaft 1997

- *"...schickt der Kölner KRASH-Verlag, der seit langem Live-Literatur kultiviert, bei der 3. Deutschen Literturmeisterschaft 'Dichter in den Ring'."* (**ALLEGRA** 11/97)
- *"Wettkampf der Poeten nicht mehr in Köln..."* (**Kölner Stadtanzeiger**, 23.7.97)
- *"...jetzt wird halt die Vorentscheidung zur Persiflage der Persiflage..."* (**Kultur/news** 10/97 über die „Rheinische Quallikation")
- *"Geh ran! Blut!! Gib die Deckung auf! - Auf der Dritten Deutschen Literaturmeisterschaften vermochte nur das Publikum so richtig zu überzeugen..."* (**Berliner Zeitung**)
- *"Sogar ein kleiner weißer Hund hört zu..."* (**ND**, 22./23.11.97)
- *"Hau ihn um - Sportiver Ganzkörpereinsatz: Vom Dichten zum Schlagen ist es manchmal nicht weit..."* (**TAZ**, 21.11.97)
- *"...die ironische Übersteigerung der viel zu ernst gemeinten poetryslams (...) Dazwischen aber gibt es diese Momente, die ahnen lassen, welches Potential in poetry-slams stecken kann (...) je nach Blickwinkel literarisch subversives Festival, zynische Zurschaustellung mangelnder Egozentrik oder Parodie - (...) daß diese in ihrer Variabilität beeindruckende Botschaft noch nicht bei allen Besuchern angekommen war, zeigte die im Hinausgehen vielfach geäußerte Enttäuschung darüber, daß es ja gar nicht um Texte gegangen sei. Nun gut, Unbelehrbare gibt es immer. Bis zur nächsten Meisterschaft."* (**Junge Welt**, 22./23.11.97)
- *"Ein weiterer Versuch, rheinischen Humors in der neuen Hauptstadt heimisch zu machen, muß als gescheitert angesehen werden..."* (**FAZ**, 21.11.97)
- *"...Mega-Event (...) Die Kampfatmosphäre war spürbar..."* (**Die Welt**, 21.11.97)
- *"Haufen zugekanllter Birnen..."* (**Tagesspiegel**, 21.11.97)
- *"Das Publikum fordert Blut..."* (**Berliner Morgenpost**)

KRASH ZAHLEN/ -DATEN

KRASH-CHRONOLOGIE (Kurzüberblick)

1985	Gründung des **ZeilenSprung,** Zeitschrift für Literatur und Kunst, durch Anke & Enno Stahl, Dietmar Pokoyski, Jörn Loges, Monika Regelin und Khalid al-Maaly
1986-88	Herausgabe von **ZeilenSprung Nr. 1-6** m. 6 Live Multi-Media-**Präsentationen** i. d. Studiobühne, Köln, & zahlr. **Gastspielen**
1988	Gründung des **KRASH-Verlags** in der *Ultimate Akademie,* Köln durch A. & E. Stahl, Dietmar Pokoyski u. Jörn Loges, Zusammenarbeit mit Csaba Manfai und Erich Wilker
1988	Beginn e. engen Zusammenarb. m. d. Kölner Kunst-Underground
1989	Organisation der 1. und 2. **Bad-Language-Show** m. Performances und Lesungen in der *Ultimate Akademie,* Köln
1989	Mit *A.J. Weigoni* Begründung der **KRASH-Gossenheft-Reihe**
1990	Präsentation von **ZeilenSprung Nr. 7,** *Galerie 68elf,* Köln
1990	Mit *Matthias Schamp* Hrsgb. d. legendären Katalogs **Die unsichtbare Schwelle,** d. 1.Stein als Buch m. e. ISBN
1990	Organisation von **N-NOON,** eine Multimediale Synchron-Performance in der **Galerie 68elf,** Köln und dort erste Ausstellung visueller KRASH-Produkte, den **KRASH-Kunst-Kartons**
1991	2. Ausstellung, **KRASH-Multiple-Show,** u.a. in der *Ultimate Akademie,* Köln
1991	Organisation der legendären Lesung im *Sex-Shop 46,* Köln, zur Herausgabe des Gossenheftes **Quarktaschen & Pißstengel**
1991	nach Rückzug von A. Stahl und Loges zeigen sich für KRASH nunmehr Pokoyski/E. Stahl mit wechselnden Kooperationspartnern verantwortlich
1992	Begründung des **FLYER,** FaltFlugschrift für Visuelle Poesie
1992	**KRASH im Osten,** Lesetour von *Weigoni, Stahl, Luther, Willmann, Pokoyski* in Berlin, Potsdam, Weimar, Halle und Beginn e. Zusammenarbeit mit Willmann u. Luther sowie der Einführung von KRASH-Büros in Weimar und Berlin
1993	umfangreiches KRASH-Rahmenprogr. bei d. *Mainzer*

CHRONOLOGIE ZAHLEN/DATEN

Minipressen-Messe

1993	Herausgabe einer **Video-Edition**
1993	**KRASHkompakt,** CD-Snap-Box-Ausstellung. gestaltete Hüllen in der *Ultimate Akademie,* Köln
1993	**Dichter in den Ring - 1. Deutsche Literaturmeisterschaft** im Kölner Rhenania, erster deutschsprachiger Poetry Slam u. d. erste Slam nach gänzlich sportiver Dramaturgie in Europa
1994/96	mit *R. Aring* u. *Anja Ibsch* Edition u. Ausstellung **tEXtile tEXte,** Köln, Duisburg, Villa Ochtrup, Leipzig & Hrsgb. d. **Kopfkissen-Kurzkrimis**
1994/96	**tEXtile tEXTe - 1. lit. Modenschau d. Welt,** Weimar, Köln
1994/98	mit dem **Literaturbüro Thüringen** Herausgabe der vier Dokumentationsbände zum **Festival junger Literatur in Thüringen** mit Beiträgen zahlr. KRASH-Autoren
1995	*Pokoyskis* **URBAN Ro/uT(ES)** m. Aktionen i. Köln & Erfurt später in Mainz und Start des gleichnamiges Internet-Projektes in Zusammenarbeit mit artgate
1995	**1st Connection**- KRASH-Performance-Festival, Rotterdam, Köln
1995	**2. Deutsche Literaturmeisterschaft** in Köln
1996	KRASH-Rahmenprogr. während d. Leipziger Messe im *Mobilen Büro*
1996	**Amalgam** - Live-Projekt mit dem Kölner Label *A-Musik*
1997	mit Rainer Aring und Anja Ibsch (später dann m. Parzival und Stan Lafleur) Gründung der Kunstrichtung **Rheinische Fundamentalisten** (RF) mit der documenta-off-Aktion **Der Einzelhändler und sein Eigentum** und Herausgabe gleichnamiger Quasi-Kundenzeitschrift und Multiple-Edition, Kassel u. Umgebung
1997	**3. Dt. Literaturmeisterschaft** in d. Volksbühne, Berlin
1998	mit den RF die Wahlkampfaktion **Vom Rheinland aus** (z.T. in Koop m. d. *Glücklichen Arbeitslosen* mit Aktionen in Berlin u. Köln sowie Ausstellungen in Köln u. Ochtrup
1998	Festschrift und Jubiläums-Live-Programm **10(0) Jahre KRASH-Verlag** in Köln
1999	Installation e. dynamischen Interlit.-Zeitschrift im www
1999	**4. Deutsche Literaturmeisterschaft**
1999	Mitwirkung bei den Weimar-Projekten **@uszensiert** und **Die letzte Lesung des Jahtausends**

(weitere Daten auf den folgenden Seiten)

KRASH-GESAMTVERZEICHNIS

Printpublikationen

1986-87 **Zeilensprung**. Kölner Zeitschrift für Literatur und Kunst. Nr. 1-5 (Nr. 3-5 vergriffen)

1988 **Zeilensprung** Nr. 6
Csaba Manfai: Umbau. Gedichte. (vergriffen)
Erich Wilker: 100 plus 1 Texte.
Enno Stahl: Die Affenmaschine. 3 Erzählungen

1989: **A.J. Weigoni: Jaguar**. Gossenheft (vergriffen)
Zeilensprung Nr. 7
Klaus Sinowatz: Geheimste Regungen. 40 Ein-Wort-Gedichte. Handstempel auf Packpapier (vergriffen)
Enno Stahl. firenze geometrica (kartonierte UND Hardcover-Ausg.)
Bad Language Show I. Copy-Dokumentation (vergriffen)

1990 **A.J. Weigoni: Monster**. Gossenheft. (vergriffen)
KRASH-Lit. & Copy-Art Kalender 1991 (vergriffen)
Marcus Krips: Eulenkopfbuch. TextZeichnungen (Katalog)

1991 **Klaus Sinowatz/Dietmar Pokoyski: Die Dose**. 53 Ein-Satz-Gedichte (Copy-Buch)
N-NOON. Environment-Dokumentation
Georg Vetten: 1 2 3 4. Roman
A. J. Weigoni/Jürgen Diehl: Fahnen und Banner. Gossenheft-Sonderdruck
Quarktaschen & Pißstengel. 1 Sexistische Compilation. Gossenheft (vergriffen)
Kunstpiraten-Logbuch (Katalog)

1992 **KRASH-Multiple-Show**. Copy-Katalog m. Color-Fotos (vergriffen)
Enno Stahl: Trash Me! 51 Trash-Stories
Dietmar Pokoyski: Künstler-Organbank. Leporello (Cartoon)
Roland Bergère: Derives et autres morts. Reprint e. Künstlerbuches
FLYER. FaltFlugschrift für Vis. Lit Nr. 1 & 2
Frank Willmann/Jörn Luther: über dem kaukasus lag dein

blauer. ein hannsheinzewersroman. Gossenheft
1993 **Enno Stahl: Eine Bayrische Dynastie.** Inzestuöser Heimatroman. Gossenheft
Duscha Cebra: Die Frischebox. Buch. (Visuelle Poesie)
Headbanger & Bambule. Gossenheft (vergriffen)
Rolf Kirsch: Erschöpfungen. 49 Erschöpfungsberichte. Xerox Boox
Dietmar Pokoyski: DoppelDelta. CD-Vis-Lit-Leporello
Dietmar Pokoyski: Im Labyrinth des Zeichenfeldes. Vis.-Gedichte. Xerox Boox
FLYER Nr. 3
1994 **Dietmar Pokoyski: TITEL MACHT ORDNUNG.** 2 x 12 patterns for the taste/for the ear. Objektbuch
Anja Ibsch: Mini Mutant Memory. Xeroox Boox
Enno Stahl: Piratebrut. po/Lit.-Prose
Nini Flick: Lecterbell. Xeroox Boox (vergriffen)
Justus Blumenstein: Rebellion der Kaumassen. Die Sozialisation der Chewing Gums. Katalog (vergriffen)
Dietmar Pokoyski: 333 Blanks. Objektbuch
1995 **Dietmar Pokoyski: URBAN Ro/uT(ES): Köln.** lit. Stadtplan (auch als VHS-Video)
Luther/Paasch (Hrsg.)**Figuren & Capriccios.** Compilation
FLYER Nr. 4
Harald „Sack" Ziegler: Das große Harald „Sack" Ziegler Songbuch
R. J. Kirsch: Hermann Fischer bei der NASA. Comic-Gossenheft
Hadayatullah Hübsch: Zeithammer. Gossenheft
Ilse Kilic/Fritz Widhalm: irre trickOHs/dicke Luft. Doppel-Gossenheft
Aring/Ibsch/Pokoyski/Stahl: tEXtile tEXte. Katalog
Dietmar Pokoyski: URBAN Ro/uT(ES): Erfurt. Lit. Stadtplan
1996 **Enno Stahl: Inutilismen-Lexikon**
Flick/Luther/Pokoyski/Stahl/Willmann: Der Roman der 6. Gossenheft
Jochen Schramm u.a.: Riot Boys! Gossenheft (in Koop mit Dreieck-Verlag)

ZAHLEN/DATEN

Luther/Paasch (Hrsg.): **Konstellationen und Übergänge.** Compilation
Dietmar Pokoyski: 3-D-Lit. Katalog
Dietmar Pokoyski: Sylzer Geschichten. Klingelschildtexte.
Jutta Riedel: Le pieton de N.Y. Cartoon

1997 **@ultinet.art:** 10 Jahre Ultimate Akademie. Chronik/Katalog
Dietmar Pokoyski: Urban Ro/uT(ES): Mainz. Lit. Stadtplan
Luther/Paasch (Hrsg.): **Geschlecht & Charakter.** Compilation
Hadayatullah Hübsch/Enno Stahl: Braun. Gossenheft
Enno Stahl: peweee rocks. 3 Gossenhefte in e. Schuber
Der Einzelhändler und sein Eigentum. Quasi-Kundenzeitschrift zum Projekt von Aring/Ibsch/Pokoyski/Stahl

1998 Luther/Paasch (Hrsg.): **freistoz & laufpasz.** Compilation
Stahl/Pokoyski (Hrsg.): **100 Jahre KRASH-Verlag.** Festschrift

1999 Stahl/Pokoyski (Hrsg.): **Dichter in den Ring.** Texte zur 4. deutschen Literaturmeisterschaft (Gossenheft)
Dietmar Pokoyski: Von A-Z. 26 Einbuchstabengedichte
Dietmar Pokoyski: Soap Poetry. Gedichte, die das Leben schreibt
De Kunstsäue vun Kölle. Schwarzbuch Kölner Kunstmarkt

AV-Medien

1989 **Bad Language Show** II. Video
1990 **Enno Stahl: Litter:A:Tour.** Erweiterte Lit. Toncassette
KunstPiraten: Performances 1989/90. Video (vergriffen)
1991 **Frecc Frecc: Beton.** Toncassette (vergriffen)
Enno Stahl: Deutschland konkret. Lautgedichte. Toncassette
1992 **Quarktaschen & Pißstengel.** Toncassette und Video
1993 **Dietmar Pokoyski & Svenja Schlichting: Q&P-Tips.** Lit.Clips
Nini Flick: Guten Morgen, Dr. Lekter. Video
Roland Bergère: Das Schweigen der Eimer. Video
Marcus Krips: Steinzeitcomputa. Video-Animation
Kritz Kratz: Die Konferenz. Video

Dietmar Pokoyski: Hänsel & Gretl. Video
Der Scheintod ist eine erlogene Reinlichkeit. Lit.clips.
Video m. Luther/Pokoyski/Stahl/Weigoni/Willmann:
Frank Willmann: Das deutsche Ding. Toncassette
1994 **Dichter in den Ring.** Video z. 1. Deutschen
Lit.meisterschaft. VHS
1995 **Sibyll Kalff/Donald Lessau: Sterex.** Digitale Aphorismen-
Automatik. Diskette
Claudi Medeiros/Gerd Möller: 35 Worte. Digitale Text-
Installation. 4 Disketten
1996 **word attack. Toncassette.** MTC-Live-Auftritt m. Hübsch,
Ziegler, Stahl
1998 **Dietmar Pokoyski: URBAN Ro/uT(ES): Cölln-Sylz.**
Video-Performance

Art-Wares
(Buchobjekte, Objektbücher, Kunstkartons, T-Shirts etc)

1989 **Feine Lyrik-harte Kunst.** Art- und Lyrik-Dose (vergriffen)
1990 **Matthias Schamp: Die unsichtbare Schwelle.** objet perdus.
Steinkatalog.
KRASH-Kunst-Kartons von Hans-Jörg Tauchert,
Wolfgang Freund, Parzival, Jo Zimmermann, Pietro Pellini,
Dietmar Pokoyski, Enno Stahl
1991 **Matthias Schamp: Klopfzeichen.** Beitrag zur syntaktischen
Konfusion. Essay-Ball
Dietmar Pokoyski: Nicht-Buch. Bcuhobjekt
Dietmar Pokoyski: Livre propre. Putzlappenbuch
Dietmar Pokoyski: Muse- . Literaturpuffer. Buchobjekt
KRASH-Multiples (von Pietro Pellini, Roland Bergère,
Enno Stahl, Ro.Ka.Wi., Nini Flick, Endre Tot, Yola Berbesz,
Inge Broska, Jo Zimmermann, Ruth Jäger, Dietmar
Pokoyki, Hans-Jörg Tauchert, Parzival, Matthias Schamp,
Boris Nieslony)
1992 **Claudia Pütz: H - um - m - di - dumm - welt.** Kartonroman
**Claudia Pütz: Die Umarmung der Tochter des Straßenfe-
gers.** kybernet. Liebesgeschichtenkarton
Claudia Pütz: Der Stau, der Staufreund & ihr Staupaket
Dietmar Pokoyski: Livre fermé. Ein Buch mit 7 Siegeln.

ZAHLEN/DATEN
GESAMTVERZEICHNIS

Buchobjekt
Dietmar Pokoyski: Lexicon fugitendes. Buchobjekt
Dietmar Pokoyski: oh-de-vie. Atlas der Gefühle. Buchobjekt
Dietmar Pokoyski: Everything goes. 4 Rollstempeltexte
Dietmar Pokoyski: AchtungKunstLos. Buchobjekt

1993 **Dietmar Pokoyski: Biblioteca Blaterandes.** Karteikarten-Krimi
Enno Stahl: Vis.-gedicht. T-Shirt. Siebdruck
KRASHkompakt. CD-Hüllen-Edition (von Pietro Pellini, Roland Bergère, Enno Stahl, Ro.Ka.Wi., Nini Flick, Yola Berbesz, Inge Broska, Dietmar Pokoyki, Hans-Jörg Tauchert, Parzival, Anja Ibsch, AJ Weigoni, Ankha Haucke, R. J. Kirsch, Daniele Buetti)

1994ff **tEXtile tEXte.** Literatur auf Stoff. u.a. Kopfkissen-Kurzkrimis und literarische Sentenzen auf T-Shirts, Unterwäsche, Jacken, Socken, Teppichen, (sieb)bedruckt, aufkopiert, bestempelt, handgeschrieben, geflockt von Aring, Ibsch, Pokoyski, Stahl
Dietmar Pokoyski: Am Ende eines langen Weges.

1995 **Dietmar Pokoyski/Hans-Jörg Tauchert: Umtaufungen.(Köln).** 5 Straßenschilder in e. Box
Dietmar Pokoyski. Umtaufungen (Erfurt)
Dietmar Pokoyski. Unterwasser-Kreuzreim. Wasserflasche

1996 **R.J. Kirsch: Hermann-Fischer-Schlüpfer**

1997 **Dietmar Pokoyski: URBAN Ro/uT(ES)-Postkarten**
Matthias Schamp. Sixpack. Kontext-Texte
Aring/Ibsch/Pokoyski/Stahl: Der Einzelhändler & sein Eigentum-Editionen: z.B. Sozialabbau-Rabattmarken (Neuaufl.), 7000 Schirme - Multiple (Regenschirm, bedruckt), Kunst & Ehre - Multiple (Taschenmesser - geätzt), Hängeamt - Multiple (Maßband m. Wasserwaage, bedr.), Milch ist Kunst - Multiple (Tafel m. Objekt), Kochkunst - Kunstkochen - Rezeptsammlung, Hier gebrauchte Kunst entsorgen - Aufkleber, Und nach dem Essen... Tischsets, in vino veritas - 3 Weinflaschen, Blindgänger - Brailleschrift-Postkarten u..a.

KRASH-PRÄSENTATIONEN

KRASH-Editionensausstellungen

1990 **KRASH-Kunst-Kartons**. Köln: Galerie 68elf m. Parzival, Wolfgang Freund, Hans-Jörg Tauchert, Jo Zimmermann, Pietro Pellini, Dietmar Pokoyski, Enno Stahl

1991/92 **KRASH-Multiple-Show**. Köln: Ultimate Akademie/ Krefeld: Kulturfabrik/Dortmund: Theater Fletch Bizzel, m. Roland Bergère, Ro.Ka.Wi., Nini Flick, Yola Berbesz, Endre Tot, Matthias Schamp, Boris Nieslony, Inge Broska, Parzival, Tauchert, Zimmermann, Pellini, Pokoyski, Stahl

1993 **KRASHkompakt**. CD-Hüllen. Köln: Ultimate Akademie m. Daniele Buetti, R. J. Kirsch, A. J. Weigoni, Ankha Haucke, Anja Ibsch, Marcus Krips, Donald Lessau/Sibylle Kalff, Flick, Tauchert, Ro.Ka.Wi., Bergère, Zimmermann, Broska, Berbesz, Pellini, Tauchert, Pokoyski, Stahl

1994/95 **tExtile tEXte**, Köln: Galerie am Schlachthof / Duisburg: Stadtbibliothek (Katalog) / daraus: »Kopfkissen-Kurzkrimis«, Köln: Buchhandlung Bittner m. Rainer Aring, Ibsch, Pokoyski, Stahl

1995 **tExtile tEXte u. KRASH-Editionen**, Ochtrup: Villa

1996 **tExtile tEXte**, Leipzig: Mobiles Büro für Erdangelegenheiten

1997 **tExtile tEXte u. KRASH-Editionen**, Berlin: Studio Bildende Kunst

1997 **Der Einzelhändler und sein Eigentum**. Kassel & Umgebung m. Aring, Ibsch, Pokoyski, Stahl

1998 **Die Rheinischen Fundamentalisten: Vom Rheinland aus...**, Köln: Ultimate Akademie u.a. Ochtrup: Verein für Kunstförderung, m. Parzival, Aring, Ibsch, Pokoyski, Stahl

von KRASH organisierte Veranstaltungen

1986-88 **Zeilensprung Präsentationen 1-6**, alle m. Jörn Loges, A. & E. Stahl, Pokoyski, dazu u.a.: Monika Regelin, Joachim Kühn, Margarethe Verweyen, Axel Schuch, Andre Noll (1), Khalid al-Maaly (1, 2 & 3), A. J. Weigoni, Bernd Rheinberg

ZAHLEN/DATEN

(2 & 6), Almut Gross, Harald Gröhler (2), Ulrich Dohmen (2), Freddy Macha (5), Laurindo Sequeira (5), Sabine Schwabe (3), Peter Rech (5), Csaba Manfai, Erich Wilker, OTS (5) alle Köln: Studiobühne

1988 **LITtle BIG MAGs** I-III. Lit.zss. aus NRW stellen sich vor. I „Zeilensprung" (s. Zeilensprung-Präsentation 6) II. „Die Schublade" m. A.J. Weigoni u.a. III. „Am Erker". Köln, Studiobühne
KRASH-Verlagsgründung. Köln: Ultimate Akademie m. Manfai, Wilker, A. & E. Stahl, Loges, Pokoyski

1989 **Zeilensprung Präsentation** Nr. 7. Köln: Galerie 68elf m. Marcus Vorbrüggen, Parzival, Al Hansen, Stahl, Loges
Bad Language Show I m. Marcel Beyer, Norbert Hummelt, A. & E. Stahl, Pokoyski, Tauchert, Parzival, Zimmermann, Lisa Cieslik, Hansen
Bad Language Show II m. Zimmermann, Krips, Stahl, Loges, Pokoyski, beide Köln: Ultimate Akademie

1990 **N-NOON.** Environment m. Tauchert, Schamp, A. & E. Stahl, Pokoyski, Radan, Parzival, Zimmermann, Die Kunstpiraten, Köln: Galerie 68elf
Delicate Things. KRASH-Videos/Performances m. Ingo Jacobs, Brandt/Thom, Loges, Krips, Stahl, Köln: Blue Shell

1991 **Quarktaschen & Pißstengel.** m. Jens Neumann, Robsie Richter, Weigoni, Zimmermann, Stahl, Svenja Schlichting (=Pokoyski), Köln: Sex-Shop 46

1993 **1. Deutsche Literatur-Meisterschaft.** m. Beate Ronig, Jörn Luther, Frank Willmann, Petra Schmidt, Jochen Schramm, Rolf Persch, Hadayatullah Hübsch, Roland Oelfke, Tobias Gohlis, Stahl, Neumann, Schamp, Musik: Harald „Sack" Ziegler, Moderation: Pokoyski, Köln: Rhenania

1994 **tEXtile tEXte** - Die 1. literarische Modenschau der Welt m. Harald „Sack" Ziegler, Zimmermann, Pokoyski & Jule, Weimar: ACC-Galerie

1994-98 **WORD ATTACK** (in Koop m. MTC, Köln) u.a. m. Kilic, Widhalm, Papenfuß, Dahlmeyer, Adelmann, Hülstrunk, Hübsch, nesch, Willmann, Luther, Ziegler

1995 **tEXtile tEXte.** m. Claudia Kühn, Peter Wolf, Ibsch, Zimmermann, Ziegler, Pokoyski, Köln: MTC

1995	**2. Deutsche Literaturmeisterschaft**, m. Hübsch, Persch, Luther, Stahl, Stan Lafleur, Claudia Pütz, Michaela Seul, Bert Papenfuß, Jörg A. Dahlmeyer, Kersten Flenter, Musik: Frank Köllges, Moderation: Ibsch & Pokoyski. Köln: Rhenania
1996	**AMALGAM - KRASH meets A-Musik**, m. Schlammpeitziger (=Zimmermann), Jan St. Werner, Marcus Schmickler, Georg Odijk, Frank Dommert, Lafleur, Pokoyski, Stahl, Köln. commfilm-Studio
	Panische Schreinachten - KRASH-Novitäten-Show. M. Bergère, Kirsch, Ibsch, Stahl, Pokoyski, Ziegler. Köln: Galerie Thor Zimmermann
1997	**Dichter an den Start - Rheinische Quallikation**. m. Roger Trash, Persch, Parzival, Torsten Nesch, Imme A. Rupprecht, Philip Schiemann, Tanya Ury, Ibsch, Parzival, Lafleur, Musik: Ziegler, Moderation: Pokoyski & Stahl, Köln: Underground
	3. Deutsche Literaturmeisterschaft. m. Peter Wawerzinek, Sarah Marrs, Jan Off, Roland Oelfke, Sarah Marrs, Schmidt, Thomas Kapielski, Harry Hass, Stan Lafleur, Dahlmeyer, Papenfuß, Persch, Moderation: Ibsch/Stahl/Willmann, Berlin: Volksbühne im Prater
1998	**ACHTUNG! BISSIGE LITERATUR!** Poetry Slam im Rahmen von ACHTUNG! GEGENWART! Oberhausen: Theater, Konzept: KRASH in Koop m. d. Theater Oberhausen. Moderation: Dietmar Pokoyski
	Vom Rheinland aus. div. Rheinische-Fundamentalisten-Veranst. in Berlin u. Köln
	„100 Jahre KRASH"/KRASH-Kiosk, Köln: Galerie 68elf
	word attack m. Flenter/Off, Köln: MTC
1999	**word attack m. Duve/Widhalm/Kilic**, Köln: MTC
	4. Deutscher Literaturmeisterschaft

ZAHLEN/DATEN *KRASHLIVE*

KRASH-Gastspiele/co-produzierte Veranstaltungen & Festivals/Aktionen/RF-Auftritte

1986	Köln: Umbruch
1987	Gladbeck: Stadtbücherei
	Köln: Schlosserei/Schauspielhaus
	(alle m. Anke & Enno Stahl, Jörn Loges, Khalid al-Maaly, Dietmar Pokoyski)
1988	Köln: FHBD (A. & E. Stahl, al-Maaly, Loges)
1989	Köln: Alte Feuerwache
	Köln: TRASC
	Bergisch-Gladbach: Galerie am Brunnen
	Münster: Universität (alle m. Csaba Manfai, Stahl, Erich Wilker)
	Köln: Six Pack (Stahl, Loges, Marc Nasdor)
	Köln: Galerie am Schlachthof /Daneben (Stahl, Loges, Georg Vetten, Marcus Krips, Beck Hansen)
	Köln: Spiegelzelt/Büchersommer
	Köln: Zentralbibliothek (beide Stahl, Manfai, Wilker)
	Mainz: Minipressen-Messe (Stahl, Loges)
	Wolfburg: Schloß/VHS (A. & E. Stahl, Pokoyski, Loges)
1990	Amsterdam: Europa gegen den Strom (Stahl, Loges)
1991	Berlin: Literarisches Colloquium (Stahl, A.J. Weigoni)
	Mainz: Fußgängerzone (A. & E. Stahl, Pokoyski, Loges)
	Braunschweig: BZ (Stahl, Pokoyski)
1992	Krefeld: Kulturfabrik (Stahl, Pokoyski, Weigoni, Iona Rauschan)
	Mainz: Universität (Stahl, Pokoyski, Jo Zimmermann)
	Köln/Kassel: Piazza Virtuale. Documenta (Stahl, Pokoyski, Jörn Luther, Frank Willmann, Harry Freund, Boris Nieslony, Bernd von den Brincken)
	Potsdam: Fabrik
	Berlin: Literturwerkstatt Pankow
	Halle: O-5
	Weimar: Nordlicht (alle Stahl, Pokoyski, Willmann, Luther, Weigoni)
	Frankfurt: Atelier Vollrad Kutscher (Stahl, Pokoyski, Parzival, Zimmermann)

1993	**Mainz: Gutenberg-Museum** (Stahl, Pokoyski, Weigoni, Luther, Willmann)
	Köln: Spiegelzelt/Bücherherbst (Stahl, Willmann, Pokoyski, Luther)
1994	**Köln: IGNIS** (Stahl, Pokoyski, Bergère, Ibsch, Willmann, Luther)
	Ochtrup: Villa e.V. (Pokoyski, Stahl, Ibsch, Rainer Aring)
	Mainz: KUZ, Minipressen-Messe, (Stahl, Jochen Schramm, Gino Hahnemann u.a.)
	Rotterdam, NL: 4th annual Performance Festival (Stahl, Ibsch, Bergère, Nini Flick, Hans-Jörg Tauchert, Inge Broska, Parzival)
	Köln: Herbrandt´s (w.o. + SMR Motamedi, Theresa Drache, Pokoyski)
1996	**Leipzig: Mobiles Büro f. Erdangelegenheiten** (Stahl, Pokoyski, Ibsch, Willmann, Bert Papenfuß, Peter Wawerzinek)
1997	**Berlin: Sklavenmarkt** (Stahl, Pokoyski, Ibsch)
	Köln: Arbeitsamt (RF = Rheinische Fundamentalisten =Stahl, Pokoyski, Aring, Parzival, Ibsch, Stan Lafleur)
	Kassel: Stadtsparkassen-Café (2x mit RF)
	Kassel: Markthalle (2x mit RF)
	Kassel: Friedrichsplatz (mit RF und d. AG Bäuerliche Landwirtschaft)
	Erfurt: Straßenbahndepot (m. RF/ 1. deponenta)
	Venedig: Venezia Poesia - German Trash (Papenfuss, Stahl u.a.)
1998	**Berlin: Sklavenmarkt** (Ibsch/Parzival/Stahl)
	Berlin: Alexanderplatz (mit RF)
	Cagliari: Interrazioni XI (Stahl, Ibsch u.a.)
	Köln: Domplatte (mit RF)
	Köln: Ultimate Akademie (mit RF)
	Köln: Underground (mit RF)
	Köln: L (mit RF)
	Köln: Atelier Sömmering (mit RF)
	Ochtrup: Verein für Kunstförderung (mit RF)
	Jena: Theaterhaus : „100 Jahre KRASH" (Bergère, Lafleur, Luther, York Sauerbier, Stahl)
	Berlin: Torpedokäfer „100 Jahre KRASH"

DIE AUTOREN & KÜNSTLER

Roland BERGÈRE, geb. 1963 in Lorient/Bretagne; zahlr. Künstler-bücher u. Einzelausstel.; lebt in d. calcographie in Köln

Daniele BUETTI, lebt in Zürich, Berlin u.a. Flügelkreuze, Kugelschreiber-Tatoos u.a., zahlr. Einzelausstel. in Europa und USA

Karen DUVE, geb. 1961 in Hamburg; schreibt u. reitet z.Z. vorwiegend in d. Lüneburger Heide, ihr nächstes Buch erscheint bei Eichborn

HORSE COCK KIDS = Sibyll Kalff + Donald Lessau, Köln; Label für alles: Kunst- und Internet-Projekte, Rock´n´Roll-Band etc.

Hadayatullah HÜBSCH, geb. 1946 in Chemnitz; lebt in Frankfurt/M.; Deutscher Literaturmeister 1995. mehr als über 50 Einzelveröffentl., nei KRASH erschien: Zeithammer, Köln 1995

Anja IBSCH, geb. 19968 in Rheine/Westf.; lebt in Köln. Mitbegr. d. Rheinische Fundamentalisten; Performances, Installationen, zuletzt: hautfarben, Köln, 1998

Ilse KILIC, geb. 1958 in Wien. m. Fritz Widhalm Begr. d. Ed. „Das fröhliche Wohnzimmer". zahlr. Buch- und Tonveröffentl., zuletzt: Aus der Krankheit eine Waffel machen, St. Peter 1995

R. J. KIRSCH, geb. 1961; concept-Kunst; Begründer der Kunstlotterie art bingo. Lebt in Köln, zahlr. Einzelausstel.

Reinita KOSMOS, lebt in Berlin

Marcus KRIPS, geb. 1966 in Köln, Graffiti, Video- und Medienkunst, KritzKratz u.v.m.

Stan LAFLEUR, geb. 1965 in Karlsruhe; lebt in Köln, Herausgeber d. Zeitschrift „Elektropansen"

John LOTTER = Jörn Luther

Jörn LUTHER, geb. 1966 in Weimar; lebt in Berlin; bei KRASH erschien 1992 der erste Teil d. Prof.-Braun-Reihe: über dem kaukasus lag dein blauer (gem. m. Frank Willmann)

Detlef OPITZ, geb. 1956 in Steinheidel-Erlabrunn; lebt in Berlin; letztes Buch: Klio, ein Wirbel um L., Roman, Göttingen (Steidl Verlag), 1996

Jürgen M. PAASCH, geb. 1961 in Erfurt; dort Geschäftsführer d. Literaturbüro Thüringen e.V.; m. Jörn Luther bei KRASH Hrsg. der Reihe: frische deutsche literatur bd. 1-4, Köln, 1995ff

Bert PAPENFUß, geb. 1956 in Reuterstadt Stavenhagen; lebt in Berlin. Seine gesammelten Werke erscheinen sukzessive in der

DIE AUTOREN & KÜNSTLER

Janus-Presse
PARZIVAL, geb. 1961 in Leverkusen; lebt in Köln; Kunstpirat u. Rheinische Fundamentalisten.; zahlr. Aktionen, u.a. Beschlagungen

Rolf PERSCH, Kölner Lautgedicht-Urgestein; lebt seit 1998 in der Eifel; zahlr. Veröffentlichungen, u.a. in d. Ed. Fundamental

Dietmar POKOYSKI, geb. 1961 in Bottrop; lebt in Köln. Mitbegr. KRASH-Verlag, commfilm, Rheinische Fundamentalisten. zahlr. Multiple/Editionen u. intermed. Projekte. 1999 erscheint: Soap Poetry - Gedichte, die das Leben schreibt

Claudia PÜTZ, geb. 1958 in Düren; lebt in Bonn. Hrsg. von PIPS, letztes Buch: Die Reisen des Albs zu den Gestirnen von Herrn und Frau Jedermann, Bonn 1994

Beate RONIG, Mitglied der Ultimate Akademie; lebt in Köln

Matthias SCHAMP, geb. 1962 in Krefeld; Betreiber d. Büros für syntaktische Konfusion in Bochum; zahlr. Performances und Aktionen; sein letztes Buch: 26 Verlierer von A-Z, Klagenfurt/ Wien, 1996

Klaus SINOWATZ, geb. 1956, lebt und schreibt in Wien

Enno STAHL, geb. 1962 in Duisburg-Rheinhausen; lebt in Köln als Autor, Performer, Herausgeber, Kunstkritiker. Promotion 1998, Mitbegr. KRASH-Verlag u. Rheinische Fundamentalisten. zahlr. Buchveröffentl. , zuletzt: peweee rocks, Köln 1997

Andrasz J. WEIGONI, geb. 19956 in Budapest; lebt in Düsseldorf, zahlr. CD- und Buchveröffentl., Theaterstücke u. Hörspiele

Fritz WIDHALM, geb. 1956 in Gaisberg/A.; lebt in Wien; dort m. Ilse Kilic Begr. von „Das fröhliche Wohnzimmer", zahlr. Veröffentl.

Erich WILKER, geb. 1923; lebt als Autor u. Maler in Köln

Frank WILLMANN, geb. 1963 in Weimar; lebt in Berlin, zahlr. Einzelveröffentl., zuletzt gem. m. Daniele Buetti: das deutsche Ding, Berlin 1997

Harald 'Sack' ZIEGLER, geb. 1961; lebt als Notenkorrektor und dem Etikett „kleinste Band der Welt" in Köln; unzählige Tonträger; bei KRASH erschien sein Songbuch (Das große Harald-'Sack'-Ziegler-Songbuch)

Die letzte Lesung des Jahrtausends
am 31. Dezember 1999 in Weimar
und synchron im www
(www.literaturbuero.com/auszensiert)
als Teil des Projektes
@uszensiert!

*ein Weimar 1999 Projekt
vom Literaturbüro Thüringen e.V., dem KRASH-Verlag
und commfilm.*